"十三五"国家重点图书出版规划项目

丛书主编　钟秉林

中国教育改革40年

义务教育

宋乃庆　陈　婷　张辉蓉/主编

科学出版社

北　京

内 容 简 介

义务教育是整个国民教育体系的重中之重,具有基础之基础的战略地位,关系到千千万万人民的切身利益。改革开放40年来,我国义务教育改革与发展取得了巨大的成绩。本书在《中国义务教育发展报告》《义务教育第三方评估报告》《中国基础教育改革与发展》等系列研究成果的基础上,坚持辩证唯物主义、定量与定性相结合、点面结合,尤其注重史料、数据、典型经验案例等支撑,回眸了改革开放40年中国义务教育改革的伟大历程;总结了改革开放40年中国义务教育改革的伟大成就和经验;反思了改革开放40年中国义务教育改革存在的问题和不足,并提出对策建议;凝练了改革开放40年中国义务教育改革的中国模式。

本书对教育领域的学者、学生,以及中小学教育工作者有重要参考价值,同时也适合关心义务教育的朋友阅读。

图书在版编目(CIP)数据

义务教育/宋乃庆,陈婷,张辉蓉主编. —北京:科学出版社,2018.12
(中国教育改革40年/钟秉林主编)
ISBN 978-7-03-060151-3

Ⅰ.①义… Ⅱ.①宋… ②陈… ③张… Ⅲ.①义务教育-教育改革-研究-中国 Ⅳ.①G521

中国版本图书馆CIP数据核字(2018)第285855号

责任编辑:朱丽娜 赵云杰/责任校对:王晓茜
责任印制:张克忠/封面设计:黄华斌

编辑部电话:010-64033934

E-mail: edu_psy@mail.sciencep.com

科学出版社 出版

北京东黄城根北街16号
邮政编码:100717
http://www.sciencep.com

天津市新科印刷有限公司印刷
科学出版社发行 各地新华书店经销

*

2018年12月第 一 版 开本:720×1000 1/16
2018年12月第一次印刷 印张:19 1/4
字数:320 000

定价:99.00元
(如有印装质量问题,我社负责调换)

编 委 会

丛　书　序

（一）

1978 年，恢复高考后第一批学子走进大学。1978 年，党的十一届三中全会做出改革开放这一关乎当代中国命运的关键抉择。改革开放 40 年来，中国缔造了震撼世界的奇迹，解决了 13 亿多人口的温饱问题，实现了最大规模的经济和社会转型，正在实现从人口大国向人力资源强国的历史性转变。

改革开放 40 年来，中国教育事业迅速发展，成就显著。1978 年，我国小学升入初中的比例只有 60.5%，高校在校生只有 85.6 万人；2017 年，全国各级各类学校 51.38 万所，学历教育在校生 2.70 亿人，专任教师 1626.89 万人。[①] 教育普及程度不断提高，在规模上成为名副其实的教育大国。教育投入平稳增加，教育结构不断优化，教育体制改革不断深化，办学效益逐步提高，人才培养质量不断提升，服务国家、服务人民和参与国际竞争的能力显著增强。

目前，虽然我国教育在结构、质量、体制、管理等方面仍存在这样那样的问题，如人才培养质量与经济社会发展需求还有差距、教育国际竞争力还不够强等，但不可否认的是，40 年来教育改革发展取得了举世瞩目的成就，为建设教育强国和

---

① 教育部. 2017 年全国教育事业发展统计公报.（2018）[2018-12-07]. http://www.moe.edu.cn/jyb_sjzl/sjzl_fztjgb/201807/t20180719_343508.html.

人力资源强国奠定了坚实的基础。

（二）

改革开放40年来，我国教育的功能从社会本位向以人为本转变。40年前，党和国家的工作重心转向经济建设，急需提高全民素质，教育承担了重要的社会功能。40年来，教育逐渐强调以人为本，重视学生的全面健康发展。20世纪80年代以来声势浩大的素质教育热潮，21世纪以来倡导"一切为了学生的发展"的课程改革，教育部发布多道"减负令"减轻学生过重的课业负担，国家启动新一轮高考改革等，都是为了改变不科学的教育评价指挥棒，将立德树人作为教育的根本任务。进入新时代，我们期待教育为实现学生全面发展奠基，注重学生批判性思维、创新精神与实践能力的养成，致力于学生全面而有个性的发展，培养德智体美劳全面发展的社会主义事业建设者和接班人。

改革开放40年来，我国教育的战略地位从战略重点逐步上升为优先发展。40年前，教育经费严重短缺，教育发展水平比较低下。40年来，教育的战略地位稳步提升，逐步由经济发展、科技进步、人力资源开发的战略重点上升为优先发展的战略地位。国家财政性教育经费占全国教育经费投入的比例平稳增加，国家财政性教育经费占GDP的比例从2012年起实现了超过4%的既定目标，2017年为4.14%。[1] 习近平在全国教育大会上强调，"教育是国之大计、党之大计"[2]。教育的基础性、先导性、全局性地位更加凸显。党和国家高度重视职业教育，提出大力发展职业教育、加快发展现代职业教育，构建现代职业教育体系，提升国民素质；高度重视创新型人才培养，加快建设一流大学和一流学科，提升我国高等教育的综合实力和国际竞争力；高度重视教师队伍建设，提高教师政治地位、社会地位、职业地位。进入新时代，我们期待教育引领经济社会发展，致力于为实现"两个一百年"的奋斗目标，实现中华民族伟大复兴的中国梦做出新贡献。

改革开放40年来，我国教育发展的目标已经从规模扩张转向质量提

---

① 中央政府门户网站. 国家财政性教育经费占GDP比例连续6年超4%.（2018）[2018-12-07]. http://www.gov.cn/shuju/2018-10/17/content_5331510.htm.

② 中央政府门户网站. 习近平出席全国教育大会并发表重要讲话.（2018）[2018-12-07]. http://www.gov.cn/xinwen/2018-09/10/content_5320835.htm.

升。40 年前，中国教育发展的任务是"两基"攻坚：基本普及义务教育，基本扫除青壮年文盲。40 年来，我国教育的普及化程度全面提高，学前三年教育加快普及，毛入园率达到 79.6%；九年免费义务教育全面实施，巩固率为 93.8%；高中阶段教育基本实现普及，毛入学率为 88.3%；高等教育正在快速从大众化阶段迈向普及化阶段，毛入学率达到 45.7%；中等职业教育和高等职业教育已经成为高中阶段教育和高等教育的"半壁江山"。[①] 教育领域的主要矛盾已经突出表现为人民群众对优质教育的急迫期盼与优质教育供给不充分、不平衡的冲突，教育公平与质量问题凸显。择校、进城务工人员随迁子女受教育、大学生就业等已经成为社会广泛关注的热点问题。我国教育的发展方式正面临根本性转变，从以规模扩张和空间拓展为主要特征的外延式发展，转变为以提高质量和优化结构为核心的内涵式发展。具体表现在：学前教育要坚持抓好普及与提高保教质量并重；义务教育要兼顾提高巩固率与优质均衡发展；高中阶段教育要坚持多样化发展和特色发展；职业教育要主动适应科技进步和产业革命的需要；高等教育要加快"双一流"建设，实现内涵式发展；民办教育要严格规范和大力扶持，利用市场机制推动教育可持续发展。进入新时代，我们期待更加公平、优质、多样的教育，致力于拓展优质教育资源覆盖面，合理配置有限的优质教育资源，全面提升教育整体水平。

改革开放 40 年来，中国教育信息化发展从无到有，由弱到强。当今世界，信息技术发展日新月异，给世界带来了翻天覆地的变化。我国先后颁布了《新一代人工智能发展规划》《教育信息化 2.0 行动计划》等教育信息化发展战略，教育发展面临着前所未有的机遇与挑战：互联网、大数据、虚拟现实、人工智能等先进信息技术与教育教学深度融合，正在改变着传统的教育教学观念、教学组织形态、教学管理机制、教学方式与学习方式。知识传播方式从传统的单向传递转变为多向互动，教师的角色从知识的传播者转变为学生学习活动的设计者和指导者，学校中的师生关系正在转变为新型的学习伙伴关系。教育界对此要保持敏锐的目光，密切跟踪发展趋势，主动、理性地面对挑战；中小学校和高等学校在为信息科技革命提供人力和智力支撑的同时，要主动适应信息科技与教育融合带来的教育形态和就业市场的变革。进入新时代，我们期待构建

---

① 教育部. 2017 年全国教育事业发展统计公报. (2018) [2018-12-07]. http://www.moe.edu.cn/jyb_sjzl/sjzl_fztjgb/201807/t20180719_343508.html.

信息革命驱动下的教育现代化新形态，同时也呼唤回归生命养成的教育，让学生学会学习，迎接充满挑战的未来社会。

改革开放40年来，我国教育体制机制改革逐步深化，现代教育体系和能力建设取得突破。40年前，教育领域改革的迫切任务是拨乱反正，1977年恢复高考成为我国恢复与重建教育新秩序的开端。40年来，我国教育体制机制改革的重心是简政放权、扩大学校办学自主权，创建现代学校制度，建立与社会主义市场经济体制相适应的教育管理体制；特别是21世纪以来，我国进入深化教育领域综合改革、推进教育治理体系与教育治理能力现代化的新阶段。40年来，我国逐步完善义务教育管理体制，举办农村义务教育的责任主要由政府承担，以县为主，将农村义务教育全面纳入公共财政保障范围，建立中央和地方分项目、按比例分担的农村义务教育经费保障机制。40年来，我国逐步探索高校招生制度改革，更加注重科学性、自主性、选择性与公平性，人才选拔的标准从知识本位转向能力本位，考试科目从零散分科走向文理融合，考试方式从单一走向多元，招生录取从效率优先转向更加注重公平，强调对弱势群体的补偿。40年来，我国多渠道拓展经费投入，逐步引入市场机制，民办教育迅速发展，形成了从学前教育到高等教育、从学历教育到非学历教育，层次类型多样、充满生机活力的发展局面，有效增加了教育服务供给。进入新时代，我们期待建立政府主导、多元参与的中国特色现代化教育治理体系，不断深化教育领域综合改革，实现教育治理能力的现代化。

改革开放40年来，我国教育发展的模式从照搬模仿转向自主探索。1978年，我国掀起了"实践是检验真理的唯一标准"的大讨论，教育也开始在照搬、模仿国外经验的基础上，探索中国特色发展道路。习近平同志在全国教育大会上的重要讲话中强调指出："在实践中，我们就教育改革发展提出一系列新理念新思想新观点，主要有以下几个方面，坚持党对教育事业的全面领导，坚持把立德树人作为根本任务，坚持优先发展教育事业，坚持社会主义办学方向，坚持扎根中国大地办教育，坚持以人民为中心发展教育，坚持深化教育改革创新，坚持把服务中华民族伟大复兴作为教育的重要使命，坚持把教师队伍建设作为基础工作。这是我们对我国教育事业规律性认识的深化，来之不易，要始终坚持并不断丰富发展。"①教育发展的模式要根据各国不同的历史传统、现实国情和发展方向来进行抉择，不能走趋同的道路。进入新时代，我们期待培养具有中国灵魂、国际视野、国际理解力与参与能力的世界公民，探索教育发展的中国经验与中国方案，为教育国际化做出中国贡献。

《论语·为政》有云，"四十而不惑"。回首40年来我国波澜壮阔的教育改革发展历程，这是中国教育史上浓墨重彩的一笔，也必将引起国际社会的广泛关注。可以预见，中国教育在国际舞台上将扮演越来越重要的角色。

2018年教师节，党中央召开了具有历史意义的全国教育大会，习近平同志在大会上作了重要讲话。全国教育大会在新的历史起点上开启了教育事业新征程，对加快推进教育现代化、建设教育强国、办好人民满意的教育进行了总体部署，为未来我国教育改革发展指明了方向。展望新时代，就是要扎根中国大地办教育，坚持中国优良文化传统，拓展国际视野，追求质量卓越，促进教育公平，建设教育强国。

（三）

科学出版社乔宇尚编辑策划的"中国教育改革40年"丛书为"十三五"国家重点图书出版规划项目，聘请国内教育学界的权威专家和知名学者担任主编，丛书包括10卷：《学前教育》（虞永平 张斌）、《义务教育》（宋乃庆 陈婷 张辉蓉）、《高中教育》（朱益明）、《高等教育》（张应强）、《农村教育》（范先佐）、《教育信息化》（黄荣怀 王运武）、《民办教育》（周海涛）、《学校德育》（冯建军）、《高考改革》（郑若玲）、《职业教育》（石伟平 匡瑛），力图从不同层次、不同领域、多角度展示改革开放40年来中国教育的改革进程、发展成就、改革经验和最新进展。

《学前教育》分为三编，分别从社会事业、育人活动和学术关注的角度，对40年来我国学前教育在办园、管理、经费投入、师资队伍、基本理念、保教环境、课程建设、质量评价和学术研究等方面的改革发展进行了客观、理性的阐述与分析。该书旨在回顾40年来我国学前教育改革发展的历史，揭示成

---

① 中央政府门户网站. 习近平出席全国教育大会并发表重要讲话. (2018) [2018-12-07]. http://www.gov.cn/xinwen/2018-09/10/content_5320835.htm.

就，总结经验，破解问题，概括具有中国特色的学前教育发展模式，为未来我国和国际学前教育的发展提供专业智慧。

《义务教育》在《中国义务教育发展报告》《义务教育第三方评估报告》《中国基础教育改革与发展》等系列研究成果的基础上，坚持辩证唯物主义，定量与定性相结合，点面结合，尤其注重史料、数据、典型经验案例等支撑，回眸改革开放 40 年中国义务教育发展的伟大历程，总结改革开放 40 年中国义务教育改革的成就和经验，反思存在的问题和不足，并提出对策建议，凝练改革开放 40 年义务教育改革发展的中国模式。

《高中教育》从普通高中教育发展与制度体系、教育经费投入、课程改革、教师培养与培训、现代高中学校管理、现代高中学校制度、薄弱学校改进与普及攻坚等七大方面，系统介绍了普通高中改革与发展的政策轨迹与实践成效。面对新时代中国教育现代化发展要求，分析了当前中国普及高中教育面临的新形势，提出了改革与发展的行动策略和普通高中学校改革的逻辑建构。

《高等教育》遵循两条基本思路：一是全面反映 40 年来我国高等教育改革发展的历史进程和重要成就，从学术角度系统总结我国高等教育改革发展的成果、经验及面临的问题，概括高等教育改革发展的中国模式和中国道路。二是遵循"合一分一合"的逻辑，以主题或专题形式，抓住主要方面，对我国高等教育 40 年的改革发展做出准确概述和客观评价，体现研究性和学术性。专题包括：高等教育大众化、高等教育体制改革和结构调整、高等教育质量建设、世界一流大学建设、高等教育体系建设、学位与研究生教育、高等教育法治化建设、高等教育对外开放与国际合作等。各个专题研究在坚持全面和准确概述的基础上，力求突出核心问题，体现创新性。

《农村教育》将关注的重点放在农村教育财政体制、农村中小学布局调整、农村中小学教师队伍建设、流动人口子女教育、农村贫困地区教育发展、农村小规模学校与大规模学校建设、农村学生资助等涉及我国农村教育发展的重要方面，就 40 年来党和政府在这些方面所采取的举措、取得的成效、积累的经验进行深入分析和系统总结，力图概括农村教育发展的中国模式和中国道路，发出中国声音，为国际农村教育的发展贡献中国智慧。

《教育信息化》回顾与剖析中国教育信息化改革与发展 40 年历程，将教育信息化发展历程分为计算机教学起步、计算机教育发展、基础设施建设大发展、教育信息化应用水平大力提升、特色教育信息化发展五个阶段，并展望了教育信息化未来发展趋势。该书以教育信息化领域权威性、国际性、引领性和战略性为追求目标，以推动中国教育改革和发展为根本宗旨，助力实现中国伟大的"教育梦"。

《民办教育》以民办教育 40 年发展历程为主线，以民办教育法律法规为依据，坚持改革导向、问题导向和政策导向，针对民办教育总体概况、民办教育发展数据变化、民办教育法律制度变迁、民办教育规范和管理、民办教育扶持和服务、民办学校办学体制机制、民办学校育人特色、民办教育未来展望等重要问题进行客观分析，总结改革成效，剖析突出问题，提出具体建议，努力为民办教育改革发展提供一定的理论支持和实践参考。

《学校德育》以改革开放 40 年德育发展的历史为经，以学校德育要素为纬，依照"总—分—总"的思路，全面回顾总结了改革开放 40 年德育发展的阶段、特点与经验，并从德育方针与政策、德育价值与目标、德育内容与课程、德育教学与实施、师德与德育队伍、德育理论研究与德育模式探索等方面分析了40 年的变革及发展趋向，最后以习近平新时代中国特色社会主义思想为指导，分析新时代我国德育面临的机遇与挑战以及未来的发展。

《高考改革》在概述高考制度发展的基础上，对高考的形式、科目、内容、录取等高考制度各主要方面的发展与改革进行细致梳理，对其中一些较为突出的问题进行深入分析，并对高考制度的最新改革进行追踪与反思。研究成果既是对高考制度发展与改革的学术加工与思考，可以丰富相关理论成果，又可为高考综合改革实践提供学理支持，平稳推进改革进程。

《职业教育》总括性地描述改革开放 40 年职业教育事业发展的基本阶段、主要成就、核心特征；在此基础上分别聚焦 8 个职业教育发展中的核心问题进行深入研究，涉及理念变迁、体系建构、办学模式嬗变、专业课程改革、师资培养培训、农村职教改革、德育改革和国际化发展；最后基于对新时代背景的分析，提出中国职业教育未来发展的路径。

综上所述，丛书力图展示 1978—2018 年我国教育改革与发展的历史进程和重要成就，梳理国内学者在各专业领域的研究和探索，系统总结我国教育改革与发展的成果、经验及面临的问题。丛书旨在讲述中国教育故事，增强文化自信；总结中国经验，提高文化软实力；探寻中国教育模式，扩大中国教育国际影响力。希望丛书的出版，能够为广大读者提供参考和借鉴。

（四）

教育是梦想和希望的载体，我们都在憧憬教育的未来，构筑教育现代化的中国梦。

未来的教育，将是体现"有教无类"教育理念的公平的教育，每个公民都可以在学习型社会框架下，随时、随地、随意地学习，不断丰富和完善自己；未来的教育，将是体现"因材施教"教育理念的多样化的教育，每个公民都可以接受适合自己的教育，彰显个性和特长；未来的中国教育，将是体现"人尽其才"教育理念的高质量的教育，每个公民都可以在学习中成长，在服务国家和社会的过程中实现自我价值。

当前，我国教育已经进入深化综合改革、加强内涵建设、优质均衡发展的新时代，现实与理想的距离在不断拉近。我们有充分的理由相信，只要认真学习贯彻落实党的十九大精神和习近平同志在全国教育大会上重要讲话的精神，坚定不移地走中国特色教育发展道路，坚持改革开放，励精图治、锐意创新、厚积薄发，中国教育一定能够取得更大的发展成就，建设教育强国和人力资源强国的战略目标一定能够早日实现。

对此，我们充满期待。

是为序。

钟秉林

2018 年 12 月 7 日

前　言

　　1978 年 12 月，党的十一届三中全会拉开了中国改革发展的伟大序幕，中国教育伴随着中国政治、经济、社会、文化发展从此发生了翻天覆地的变化。

　　义务教育是国家统一实施的所有适龄儿童、少年必须接受的教育，是国民教育体系中的重中之重，具有基础之基础的战略地位。回眸改革开放 40 年中国义务教育的伟大历程，总结改革开放 40 年中国义务教育的伟大成就，站在新时代的历史性起点上，以新时代中国特色社会主义思想为指导，从义务教育质量关键影响因素的视角去客观审视义务教育 40 年的发展，用基础教育质量监测的视角和方法，用定量和定性数据去分析义务教育改革发展所取得的新成绩、新进展、新经验，探索新问题和新对策，对办好人民满意的教育具有重要的现实意义、实践意义和理论价值。

　　全球范围内率先实施义务教育的国家是德国。1763 年普鲁士王朝就颁布强迫教育法令，规定 5～12 岁儿童必须到学校接受教育。125 年后的 1888 年，统一后的德国完成了普及初等义务教育的任务。由于现代化大生产对人才培养的需要，其他发达国家如法国、美国、英国等在 19 世纪中后期开始相继推行义务教育制度。这些国家完成普及初等义务教育的任务也经历了 40～100 年。

　　我国义务教育经历了曲折、艰辛、跨越式的发展过程。中华人民共和国成立后才开始逐步探索普及初等教育和义务教育。我国人口多，底子薄，民族多，地区差异巨大，实施义务教育异常艰难。为此，1949—1985年，义务教育发展经历了漫长的酝酿和预备期，其间我国小学和初中教育起起落落，曲折艰难。1949年中华人民共和国成立之初，百废待兴，人均国民收入仅为66.1元，全国小学在校生为2439.1万人，初中在校生为83.2万人，小学学龄儿童入学率仅为20%左右。[①] 1951年8月27日—9月11日，教育部召开的第一次全国初等教育会议和第一次全国师范教育会议提出，争取十年内全国基本上普及儿童初等教育，五年内争取全国平均有80%学龄儿童入学。然而，1957年我国小学学龄儿童入学率仅为61.7%，受"大跃进"的影响，我国小学学龄儿童入学率在此后几年还有所下降。1962年，我国小学在校生为6923.9万人，小学学龄儿童入学率为56.1%。此后，受"文化大革命"的影响，初等教育普及再次受到阻碍，甚至一度停滞。

1978年，我国初等教育的入学率虽已达94%，但巩固率和合格率却分别只达到60%和30%左右，文盲和半文盲竟接近23 000万人。[②] 改革开放促进了经济社会的大发展，我国普及初等教育真正走上了"快车道"。1986年，《中华人民共和国义务教育法》的颁布标志着我国开始真正意义上的普及九年义务教育。2001年，我国实现了基本普及九年义务教育和基本扫除青壮年文盲的战略目标。2011年11月，我国全面完成普及九年义务教育和扫除青壮年文盲的战略任务。至此，我国成为包括印度、印度尼西亚、巴基斯坦、孟加拉国、巴西、墨西哥、尼日利亚、埃及等在内的世界九个发展中的人口大国中第一个实现普及九年义务教育的国家。即我国用25年时间全面完成普及九年义务教育的任务，完成了一些发达国家40年甚至上百年才能完成的大事，这对于一个拥有十多亿人口的发展中国家来说，真可谓人类义务教育史上的一个壮举。2012年，我国义务教育进入巩固和深化阶段，围绕促进均衡、减负提质、深化改革等问题开展了新的探索，尤其是2017年，中国特色社会主义进入新时代，党的十九大提出的"推动城乡义务教育一体化发展，办好人民满意的教

① 刘英杰. 中国教育大事典1949—1990. 杭州：浙江教育出版社，1993：321.
② 成有信. 九国普及义务教育. 北京：人民教育出版社，1985：4.

育"①，对新时代义务教育改革发展提出了新的要求。

回眸改革开放 40 年，义务教育改革发展主要有三大任务：普及和巩固、均衡发展、减负提质。为此，本书共分八章：第一章"义务教育改革发展 40 年历程"是对改革开放 40 年中国义务教育改革发展历程的回顾，旨在认识改革开放 40 年义务教育改革发展的阶段性特征。第二、第三、第四章分别围绕上述义务教育改革发展的三大主要任务展开，即"义务教育普及与巩固""义务教育均衡发展""义务教育减负提质"。第五、第六、第七章分别就人们广泛关注的义务教育改革发展的三个要素展开，即"义务教育教师队伍发展""义务教育经费发展""义务教育办学条件发展"。第二章至第七章，每章都设三节，第一节是"成就与经验"，是对该部分的整体概述，着力梳理、大力宣传成就与经验。第二节是"专题研究"，是针对这一部分的重点、热点、难点问题阐述我们如何面对和解决发展中的问题，克服困难。这些专题涉及的内容有些是国外也同样存在的问题，如控辍保学、农村教育等；有些则是中国特有的问题，如免费师范生、"国培计划"等。第三节是"反思及建议"，是基于发展中的问题进行反思，并提出相关对策建议。第八章"义务教育改革发展 40 年的中国模式"则是凝练义务教育改革发展具有中国特色的经验，形成具有中国特色的"中国模式"，同时还对我国义务教育改革发展 40 年进行反思和未来展望。

《中国教育改革 40 年·义务教育》力图凸显三大特色：第一，坚持辩证唯物主义科学研究、客观分析中国义务教育 40 年改革和发展。本书基于义务教育改革发展 40 年实践，研究改革发展历程、基本轨迹，从而探寻中国改革开放 40 年来义务教育改革发展的基本规律，辩证地认识义务教育改革发展中存在的问题及"穷国办大教育"的艰辛和经验。第二，坚持定量与定性相结合的研究。全书既通过文献研究、比较研究和历史研究，全景式勾勒义务教育发展 40 年的真实图景，更强调基于数据和证据的言说和价值判断。本书既有基于年鉴、官方提供的数据，又有通过问卷、访谈等研究方法搜集的第三方评估和基础教育质量监测相关数据，并通过数据统计分析向人们呈现义务教育改革发展的成绩、经验和问题，进一步探析其基本规律。第三，坚持点面结合。本

① 习近平：决胜全面建成小康社会　夺取新时代中国特色社会主义伟大胜利——在中国共产党第十九次全国代表大会上的报告.（2017）[2018-03-22]. http://cpc.people.com.cn/n1/2017/1028/c64094-29613660.html.

书着力抓住改革开放 40 年义务教育发展的三大主要任务，即普及和巩固、均衡发展与减负提质，以及人民群众普遍关心的义务教育改革发展的三个主要要素，即教师队伍、教育经费、办学条件（本书中专指硬件条件），全面展示改革开放以来义务教育改革发展的成就、经验等，其中又着力分析了一些义务教育改革发展的典型经验和典型问题，以点带面，透视全局。本书的一个创新在于将定性与定量研究方法结合、点面结合，对我国义务教育改革发展 40 年进行阶段性回顾与反思，揭示义务教育改革发展 40 年的历史脉络，对义务教育改革发展中的重点、热点、难点问题进行了深入分析；另一创新在于在梳理经验基础上总结、凝练了义务教育改革发展的"中国模式"，可以为我国义务教育未来改革发展及发展中国家的义务教育改革发展提供借鉴，可以为深化我国义务教育改革和促进对外开放合作提供支撑。

2017 年，中国特色社会主义进入新时代，从改革开放到社会主义新时代的起点，过去的 40 年在我国社会主义现代化建设事业和义务教育发展中具有独特的现实意义和实践价值。"不忘初心，方得始终。"以史为鉴方知今，以史为鉴才能更好地面向未来。期盼本书能对我国义务教育未来改革发展发挥积极的作用。

《中国教育改革 40 年·义务教育》编写组

2018 年 8 月 1 日

目 录

第一章

义务教育改革发展 40 年历程

关于义务教育改革发展的阶段划分，学界有不同看法。教育部将义务教育发展划分为三个阶段：第一阶段，基本普及小学教育（1980—1985 年）；第二阶段，基本普及九年义务教育（1986—2000 年）；第三阶段，全面普及九年义务教育，巩固提高义务教育水平（2000 年至今）。[①]吴德刚将中华人民共和国成立以来义务教育改革发展划分为五个阶段：第一阶段，普及初等教育顺利发展（1949—1957 年）；第二阶段，普及初等教育在挫折中调整发展（1958—1966 年）；第三阶段，普及初等教育严重受挫（1967—1976 年）；第四阶段，普及初等教育全面恢复（1976—1986 年）；第五阶段，《中华人民共和国义务教育法》的颁布与实施（1986—1990 年）。[②]彭泽平等将中华人民共和国成立以来义务教育发展划分为六个阶段：第一阶段，中华人民共和国成立初期初等义务教育的普及（1949—1957 年）；第二阶段，"大跃进"及"调整"时期初等教育普及的曲折发展（1958—1965 年）；第三阶段，"文化大革命"时期普及教育的受阻和延误（1966—1976 年）；第四阶段，普及教育的恢复与初步发展（1977—1985 年）；第五阶段，普及教育的全面推进（1986—2000 年）；第六阶段，21 世纪以来义务教育的迅猛发展（2001 年至今）。[③]王慧等将中华人民共和国成立以来义务教育发展划分为四个阶段：第一阶段，普及初等教育（1949—1984 年），包括普及初等教育奠定基础（1949—1957 年），冒进调整

① 中华人民共和国教育部. 义务教育.（2008）［2018-03-20］. http://www.moe.gov.cn/jyb_xwfb/xw_fbh/moe_2606/moe_2074/moe_2437/moe_2444/tnull_39455.html.

② 吴德刚. 中国义务教育研究. 北京：教育科学出版社，2011：34-38.

③ 彭泽平，姚琳，黄娥. 新中国义务教育普及与发展：历程与经验. 西南大学学报（社会科学版），2016，42（5）：74-83.

（1958—1965 年），畸形跨越（1966—1976 年），步入正轨（1977—1984 年）；第二阶段，基本普及九年义务教育（1985—2000 年）；第三阶段，全面普及九年义务教育（2001—2005 年）；第四阶段，义务教育均衡化（2006 年至今）。^①还有人将其划分为三个阶段：第一阶段，普及初等教育（1978—1986 年）；第二阶段，基本普及九年义务教育（1986—2000 年）；第三阶段，全面普及九年义务教育（2000 年至今）。^②不难看出，上述划分有的较为准确，有的则不然。

改革开放以来，普及和巩固始终是我国义务教育改革发展的首要任务，2010 年颁布的《国家中长期教育改革和发展规划纲要（2010—2020 年）》仍然将"巩固义务教育普及成果"作为首要工作。而从普及和巩固的视角来看，改革开放 40 年义务教育的发展有四个载入我国乃至人类义务教育发展史册的重要时刻：① 1978 年 12 月十一届三中全会胜利召开，拉开了改革开放的伟大序幕，我国初等教育普及开始进入"快车道"，九年义务教育普及逐步提上日程；② 1986 年我国颁布了《中华人民共和国义务教育法》，确立了我国的九年义务教育制度，对于我国义务教育乃至整个教育改革发展具有里程碑意义；③ 2001 年伊始，中国宣布基本完成"两基"（基本普及了九年义务教育、基本扫除了青壮年文盲）攻坚任务，九年义务教育人口覆盖率达 85%，青壮年文盲率下降到 5% 以下；④ 2012 年初，中国全面普及九年义务教育和扫除青壮年文盲，义务教育发展重心逐步转向减负提质。因此，回眸改革开放以来我国义务教育改革发展的 40 年历程，依据各个阶段战略性目标和任务不同，可以将其划分为四个阶段：①普及初等教育阶段（1978—1985 年），这一阶段的核心任务仍然是延续中华人民共和国成立以来一直强调的初等教育普及问题。1982 年 12 月 4 日修订的《中华人民共和国宪法》规定"普及初等义务教育"，1985 年《中共中央关于教育体制改革的决定》第一次提出"普及九年义务教育"，由此这一阶段"义务教育"发展由普及初等教育逐步走向普及初等义务教育，再到提出普及九年义务教育。②基本普及九年义务教育阶段（1986—2000 年），这一阶段自 1986 年我国以法律形式确定实施九年义务教育开始，至 2000 年我

---

① 王慧，梁雯娟. 新中国普及义务教育政策的沿革与反思. 河北师范大学学报（教育科学版），2015，17（3）：31-38.

② 方光伟. 中国特色的依法普及九年义务教育之路.（2009）[2018-03-20]. http://www.npc.gov.cn/npc/xinwen/rdlt/fzjs/2009-02/13/content_1470214.htm.

国实现基本普及九年义务教育。③全面普及九年义务教育阶段（2001—2011年），这一阶段是我国基本普及义务教育之后的十年，至2011年实现全面普及义务教育。需要指出的是，"全面普及义务教育阶段"并不意味着我国义务教育全面普及仅仅是在2001—2011年所取得的，我国全面普及义务教育是在1986—2000年基本普及义务教育的基础上实现的。④巩固和深化九年义务教育阶段（2012年至今），这一阶段是我国在全面普及九年义务教育之后，义务教育改革发展的战略任务在巩固义务教育普及成果的同时，还强调推进义务教育均衡发展，提高义务教育质量，以及减轻中小学生课业负担，是义务教育的巩固和深化期。

第一节　普及初等教育阶段（1978—1985年）

严格意义上来说，我国义务教育始于1986年《中华人民共和国义务教育法》的颁布，但在此之前，义务教育阶段的教育（小学和初中）改革和发展持续推进。1978—1985年，我国主要着力于推进初等教育普及。其间，我国采取多种措施推进小学和初中教育发展，并取得了较为明显的成效，其中心工作可以概括为确定方向，推进普初，提出"普九"，探索改革。

一、确定初等教育的发展方向

十一届三中全会后，我国社会主义现代化事业呈现崭新面貌，在思想上，确立了马克思主义实事求是的思想路线；在经济上，把工作重心转移到社会主义现代化建设上来；在文教上，纠正了文化、科教领域长期存在的"左"倾错误思想，逐步恢复和形成重视教育、尊重知识、尊重人才的氛围，教育工作重新走上正轨并得以发展。1982年9月，《全面开创社会主义现代化建设的新局面——在中国共产党第十二次全国代表大会上的报告》指出："在今后二十年内，一定要牢牢抓住农业、能源和交通、教育和科学这几个根本环节，把它们作为经济发展的战略重点。"由此把教育列为经济发展的战略重点之一，并进一步提出要"大力普及初等教育"。这是中国共产党历史上首次将教育纳入国家经济发展的战略重点。

这一时期，邓小平站在国家和民族未来历史命运的高度，对于社会主义现代化建设进程中应该办什么样的教育、怎样办教育、培养什么样的人等重大教育问题都指明了方向。1983 年国庆节，邓小平为景山学校成立 20 周年题词："教育要面向现代化，面向世界，面向未来。""三个面向"成为我国教育改革和发展的战略方针之一，对新时期义务教育发展具有重大和深远的影响。在社会主义建设的新时期，邓小平还深刻阐释了教育必须适应国民经济发展的需要，教育必须与生产劳动相结合，他指出："马克思、恩格斯、列宁和毛泽东同志都非常重视教育与生产劳动的结合，认为在资本主义社会里这是改造社会的最强有力的手段之一"，"现代经济和技术的迅速发展，要求教育质量和教育效率的迅速提高，要求我们在教育与生产劳动结合的内容上、方法上不断有新的发展"。[1] 教育与生产劳动相结合成为我国新时期教育方针的重要内容。

对于社会主义新人应该具备的基本素质，1982 年 7 月 4 日，邓小平在中央军委座谈会上第一次提出："搞社会主义精神文明，主要是使我们的各族人民都成为有理想、有道德、有文化、守纪律的人民。"[2] 1985 年，邓小平又强调，"教育全国人民做到有理想、有道德、有文化、有纪律"[3]。这一表述后来被概括为"四有"新人，这也成为我国新时期教育方针中"社会主义事业的建设者和接班人"的重要内涵。在这一思想指导下，我国中小学校不仅重视对学生的知识和文化的教育，还重视对学生的德育。社会主义事业发展方针的确定为义务教育事业的健康发展指明了方向，提供了保证。

二、持续推进初等教育普及

"文化大革命"结束后，随着我国经济社会发展，培养社会主义事业所需要的人才，提高国民素质成为迫切任务，这一时期，我国通过多种措施大力推

---

① 中国共产党新闻网. 在全国教育工作会议上的讲话. (1978) [2018-03-22]. http://cpc.people.com.cn/GB/64162/124333/124356/125501/7424711.html.

② 中共中央文献编辑委员会. 邓小平文选（第二卷）. 北京：人民出版社，1994：408.

③ 中共中央文献研究室. 邓小平论教育. 北京：人民教育出版社，1990：166.

进普及初等义务教育，首次将普及初等义务教育纳入《中华人民共和国宪法》，并在 1985 年适时提出了普及九年义务教育。

（一）出台关于普及初等教育的系列政策文件

1978 年 10 月—1979 年 1 月，教育部先后发出《关于检查普及农村小学五年教育的通知》《关于继续切实抓好普及农村小学五年教育的通知》，对农村普及小学五年教育工作作出部署。1979 年 11 月，中共中央批转了湖南省桃江县《关于发展农村教育事业的报告》，在其中充分肯定了桃江县"领导重视，发挥国家办学与群众集体办学两个积极性，以普及小学五年为重点，实行普通教育、业余教育、学前教育三者相互衔接、相互促进"等经验。1980 年 12 月，《中共中央、国务院关于普及小学教育若干问题的决定》明确提出，"经济比较发达、教育基础较好的地区，应在一九八五年前普及小学教育，其他地区一般应在一九九〇年前基本普及。至于极少数经济特别困难、山高林深、人口稀少的地区，普及期限还可延长一些。……最贫困的地区要由国家包下来，实行免费教育"。1983 年，中共中央、国务院《关于加强和改革农村学校教育若干问题的通知》指出，"力争一九九〇年前在我国除少数山高林深、人口特别稀少的地区外，基本普及初等教育"。同年 8 月，教育部制定了《教育部关于普及初等教育基本要求的暂行规定》，提出"在十二至十五周岁少年儿童中，初等教育的普及率达到百分之九十五以上"。这些政策措施对于各地积极普及小学教育起了引导和促进作用，使普及初等教育取得了明显成效。

（二）将普及初等义务教育纳入国家根本大法

改革开放不久，普及初等义务教育就被写入宪法。1982 年 12 月 4 日，第五届全国人民代表大会第五次会议通过的新修订的《中华人民共和国宪法》第四十六条规定，"中华人民共和国公民有受教育的权利和义务"；第十九条规定，"国家发展社会主义的教育事业，提高全国人民的科学文化水平。国家举办各种学校，普及初等义务教育"。这是中华人民共和国成立以来第一次以国家根本大法的形式对普及义务教育作出的明确规定，使普及初等义务教育有了根本大法的保障。

三、适时提出普及九年义务教育

1985 年 5 月,《中共中央关于教育体制改革的决定》作出了在我国"有步骤地实行九年义务教育"的重大决策,表达了推进实施义务教育的坚定决心,建议制定义务教育法,为我国实施九年义务教育描绘了蓝图。其中提出"我们完全有必要也有可能把实行九年制义务教育当作关系民族素质提高和国家兴旺发达的一件大事,突出地提出来,动员全党、全社会和全国各族人民,用最大的努力,积极地、有步骤地予以实施",并提出在我国三类不同地区因地制宜地分步实施九年义务教育:一是约占全国人口 1/4 的城市、沿海各省中的经济发达地区和内地少数发达地区。在这类地区,相当一部分已经普及初级中学,其余部分应该抓紧按质按量普及初级中学,在 1990 年左右完成。二是约占全国人口一半的中等发展程度的镇和农村。在这类地区,首先抓紧按质按量普及小学教育,同时积极准备条件。在 1995 年左右普及初中阶段的普通教育或职业和技术教育。三是约占全国人口 1/4 的经济落后地区。在这类地区,要随着经济的发展,采取各种形式积极进行不同程度的普及基础教育工作。对这类地区教育的发展,国家尽力给予支援。这标志着我国小学和中学教育由普及初等教育逐步转向普及九年义务教育。至 1985 年,我国小学学龄儿童在校生达 13 370.2 人,学龄儿童入学率为 96.4%。[1]

四、探索教育体制改革

改革开放以后,我国不断探索政治、经济、科技等领域体制改革,如 1984 年通过了《中共中央关于经济体制改革的决定》,并在其中提出,"科学技术和教育对国民经济的发展具有极其重要的作用。随着经济体制的改革,科技体制和教育体制的改革越来越成为迫切需要解决的战略性任务"[2]。同年 10 月成立了教育体制改革文件起草领导小组。1985 年 5 月 15—20 日,中共中央、

---

① 刘英杰. 中国教育大事典 1949—1990. 杭州:浙江教育出版社,1993:330.

② 人民出版社. 中共中央关于经济体制改革的决定. 北京:人民出版社,1984:37.

国务院召开了改革开放后的第一次教育工作会议，这是教育系统一次空前的盛会，会议的中心议题之一便是学习中共中央、国务院领导人有关教育体制改革的重要讲话，讨论《中共中央关于教育体制改革的决定（草案）》。邓小平在闭幕式上作了《各级党委和政府要把教育工作认真抓起来》的重要讲话，他指出"我们的国家，国力的强弱，经济发展后劲的大小，越来越取决于劳动者的素质，取决于知识分子的数量"，"全党全国工作重点的转移应当包括教育"。[①]5月27日，中央政治局通过《中共中央关于教育体制改革的决定》，其中系统阐明了我国教育体制改革的指导思想、目标、任务和措施，在提出实行九年义务教育的同时，还提出了系统改革教育体制的思路，包括改革管理体制，在加强宏观管理的同时，坚决实行简政放权，扩大学校的办学自主权；调整教育结构，相应地改革劳动人事制度，改革同社会主义现代化不相适应的教育思想、教育内容、教育方法，等等。《中共中央关于教育体制改革的决定》是我国改革开放后教育体制改革的行动指南，对我国义务教育改革发展具有里程碑意义。

第二节　基本普及九年义务教育阶段
（1986—2000 年）

　　义务性和强制性是义务教育的基本属性，这决定了义务教育只有通过立法才能保障其得以实施。1986 年颁布实施的《中华人民共和国义务教育法》使我国义务教育真正走上法制化道路，因此，1986 年可谓我国九年义务教育发展元年，从 1986 年到 21 世纪伊始也是我国义务教育发展的关键时期。经过15 年的努力，我国基本实现普及九年义务教育的宏伟目标。这一时期义务教育发展的主要内容可以概括为立法保障，"两基"攻关，督导验收，基本普及。

---

① 人民出版社. 关于教育体制改革的决定. 北京：人民出版社，1985：45-46.

一、颁布实施《中华人民共和国义务教育法》

1986 年 4 月 12 日，第六届全国人民代表大会第四次会议审议通过了《中华人民共和国义务教育法》，以国家立法的形式正式确立我国实施九年制义务教育，决定于当年 7 月 1 日在我国正式施行九年义务教育。《中华人民共和国义务教育法》规定："义务教育是国家统一实施的所有适龄儿童、少年必须接受的教育，是国家必须予以保障的公益性事业。实施义务教育，不收学费、杂费。"《中华人民共和国义务教育法》确立了普及义务教育制度，它的颁布和实施开创了中国教育史的新纪元，使我国普及义务教育有了法律保障。

为了贯彻落实《中华人民共和国义务教育法》，1986 年 9 月，国务院办公厅批转了国家教育委员会（简称国家教委）、财政部、劳动人事部《关于实施〈义务教育法〉若干问题的意见》。其中提出了普及九年义务教育的基本要求，并提出"分地区、有步骤地实施义务教育"，即在普及初等教育的基础上普及九年义务教育，同时将全国分为三类区域："第一类地区是经济、文化比较发达的地区，要求在一九九〇年左右基本实现九年制义务教育。第二类地区是经济、文化中等发展程度的地区，要求在一九九〇年左右普及初等义务教育，同时积极准备条件，在一九九五年左右实现九年制义务教育。第三类地区是经济、文化不发达的地区，要随着经济的发展，争取在本世纪末大体上普及初等义务教育。"此外，其还对学制年限、入学年龄及学习期限，免收学费和实行助学金制度，学校的设置、布局和办学标准，教育经费和基建投资，师资，管理体制，残疾儿童的义务教育，考核与督导，有关法律责任等提出了意见，为普及九年义务教育提供了有力指导。1992 年 3 月，经国务院批准，国家教委又正式发布了《中华人民共和国义务教育法实施细则》，对义务教育管理体制实施步骤、办学条件、实施保障、管理与监督、适龄儿童就学、教育教学工作等问题作出规定。1992 年，全国小学入学率已达到 97.2%，辍学率降到历史最低水平，小学毕业生升学率达到 79.67%，比 1978 年提升了 13.27%，全国多数大中城市已经普及了初级中等教育。①

---

① 方晓东，李玉非，毕诚，等. 中华人民共和国教育史纲. 海口：海南出版社，2002：378.

二、推动实现"两基"战略目标

1992 年 10 月 12 日，党的十四大报告提出"到本世纪末，基本扫除青壮年文盲，基本实现九年制义务教育"。1993 年 2 月 13 日，中共中央、国务院印发《中国教育改革和发展纲要》，正式提出"90 年代，全国基本普及九年义务教育（包括初中阶段的职业技术教育）……全国基本扫除青壮年文盲"。次年 7 月发布的《国务院关于〈中国教育改革和发展纲要〉的实施意见》提出了"两基"的具体目标：到 2000 年全国基本普及九年义务教育（包括初中阶段的职业教育），即占全国总人口 85% 的地区普及九年义务教育。初中阶段的入学率达到 85% 左右，全国小学入学率达到 99% 以上。到 2000 年全国基本扫除青壮年文盲，使青壮年的非文盲率达到 95% 左右。《中国教育改革和发展纲要》是我国整个 20 世纪 90 年代教育改革和发展的蓝图，它的颁布实施标志着我国确立了"两基"在整个教育改革和发展中的重要地位。1994 年中共中央、国务院召开的全国教育工作会议，确定"两基"为我国教育工作的"重中之重"，进一步明确提出了 20 世纪 90 年代我国教育事业发展的目标、任务、战略、指导方针和实施步骤。1997 年党的十五大提出"大力普及九年义务教育，扫除青壮年文盲"。1994 年 6 月 13 日发布的《中共中央国务院关于深化教育改革，全面推进素质教育的决定》强调，基本普及九年义务教育和基本扫除青壮年文盲，是全面推进素质教育的基础。地方各级人民政府要继续将"两基"作为教育工作的"重中之重"，确保 2000 年"两基"目标的实现和达标后的巩固与提高。

在确定"两基"目标的同时，我国建立了"两基"督导评估验收制度，成为"两基"工作切实有效的制度性保障。1993 年，国家教委发布了《县级扫除青壮年文盲单位检查评估办法（试行）》（1993 年 3 月 8 日发布）和《普及九年义务教育评估验收办法（试行）》（1993 年 3 月 8 日发布），切实开始开展"两基"验收工作。"两基"检查评估对于落实"两基"起到了重要的促进作用。

三、促进贫困地区和弱势群体普及九年义务教育

为实现普及九年义务教育的目标，1995 年 9 月 14 日，国家教委、财政部

发出《关于进行"国家贫困地区义务教育工程"项目规划和可行性研究的通知》，启动了"国家贫困地区义务教育工程"一期工程。这是中华人民共和国成立以来中央专项基金投入最多、规模最大的工程，中央投入 39 亿元专款，其中 28.4 亿元用于西部地区。"十五"期间，国家又在中西部贫困地区实施了"国家贫困地区义务教育工程"二期工程，再次投入中央专款 50 亿元（其中 90% 用于西部地区），加上地方配套资金 26.3 亿元，共计投入 76.3 亿元。①这一项目有效推动了西部地区"两基"进程，解决了制约"两基"目标实现的难题，扩充了贫困地区义务教育资源，提高了贫困地区义务教育质量。

与此同时，国家还通过实施"希望工程"（1989 年）、"春蕾计划"（1989 年）、"国家扶贫教育工程"（1995 年）、"国家贫困地区义务教育助学金"（1997 年）、"东西部地区学校对口支援工程"（2000 年），从区域、学校和学生个体三个层面帮扶贫困地区、薄弱学校和贫困学生，开展分层次、有针对性的贫困地区义务教育普及工作。此外，社会各界包括港澳台同胞、海外侨胞纷纷以各种方式支持贫困家庭儿童入学，成为我国推进普及九年义务教育进程中的重要补充力量。②

四、实现基本普及义务教育的目标

2001 年 1 月 1 日，我国政府庄严宣布：中国实现了基本普及九年义务教育和基本扫除青壮年文盲的战略目标。到 2000 年底，中国基本普及了九年义务教育，基本扫除了青壮年文盲，85% 的人口完成九年义务教育，青壮年文盲率下降到 5% 以下。据统计，2000 年，全国普通小学在校生 1.3 亿多人，小学学龄儿童入学率达 99.1%；初中在校生 6256 万人，初中生入学率达 88.6%。联合国教育、科学及文化组织（简称联合国教科文组织）指出，过去 10 年中国的基础教育对全世界在小学求学的儿童从 80% 增加到 84% 作出了重要贡献。③我国从 1986 年颁布《中华人民共和国义务教育法》到 2000 年底，实现了我国义务教育的历史性发展，为整个国民教育体系的发展发挥了基础性作

①　实施国家贫困地区义务教育工程. (2006) [2018-03-21]. http://www.gov.cn/ztzl/fupin/content_396671.htm.
②　廖其发. 改革开放以来我国普及义务教育的回眸. 西南大学学报（社会科学版），2008（5）：14-21.
③　顾明远. 改革开放 30 年中国教育纪实. 北京：人民出版社，2008：316.

用，为改革开放以来我国经济、社会、文化的大发展、大繁荣作出了重要贡献，为整个社会主义现代化事业提供了坚强的人力支持，为全世界教育发展贡献了重要力量。

第三节 全面普及九年义务教育阶段
（2001—2011 年）

尽管我国已基本普及九年义务教育，但是我国义务教育发展仍然存在诸多问题，特别是义务教育发展十分不均衡，尤其是西部地区义务教育发展相对落后。截至 2002 年底，西部地区"两基"人口覆盖率仅为 77%，还有 410 个县尚未实现"两基"，人均受教育年限仅为 6.7 年。[①] 为此，进入 21 世纪，《国务院关于基础教育改革与发展的决定》仍然强调，"'十五'期间，地方各级人民政府要坚持将普及九年义务教育和扫除青壮年文盲作为教育工作的'重中之重'，进一步扩大九年义务教育人口覆盖范围，初中阶段入学率达到 90% 以上，青壮年非文盲率保持在 95% 以上"。通过十年的攻坚克难，我国于 2011 年实现了全面普及义务教育的目标，创造了人类教育史上的奇迹，亿万孩子和家庭受益，国民素质整体提升，为经济社会发展提供了保障。这一时期我国义务教育发展的主要内容可以概括为以县为主，全面普及，课程改革，促进均衡。

一、建立健全"以县为主"的义务教育管理体制

随着教育事业的不断发展，"分级办学、分级管理""以乡镇为主"的农村基础教育管理体制弊端逐渐显露。为此，国务院在 2001 年 5 月 29 日发布的《国务院关于基础教育改革与发展的决定》强调：农村义务教育管理体制"实行在国务院领导下，由地方政府负责、分级管理、以县为主的体制"，并具体

---

① 中华人民共和国教育部. 人类教育史上的奇迹——来自中国普及九年义务教育和扫除青壮年文盲的报告. (2015) [2018-03-22]. http://old.moe.gov.cn//publicfiles/business/htmlfiles/moe/moe_177/201209/141845.html.

地规定了各级政府对义务教育的责任与管理权限。这一重大改革使政府统筹主体从乡镇一级提到县一级，并加大了中央和省级财政对农村义务教育的支持力度。2001 年 6 月国务院召开的全国基础教育工作会议，要求农村义务教育实现两个转变，即农村义务教育的经费由以农民承担为主转向以政府承担为主，农村义务教育的管理由以乡镇为主转向以县为主。2002 年 4 月 14 日印发的《国务院办公厅关于完善农村义务教育管理体制的决定》，进一步明确了各级政府的义务教育责任、农村义务教育经费保障体制、人事编制管理制度。2003 年《国务院关于进一步加强农村教育工作的决定》强调，落实农村义务教育"以县为主"管理体制的要求，加大投入，完善经费保障机制。以县为主的义务教育管理体制切实减轻了乡镇一级的财政负担，为义务教育普及实施提供了有力的制度支持。

二、修订《中华人民共和国义务教育法》

随着经济社会发展和义务教育自身不断发展，1986 年制定的《中华人民共和国义务教育法》已经有很多不适应新的发展实际的内容。为此，从 2003 年 6 月起，国家开始酝酿修订《中华人民共和国义务教育法》，并于 2006 年 6 月 29 日在第十届全国人民代表大会常务委员会第二十二次会议上做了最后的修订，决定于 2006 年 9 月 1 日起施行。相较而言，新的《中华人民共和国义务教育法》更加强调义务教育的免费性和强制性；确立了义务教育均衡发展这一重要方向；明确了义务教育实施素质教育的重大使命，使素质教育有了法律保障，对义务教育质量提出了更高要求；进一步完善了义务教育的管理体制，加强了省级统筹；规范了义务教育办学行为，保障了义务教育的基本权利。新《中华人民共和国义务教育法》为新时期更加规范、更加均衡、更加高质地实施九年义务教育提供了强有力的保障，是 21 世纪以来我国义务教育改革发展的重大举措。

三、实行"一费制"和"两免一补"

《国务院关于基础教育改革与发展的决定》强调"采取有力措施，坚决刹住一些地方和学校的乱收费，控制学校收费标准，切实减轻学生家长特别是农村学生家长负担。在国家扶贫开发工作重点县等农村贫困地区义务教育阶段，实行由中央有关部门规定杂费、书本费标准的'一费制'收费制度"①。这一时期，国家还将"一费制"作为减轻农民负担的七项重点工作之一。2001年2月13日，《教育部、国家计委、财政部关于坚决治理农村中小学乱收费问题的通知》规定，从2001年起农村贫困地区中小学义务教育阶段试行"一费制"收费办法。2002年2月26日，教育部、国家计划委员会（简称国家计委）、财政部又下发《教育部、国家计委、财政部关于切实做好2002年农村贫困地区义务教育阶段"一费制"试行工作的通知》。在试行基础上，2004年3月下发的《教育部、国家发展改革委、财政部关于在全国义务教育阶段学校推行"一费制"收费办法的意见》，要求自2004年秋季开始在全国普通小学和普通初中实行"一费制"。"一费制"规范了农村中小学的收费行为，减轻了农民负担，提高了入学率，降低了辍学率。

与此同时，针对农村地区中小学辍学率上升的趋势，2003年《国务院关于进一步加强农村教育工作的决定》指出，"目前，西部地区仍有372个县没有实现'两基'目标。这些县主要分布在'老、少、边、穷'地区，'两基'攻坚任务十分艰巨。到2007年，西部地区普及九年义务教育人口覆盖率要达到85%以上，青壮年文盲率降到5%以下……到2007年，争取全国农村义务教育阶段家庭经济困难学生都能享受到'两免一补'（免杂费、免书本费、补助寄宿生生活费），努力做到不让学生因家庭经济困难而失学"。"两免一补"政策于2005年首先在592个国家重点贫困县实施，中央和地方财政安排专项资金64亿元，惠及中西部农村义务教育阶段学生3000万名，占中西部农村义务教育阶段中小学生人数的26%，农村贫困家庭小学生每人每年平均可免除书本费和学杂费210元，初中生320元，寄宿生还可以享受生活补助200～300元。"两免一补"政策使中西部农村义务教育阶段35万名因贫困辍学的学生重返校园。② 其后，"两免一补"政策于2006年开始在西部和部分中部农村实

---

① 国务院关于基础教育改革与发展的决定.（2001）[2018-03-25]. http://old.moe.gov.cn//publicfiles/business/htmlfiles/moe/moe_16/200105/132.html.

② 吕诺."两免一补"为农民减负70多亿 35万学生返校园.（2006）[2018-04-27]. http://www.jyb.cn/basc/xw/200604/t20060426_16655.html.

施,并于 2007 年春季开始在全国所有农村实施,1.5 亿农村义务教育阶段学生
受益。随后从 2008 年秋季起全部免除所有城市义务教育阶段学生学杂费,对
享受城市居民最低生活保障政策家庭的义务教育阶段学生,继续免费提供教科
书,对家庭经济困难的寄宿学生补助生活费。"两免一补"政策的全面实施,
极大程度地推动了义务教育的普及。

四、推动义务教育均衡发展

在 21 世纪伊始,《国务院关于基础教育改革与发展的决定》针对"我国
基础教育总体水平还不高,发展不平衡,一些地方对基础教育重视不够"等
问题,提出六大决定,其中两个决定分别为,"确立基础教育在社会主义现代
化建设中的战略地位,坚持基础教育优先发展;完善管理体制,保障经费投
入,推进农村义务教育持续健康发展"。2002 年,《教育部关于加强基础教育
办学管理若干问题的通知》明确提出:"积极推进义务教育阶段学校均衡发展。"
2003 年《国务院关于进一步加强农村教育工作的决定》关注农村教育整体薄
弱的现状,并提出把农村教育工作作为教育工作的重中之重。至 2005 年,《教
育部关于进一步推进义务教育均衡发展的若干意见》第一次真正意义上专门提
出促进教育均衡发展的政策。2006 年,"县级以上人民政府及其教育行政部门
应当促进学校均衡发展,缩小学校之间办学条件的差距,不得将学校分为重点
学校和非重点学校。学校不得分设重点班和非重点班"被写入《中华人民共和
国义务教育法》,重点化战略被以法律形式正式终止,而均衡化战略被以法律
形式确立下来,成为国家真正大力推进义务教育均衡发展的新起点。同年 10
月的《中共中央关于构建社会主义和谐社会若干重大问题的决定》又提出:"坚
持公共教育资源向农村、中西部地区、贫困地区、边疆地区、民族地区倾斜,
逐步缩小城乡、区域教育发展差距,推动公共教育协调发展。"2010 年,教育
部颁发了《教育部关于贯彻落实科学发展观 进一步推进义务教育均衡发展的
意见》,随后的《国家中长期教育改革和发展规划纲要(2010—2020 年)》更
是将推进义务教育均衡发展作为国家基础教育中长期发展的战略性任务。自
2011 年开始,教育部与全国 31 个省(自治区、直辖市)和新疆生产建设兵团
签署了义务教育均衡发展备忘录。

五、推进课程改革，实施素质教育

随着 2001 年《基础教育课程改革纲要（试行）》的颁布实施，我国吹响了基础教育课程改革的号角，着力调整和改革基础教育的课程体系、结构、内容，构建符合素质教育要求的新的基础教育课程体系。这次课程改革着力实现"六个改变"：改变课程过于注重知识传授的倾向，改变课程结构过于强调学科本位、科目过多和缺乏整合的现状，改变课程内容"难、繁、偏、旧"和过于注重书本知识的现状，改变课程实施过于强调接受学习、死记硬背、机械训练的现状，改变课程评价过分强调甄别与选拔的功能，改变课程管理过于集中的状况。同年，国务院还颁发了《国务院关于基础教育改革与发展的决定》，强调"十五"期间基础教育改革进一步深化，素质教育取得明显成效。为落实《国务院关于基础教育改革与发展的决定》，教育部决定从 2001 年秋季起，进行义务教育新课程实验推广工作，并于 2001 年 7 月召开工作会，确定全国 28 个省（自治区、直辖市）的 41 个区县为第一批国家基础教育课程改革实验区，印发了《关于开展基础教育新课程实验推广工作的意见》，全面部署基础教育新课程的实验推广工作。2003 年秋季，在两年实验的基础上，教育部又修订了义务教育阶段课程设置方案、各学科课程标准、《地方课程管理指南》、《学校课程管理指南》和中小学评价与考试的改革方案，2004 年进入全面推广阶段，全国起始年级启用新课程的学生数达到同年级学生数的 65%～70%。2005 年秋季，中小学阶段各起始年级原则上都启用新课程。其中，《义务教育课程设置实验方案》和 18 个学科的课程标准（实验稿）统筹指导义务教育课程改革。

六、创造全面普及义务教育的世界奇迹

在 21 世纪刚刚进入第二个 10 年的历史时刻，2011 年 11 月，中华人民共和国用事实向世界宣告：中国全面完成普及九年义务教育和扫除青壮年文盲（"两基"）的战略任务。2012 年，温家宝《在全国教师工作暨"两基"工作总结表彰大会上的讲话》宣布我国全面完成"两基"攻坚任务（基本普及九年制义务教育和基本扫除青壮年文盲），这标志着我国教育内部的主要矛盾由人民群众对"有学上"的期盼与教育资源不足之间的矛盾，转向人民群众对

"上好学"的期盼与优质教育资源不足之间的矛盾。普及九年义务教育全面实现，使我国初中及以上学历人口比例从 1982 年的 24.87%，提高到 2010 年的 61.75%，也使全国人口平均受教育年限从 20 世纪 80 年代初的不到 5 年，提高到 2010 年的 9.5 年。^① 中国作为世界上人口最多的发展中国家，在较短时间内快速实现全面普及义务教育的目标，创造了"穷国办大教育"的奇迹，为全世界、全人类义务教育水平的提高作出了重要贡献。

第四节　巩固和深化九年义务教育阶段 （2012 年至今）

在全面实现普及九年义务教育的目标后，均衡发展与减负提质成为新时期义务教育的核心议题。《国家中长期教育改革和发展规划纲要（2010－2020 年）》强调：巩固提高九年义务教育水平，巩固义务教育普及成果，提高义务教育质量，增强学生体质，推进义务教育均衡发展，减轻中小学生课业负担。2017 年 9 月中共中央办公厅、国务院办公厅印发的《关于深化教育体制机制改革的意见》强调，完善义务教育均衡优质发展的体制机制。2018 年党的十九大报告指出，推动城乡义务教育一体化发展，高度重视农村义务教育。这一时期我国义务教育发展的主要内容可以概括为落实纲要，深入均衡，减负提质，深化改革。

一、深入推进义务教育均衡发展

站在新的历史起点上，国务院颁布了《国务院关于深入推进义务教育均衡发展的意见》《国务院办公厅关于规范农村义务教育学校布局调整的意见》，进一步对义务教育均衡发展作出战略部署，明确了义务教育均衡发展的目标和任务，即到 2015 年，全国义务教育巩固率达到 93%，实现基本均衡的县（市、

---

① 翟博，刘华蓉，李曜明，等. 人类教育史上的奇迹——来自中国普及九年义务教育和扫除青壮年文盲的报告.（2015）[2018-03-22]. http://old.moe.gov.cn//publicfiles/business/htmlfiles/moe/moe_177/201209/141845.html.

区）比例达到 65%；到 2020 年，全国义务教育巩固率达到 95%，实现基本均衡的县（市、区）比例达到 95%。2016 年，《国务院关于统筹推进县域内城乡义务教育一体化改革发展的若干意见》进一步明确了到 2020 年"县域义务教育均衡发展和城乡基本公共教育服务均等化基本实现"的目标。与此同时，在义务教育基本均衡逐步实现的基础上，国家逐步推动义务教育走向高位优质均衡。2017 年，教育部颁布了《县域义务教育优质均衡发展督导评估办法》，决定建立县域义务教育优质均衡发展督导评估制度，开展义务教育优质均衡发展县（市、区）督导评估认定工作。此外，党的十七大（2007 年）、十八大（2012年）、十九大（2017 年）都强调了教育均衡发展的问题。十九大报告强调，推进教育公平，推动城乡义务教育一体化发展。国家对教育均衡发展的重视度和推进力度不断增强，均衡发展对于基础教育改革和发展的战略地位不断上升。

均衡发展是近十余年义务教育发展的主旋律，也是未来一段时间内义务教育发展的重要内容。在国家密集政策的推动下，我国义务教育均衡发展成效显著。自 2013 年国家启动义务教育发展基本均衡县（市、区）的督导评估认定工作以来，全国 31 个省（自治区、直辖市）和新疆生产建设兵团义务教育阶段新建改扩建学校约 26 万所，增加学位 2725 万个，补充教师 172 万人，参与交流的校长和教师 243 万人次，累计建设各类校舍和附属用房面积 4.48亿平方米，新建体育运动场馆 3.39 亿平方米，新增实验室、功能室 746 万间，新增设施、器材和信息化装备价值 3257 亿元，新增图书 14.40 亿册，新增计算机 1248 万台。近五年通过义务教育均衡发展督导评估认定的县（市、区）大幅增长，截至 2017 年底，2379 个县通过督导评估认定，占全国总数的81%。北京、天津、上海、江苏、浙江、福建、广东、吉林、安徽、山东、湖北 11 个省（市）所有县级单位全部通过国家督导评估认定。[①]

二、减轻义务教育学生课业负担

自中华人民共和国成立以来，减负就一直是社会各界广泛关注的话题，尤其是从 20 世纪 80 年代末 90 年代初开始，减轻学生过重课业负担更是成为

---

① 中华人民共和国教育部. 2017 年全国义务教育均衡发展督导评估工作报告.（2018）[2018-04-27].
http://www.moe.gov.cn/jyb_xwfb/xw_fbh/moe_2069/xwfbh_2018n/xwfb_20180227/sfcl/201802/t20180227_327990.
html.

我国教育改革和发展的热点与难点问题，一轮又一轮的减负行动接踵而至。改革开放以来的减负历程可以分为三个阶段：以缓解升学压力为目标，减轻课业负担（1978—1990 年）；以推进素质教育为抓手，减轻课业负担（1991—2000 年）；以基础教育课程改革为依托，减轻课业负担（2001 年至今）。[①] 其间，国家出台了一系列关于课业负担的政策文件（表 1-1）。

表 1-1　改革开放以来关于课业负担的专门文件

颁布时间	颁布机构	文件名称
1983 年	教育部临时党组	《关于全日制普通中学全面贯彻党的教育方针，纠正片面追求升学率倾向的十项规定（试行草案）》
1988 年	国家教委	《国家教育委员会关于减轻小学生课业负担过重问题的若干规定》
1990 年	国家教委	《国家教委关于重申贯彻〈关于减轻小学生课业负担过重问题的若干规定〉的通知》
1993 年	国家教委	《国家教育委员会关于减轻义务教育阶段学生过重课业负担，全面提高教育质量的指示》
1994 年	国家教委	《国家教委关于全面贯彻教育方针，减轻中小学过重课业负担的意见》
2000 年	教育部	《关于在小学减轻学生过重负担的紧急通知》
2000 年	教育部	《关于贯彻落实教育部〈关于在小学减轻学生过重负担的紧急通知〉开展专项督导检查的通知》
2013 年	教育部	《小学生减负十条规定》

实际上，在 2011 年国家全面实现普及九年义务教育目标后，减负问题更加成为义务教育发展的中心议题。《国家中长期教育改革和发展规划纲要（2010—2020 年）》把减轻中小学生课业负担作为义务教育的核心任务，"减负"也是每年两会代表关注的热点问题。如在 2018 年两会"部长通道"上，教育部部长回应的第一个问题就是与减负相关的"三点半"现象。[②] 2018 年 2 月，教育部、民政部、人力资源和社会保障部、国家工商行政管理总局办公厅联合印发《教育部办公厅等四部门关于切实减轻中小学生课外负担开展校外培训机构专项治理行动的通知》，力度空前。各地积极响应国家义务教育减负要求，在控制学生作息时间、课程设置、教材教辅的管理与使用、考试管理、考试评价改革等方面出台了一系列政策文件，强化执行。积极建章立制，不断健全减负工作机制，完善减负政策措施，创新减负工作模式，强化对课业负担过

---

① 胡惠闵，殷玉新. 我国减轻中小学课业负担的历程与思考. 全球教育展望，2015，44（12）：48-58.

② 石羚. 人民日报人民时评："给学生减负"为何牵动人心.（2018）[2018-03-09]. http://opinion.peo-ple.com.cn/n1/2018/0309/c1003-29857016.html.

重问题的督查。综合运用评估监测、督导问责等方式，推动落实减负提质的硬性目标。可以预期的是，减负还将是今后很长一段时间内义务教育发展的核心议题。

三、着力提高义务教育质量

公平与质量是教育改革和发展的永恒主题，但是从义务教育改革发展的阶段性任务来说，普及是第一任务，而在全面实现普及之后，提高质量成为义务教育发展的中心任务。《国家中长期教育改革和发展规划纲要（2010—2020年）》强调，把提高质量作为教育改革发展的核心任务，树立科学的质量观，树立以提高质量为核心的教育发展观；提高义务教育质量；建立国家义务教育质量基本标准和监测制度。提高义务教育质量主要从三个方面进行。

（一）深化课程改革

2014 年 3 月，《教育部关于全面深化课程改革 落实立德树人根本任务的意见》指出，研究制订学生发展核心素养体系和学业质量标准，修订课程方案和课程标准，编写、修订高校和中小学相关学科教材。此后，2016 年 9 月，《中国学生发展核心素养》发布，以培养"全面发展的人"为核心，从文化基础、自主发展、社会参与三个维度，提出人文底蕴、科学精神、学会学习、健康生活、责任担当、实践创新六大素养，具体细化为国家认同等 18 个基本要点，各地围绕核心素养开展了一系列课程教学改革探索。与此同时，教育部统一组织新编了义务教育道德与法治、语文、历史教材，并于 2017 年 9 月 1 日开始投入使用。

（二）改革教育质量评价方式

为切实扭转单纯以学生学业考试成绩和学校升学率评价中小学教育质量的倾向，2013 年 6 月，教育部颁布了《教育部关于推进中小学教育质量综合评价改革的意见》，提出"把学生的品德发展水平、学业发展水平、身心发展水平、兴趣特长养成、学业负担状况等方面作为评价学校教育质量的主要内容"。同时，我国逐步建立了完善的义务教育质量监测制度，建立了从国家到地方的义务教育质量监测机构。2015 年，国务院教育督导委员会办公室颁布实施了《国家义务教育质量监测方案》，对我国义务教育质量监测的监测学科、监测对象、监测周期、监测时间、监测内容等进行了全面规定。这标志着我国基础教育质量监测制度的正式确立，我国逐步实现对全国所有省（自治区、直辖市）义务教育质量监测的全覆盖。

（三）加强教师队伍建设

自 2010 年起，国家开始实施"中小学教师国家级培训计划"（简称"国培计划"）。"国培计划"是我国加强教师队伍建设的重大举措，对于提高义务教育教师队伍尤其是农村义务教育教师队伍水平发挥了重要作用。2015 年，党中央、国务院出台中华人民共和国成立以来第一部专门指向乡村教师队伍建设的政策文件《乡村教师支持计划（2015—2020 年）》，提出实施乡村教师生活补助政策、强化乡村教师培养补充、改革实施"国培计划"、统一城乡教职工编制标准、建立乡村教师荣誉制度，使 330 万乡村教师受益。2018 年 1 月，中央第一次专门出台面向教师队伍建设的文件《中共中央、国务院关于全面深化新时代教师队伍建设改革的意见》，强调全面提高中小学教师质量，建设一支高素质专业化的教师队伍，推进教师培养供给侧结构性改革，为义务教育学校侧重培养素质全面、业务见长的本科层次教师。这为义务教育阶段教师队伍建设提供了重要指导。

四、深化教育体制机制改革

随着义务教育改革发展不断走向深入，体制机制问题成为制约义务教育发展的瓶颈，如果教育体制机制不进行相应改革，其他领域的改革，如课程改革将难以深入。然而，教育体制机制改革也是教育发展的难中之难。近年来，一系列关于教育体制机制改革的政策出台，表明了国家持续推进教育体制机制改革的决心和力度。

2015 年 5 月，教育部下发《教育部关于深入推进教育管办评分离　促进政府职能转变的若干意见》，这对于扩大义务教育学校办学自主权，激发学校办学活力具有重要意义。2015 年，国家教育体制机制改革领导小组委托高校开展了首次义务教育第三方评估，举行了新闻发布会，并得到国务院副总理刘延东的肯定性批示。2017 年 9 月，中共中央办公厅、国务院办公厅印发《关于深化教育体制机制改革的意见》，提出体制机制改革目标：到 2020 年，教育基础性制度体系基本建立，形成充满活力、富有效率、更加开放、有利于科学发展的教育体制机制，人民群众关心的教育热点难点问题进一步缓解，政府依法宏观管理、学校依法自主办学、社会有序参与、各方合力推进的格局更加完善，为发展具有中国特色、世界水平的现代教育提供制度支撑。该意见还强调要完善义务教育均衡优质发展的体制机制。《关于深化教育体制机制改革的意见》系统涉及育人方式、办学模式、管理体制、保障机制等方面，对新时期我国全面深化教育体制机制改革起到重要的导向和促进作用。

第二章

义务教育普及与巩固

实现全民教育是中华民族的千年梦想，普及义务教育是我国一项利国利民的政策。我国义务教育的普及与巩固对推进义务教育均衡发展、提升人民群众对教育的满意度、促进社会和谐以及建设人力资源强国都具有重要价值，也为世界提供了"穷国办教育""人口大国成功发展教育"的典型案例。

　　普及义务教育由普及教育发展而来。[①]明末时期，我国具有初步民权思想的黄宗羲最早提出了普及教育的思想；清末又提出了普及教育。但普及教育真正有效推进则是在中华人民共和国成立尤其是改革开放之后。普及义务教育首先是人民民主权利的一种表现，其次因其实质是提高全民的素质，因而其实施具有强制性。反映义务教育普及程度的重要指标是入学率，包括毛入学率和净入学率。毛入学率是指某学年度某级教育在校生数占相应学龄人口总数的比例；净入学率是指在校生数中该学龄人数占相应学龄人口总数的比例。

　　针对义务教育实施过程中的辍学等现象，"义务教育巩固"这一概念应运而生，并用"义务教育巩固率"这一指标加以定量刻画。作为国家"十二五"规划新增的一项指标，义务教育巩固率是指九年级毕业人数与一年级入学人数之比，它反映了义务教育成果的巩固水平，是衡量一个国家或地区义务教育质量的重要指标。

　　为进一步推进义务教育的普及与巩固，有必要梳理与总结改革开放以来我国义务教育普及与巩固的相关工作经验。首先，本章总结实施义务教育以来已经取得的主要成就及典型经验。其次，以专题形式梳理义务教育普及与巩固过程中面临的典型问题及解决办法，具体包括控辍保学、农村留守儿童与少数

　　① 潘伯庚. 普及义务教育的历史回顾及其启示. 山东师大学报（社会科学版），1991（4）：44-48.

民族地区在义务教育普及与巩固方面的实践与面临的挑战。最后，对新形势下义务教育普及与巩固过程中面临的问题进行反思，并对义务教育普及与巩固提出发展建议。

第一节 义务教育普及与巩固的成就与经验

一、义务教育普及与巩固的主要成就

作为一个发展中的人口大国，我国用短短 15 年时间基本完成普及九年义务教育的任务，用 25 年时间全面完成普及九年义务教育的任务，并且在普及率、巩固率等指标上都取得了显著成绩，这是令人惊叹的。教育部基础教育司司长吕玉刚曾指出，"做好义务教育控辍保学是推进城乡义务教育一体化的重要任务。2017 年，我国九年义务教育巩固率为 93.8%，比 2016 年提高 0.4 个百分点，义务教育普及率已超过世界高收入国家平均水平"[①]。同时在被国际上公认的义务教育普及与巩固难题的特殊地区（如农村地区、少数民族地区等）及特殊群体（如残疾儿童、女童、留守儿童等）也取得了重大成就。

（一）全面实现了义务教育普及

1. 于 2000 年提前基本普及九年义务教育

从 1986 年《中华人民共和国义务教育法》颁布以来，我国不断推进义务教育普及工作，在 2000 年提前基本普及九年义务教育。

1981 年，全国平均学龄儿童入学率（净入学率）为 93%，其中学龄儿童入学率达到 95% 以上的有北京、上海、天津、河北、山西、江苏、浙江、湖南、湖北、广东、山东、辽宁、吉林、黑龙江 14 个省（市），全国小学升学率为 68.1%。[②] 1990 年，全国学龄儿童平均入学率（净入学率）为 97.8%，小学

---

① 中华人民共和国教育部. 义务教育巩固率达 93.8%，大班额数量降幅近 10 年最大——基础教育热点问题化解取得新成效. (2018) [2018-04-27]. http://www.moe.gov.cn/jyb_xwfb/s5147/201802/t20180227_327865.html.

② 《中国教育年鉴》编辑部. 中国教育年鉴（1949—1981）. 北京：中国大百科全书出版社，1984：123.

升学率为 74.6%。[①] 1981—1990 年，全国学龄儿童净入学率提高了近 5%，小学升学率提高了 6.5%，小学教育的普及工作卓有成效，这为九年义务教育的普及奠定了良好的基础。表 2-1 呈现了 1991—2000 年小学、初中教育入学率相关数据。其中，小学净入学率从 1991 年的 97.8% 上升至 2000 年的 99.1%，初中毛入学率从 1991 年的 69.7% 上升至 2000 年的 88.6%，这是非常不易的。

表 2-1　1991—2000 年初中、小学入学率　　　　　单位：%

年份	小学毛入学率	小学净入学率	初中毛入学率
1991	109.5	97.8	69.7
1992	109.4	97.2	71.8
1993	107.3	97.7	73.1
1994	108.7	98.4	73.8
1995	106.6	98.5	78.4
1996	105.7	98.8	82.4
1997	104.9	98.9	87.1
1998	104.3	98.9	87.3
1999	104.3	99.1	88.6
2000	104.6	99.1	88.6

资料来源：各级教育毛入学率．(2015) [2018-11-04]. http://www.moe.edu.cn/s78/A03/moe_560/jytjsj_2014/2014_qg/201509/t20150901_204903.html.

注：各项统计数据均未包括香港特别行政区、澳门特别行政区和台湾省。

到 2000 年，中国在世界 9 个人口大国[②]中率先如期实现全民教育目标。全国人口平均受教育程度从 20 世纪 80 年代初期的不到 5 年提高到 2000 年的 8 年以上。据世界银行的计算，1999 年中国人均受教育年限为 7.11 年，世界平均水平为 6.66 年，中国首次在人均受教育年限上超过世界平均水平，实现了人力资源发展水平的重大突破。到 2000 年底，全国通过"两基"地区人口覆盖率达到 85% 以上，青壮年文盲率下降至 5% 以下。[③]

[①]　中华人民共和国国家教育委员会计划建设司．中国教育统计年鉴（1990）．北京：人民教育出版社，1991：76.

[②]　中国、印度、巴基斯坦、印度尼西亚、孟加拉国、巴西、墨西哥、埃及、尼日利亚等九个人口大国全民教育计划作为世界全民教育的重要组成部分，由联合国教科文组织、联合国儿童基金会和联合国人口基金会倡导成立，首次首脑会议于 1993 年 12 月在印度新德里召开。

[③]　辉煌 60 年：22 年间中国义务教育完成"四级跳"．(2009) [2018-04-27]. http://www.gov.cn/jrzg/2009-09/06/content_1410356.htm.

2. 于 2011 年历时 25 年全面普及九年义务教育

2015 年在世界范围内普及基础教育是联合国的千年发展目标之一。但在发展中国家，这一目标尚未实现。联合国教科文组织公布的数据显示，2015年全世界仍有超过 5.7 亿小学阶段的学龄儿童没有登记入学，其中 95% 来自发展中国家和地区，在存在辍学问题的众多国家和地区中，非洲地区的小学辍学率最高，仅次于非洲的是亚洲地区。[①]

在这样的国际背景下，我国于 2011 年底率先实现全面普及九年义务教育。这是中华民族教育史上的一个重要里程碑，也是世界教育发展进程中的一座丰碑。从表 2-2 中可见，2000—2017 年全国小学毛入学率、小学净入学率、初中毛入学率和九年义务教育巩固率基本上呈上升趋势。其中，小学毛入学率每年都超过 100%，小学净入学率都超过了 98% 并逐年逼近 100%，初中毛入学率从 2000 年（88.6%）到 2017 年（104.0%）上升了 15.4 个百分点，九年义务教育巩固率到 2017 年已达到 93.8%。

表 2-2　2000—2017 年九年义务教育普及率与巩固率　　　　单位：%

年份	小学毛入学率	小学净入学率	初中毛入学率	九年义务教育巩固率
2000	104.6	99.1	88.6	—
2001	104.5	99.1	88.7	—
2002	107.5	98.6	90.0	—
2003	107.2	98.7	92.7	—
2004	106.6	98.9	94.1	—
2005	106.4	99.2	95.0	—
2006	106.3	99.3	97.0	—
2007	106.2	99.5	98.0	—
2008	105.7	99.5	98.5	—
2009	104.8	99.4	99.0	—
2010	104.6	99.7	100.1	89.9
2011	104.2	99.8	100.1	88.9
2012	104.3	99.9	102.0	91.8
2013	104.4	99.7	104.1	92.3
2014	103.8	99.8	103.5	92.6
2015	—	99.9	104.0	93.0

---

① United Nation. The Millennium Development Goals Report 2015.（2015）[2018-04-27]. http://www.un.org/millenniumgoals/news.shtml.

续表

年份	小学毛入学率	小学净入学率	初中毛入学率	九年义务教育巩固率
2016	—	99.92	104.0	93.4
2017	—	99.92	104.0	93.8

资料来源：各级教育毛入学率.（2015）[2018-11-04]. http://www.moe.edu.cn/s78/A03/moe_560/jytjsj_2014/2014_qg/201509/t2015 0901_204903.html.

"控辍保学"攻坚战.（2018）[2018-11-04]. http://www.moe.gov.cn/jyb_xwfb/moe_2082/zl_2018n/2018_zl16/201802/t20180224_327659.html.

与国际上一些发达国家相比，我国面临人口规模大，在普及义务教育之初国家经济基础较为薄弱等不利条件，但在普及九年义务教育所花费的时间上普遍短于发达国家的用时。率先实施义务教育的德国花了125年时间（1763—1888年），而其他发达国家普及义务教育的时间依次为：法国92年（1833—1925年）、美国67年（1852—1919年）、英国48年（1870—1918年）、苏联40年（1919—1959年）。日本用了35年（1872—1907年）普及4年义务教育，之后又用了近65年（1907—1972年）普及9年义务教育。而中国从1986年颁布《中华人民共和国义务教育法》真正确立义务教育制度算起，只用了25年时间就走过了西方发达国家近百年的普及义务教育之路，2011年占世界1/5人口的中国如期实现"两基"目标。这是中国教育史上最有标志性的成就和最光辉的篇章，也是世界全民教育的重大突破，被国际社会视为人类教育发展史上的奇迹。

（二）特殊地区与群体义务教育普及与巩固效果显著

义务教育普及与巩固过程中，除了全国义务教育平均入学率、巩固率等反映整体的数据外，农村地区、民族地区等特殊地区，以及残疾儿童、女童、留守儿童等特殊群体的义务教育普及与巩固问题备受关注。本节将对农村地区儿童义务教育、残疾儿童义务教育、女童义务教育等方面的成就进行评介，而在第二节中将用专题进一步梳理控辍保学、留守儿童义务教育、民族地区义务教育等方面的重要成就与经验。

1. 农村地区儿童入学率和巩固率明显提升

我国是一个农业大国，农业是国民经济的命脉所在，以农治国的历史传统影响着我国社会发展的历史进程。2015 年，义务教育阶段学生有 1.4 亿人，其中乡村学生占全国义务教育学生总数的 29.3%。[①]办好农村义务教育是我国教育改革的重点和难点。

早在 20 世纪 80 年代，我国多数农村地区已基本形成普及小学教育网。据统计，1981 年农村小学校数为 85.8 万所，占小学校总数的 96%；学生数为 12 467.4 万人，占小学在校生总数的 87%。农村小学升入初中的升学率为 61.9%。[②]

随着社会经济的发展，东西部的义务教育普及情况的差异不断增大。中共中央和国务院制定相关政策，为促进西部地区义务教育的发展实施"两基"攻坚计划。2002 年，西部地区小学学龄儿童入学率达到 97.43%，小学毕业生升学率由 2000 年的 90.5% 提高到 93.1%；初中阶段在校生由 2000 年的 1586 万人增加到 2002 年的 1743 万人。到 2007 年底，西部地区"两基"人口覆盖率达到 98%，比 2003 年初的 77% 提高了 21 个百分点，超出计划目标（85%）13 个百分点；西部各省（自治区、直辖市）初中毛入学率均超过计划提出的 90%；西部地区到 2007 年底累计扫除 600 多万文盲，青壮年文盲率下降到 5% 以下。西部各省（自治区、直辖市）均实现了各自的攻坚目标。国家教育督导团对新疆生产建设兵团和陕西、广西、内蒙古、重庆 4 省（自治区、直辖市）的"两基"工作进行了全面检查和认定。410 个攻坚县中，368 个实现"两基"，4 个实现"普六"。2002—2007 年，全国义务教育普及程度实现新的跨越，小学净入学率、巩固率、升学率进一步提高，初中毛入学率、巩固率、升学率迅速提升，主要增量都在农村地区。[①]

可见，通过各级政府、学校、社会等多方努力，我国农村地区儿童义务教育的普及与巩固发展较快。

2. 残疾儿童义务教育入学率得到提高

义务教育是一种民主与机会平等的人道主义教育，是追求人类各阶层所有儿童教育权利平等的教育。[③]盲、聋、哑、智力障碍等特殊儿童的特殊教育

---

① 五年来农村义务教育的巨大成就.（2008）[2018-04-29]. http://old.moe.gov.cn//publicfiles/business/htmlfiles/moe/moe_1969/200802/31908.html.

② 《中国教育年鉴》编辑部. 中国教育年鉴（1949～1981）. 北京：中国大百科全书出版社，1984：123.

③ 吴德刚. 中国义务教育研究. 北京：教育科学出版社，2011：176.

也一直是国际上讨论义务教育普及时的重要关注点。

自中华人民共和国成立以来，特殊教育问题受到了党和政府的高度重视。早在 1951 年政务院出台的《政务院关于改革学制的决定》指出，"各级人民政府并应设立聋哑、盲目等特种学校，对生理上有缺陷的儿童、青年和成人，施以教育"。1982 年《中华人民共和国宪法》、1986 年《中华人民共和国义务教育法》等又进一步在法律上为特殊教育的发展提供了保障。为落实特殊教育的相关政策，国家、地方政府、各级学校采取了多种途径进行探索。20 世纪 80 年代初期，一些地区和城市开始在试点普通小学开设特教班，探索随班就读的方式，取得了很好的成效。[1] 1984 年，北京成立我国第一所特殊儿童学校——通州区培智学校。[2]

1988 年召开了首届全国特殊教育工作会，会上讨论并修改了《关于发展特殊教育的若干意见》，并于 1989 年由国务院颁布。《关于发展特殊教育的若干意见》指出，"发展特殊教育要贯彻普及与提高相结合，以普及为重点的原则"，并要求"把残疾少年儿童教育切实纳入普及义务教育的工作轨道。各级教育部门要把残疾少年儿童教育同当地实施义务教育工作统一规划，统一领导，统一部署，统一检查。今后，要将残疾少年儿童教育发展规划执行情况作为检查、验收普及初等教育的内容之一"。1994 年，国务院颁布的《残疾人教育条例》将普通学校随班就读，普通学校、儿童福利机构及其他机构特殊教育班就读，特殊教育学校就读确定为适龄残疾儿童、少年接受义务教育的三种主导途径。2001 年召开的第三次全国特殊教育工作会议，进一步将工作目标定位在提高视力、听力、智力三类适龄残疾儿童的义务教育"入学率"和"保学率"上。[3] 2009 年国务院转发教育部等八部委《关于进一步加快特殊教育事业发展的意见》，对残疾儿童义务教育普及率提出了新要求，并从经费保障、特殊教育针对性、师资队伍建设、强化政府职能等方面阐述了特殊教育事业的发展。

在国家政策的大力支持下，国家和地方政府及学校的多重推动下，我国义务教育阶段的特殊教育得到长足发展，特殊教育学校数、专任教师数、入

---

① 冯元，俞海宝. 我国特殊教育政策变迁的历史演进与路径依赖——基于历史制度主义分析范示. 教育学报，2017，13（3）：92-101.

② 吴德刚. 中国义务教育研究. 北京：教育科学出版社，2011：178.

③ 王振川. 中国改革开放新时期年鉴（2001 年）. 北京：中国民主法制出版社，2014：365.

学人数、入学率等方面得到持续提升。表 2-3 呈现了 1997—2017 年我国特殊教育的基本数据。具体来说，2017 年学校数达到 2107 所，较 2007 年的 1618 所增加 489 所，增长 30.2%；较 1997 年的 1440 所增加 667 所，增长 46.3%。2017 年专任教师数达 5.6 万人，较 2007 年的 3.5 万人增加 2.1 万人，增长 60%；较 1997 年的 2.6 万人增加 3 万人，增长 115.4%；是 1987 年 0.95 万人的近 6 倍、1978 年 0.42 万人的 13 倍多。[1] 由此可见，改革开放 40 年来，无论是特殊教育的学校数还是专任教师数都有了数倍成长，这为我国义务教育中特殊教育的发展提供了重要保障。特殊教育取得的成就在毕业学生数、招生数、在校生数等指标上也得到了充分反映。首先，2017 年在校生人数达 57.9 万人，较 2007 年 41.9 万人增加 16 万人，增长 38.2%；较 1997 年 31.4 万人增加 26.5 万人，增长 84.4%。[2] 其次，在招生人数上，2017 年达到 11.1 万，较 2007 年的 6.3 万增加 4.8 万人，增长 76.2%；是 1997 年 4.6 万人的 2.4 倍。最后，在毕业学生数上，2017 年达到 6.9 万人，较 2007 年的 5.0 万人增加 1.9 万人，增长 38.0%；是 1997 年 2.8 万人的 2.5 倍。

表 2-3　1997—2017 年我国特殊教育基本数据

年份	学校数 / 所	专任教师 / 万人	毕业人数 / 万人	招生人数 / 万人	在校生数 / 万人
1997	1440	2.6	2.8	4.6	31.4
1998	1535	3.0	3.5	4.9	35.8
1999	1520	3.1	3.8	5.0	37.2
2000	1539	3.2	4.3	5.3	37.8
2001	1531	2.9	4.6	5.6	38.6
2002	1540	3.0	4.4	5.3	37.5
2003	1551	3.0	4.5	4.9	36.5
2004	1560	3.1	4.7	5.1	37.2
2005	1593	3.2	4.3	4.9	36.4
2006	1605	3.3	4.5	5.0	36.3
2007	1618	3.5	5.0	6.3	41.9
2008	1640	3.6	5.2	6.2	41.7
2009	1672	3.8	5.7	6.4	42.8
2010	1706	4.0	5.9	6.5	42.6
2011	1767	4.1	4.4	6.4	39.9

① 吴德刚. 中国义务教育研究. 北京：教育科学出版社，2011：178-179.
② 吴德刚. 中国义务教育研究. 北京：教育科学出版社，2011：179.

年份	学校数/所	专任教师/万人	毕业人数/万人	招生人数/万人	在校生数/万人
2012	1853	4.4	4.9	6.6	37.9
2013	1933	4.6	5.1	6.6	36.8
2014	2000	4.8	4.9	7.1	39.5
2015	2053	5.0	5.3	8.3	44.2
2016	2080	5.3	5.9	9.2	49.2
2017	2107	5.6	6.9	11.1	57.9

资料来源：根据中华人民共和国教育部教育统计数据及全国教育事业发展统计公报测算。中华人民共和国教育部. 教育统计数据.（1998—2018）[2018-07-20]. http://www.moe.gov.cn/s78/A03/ghs_left/s182/.

中华人民共和国教育部. 2017年全国教育事业发展统计公报.（2018）[2018-07-25]. http://www.moe.gov.cn/jyb_sjzl/sjzl_fztjgb/.

3. 女童与男童入学率基本持平

女童教育尤其是农村女童教育被认为是绝大多数发展中国家普及教育的重点和难点。联合国教科文组织亚太地区办事处主任拉贾·辛要先生曾指出：如果哪一个国家实现了农村女童的义务教育，那么，就可以认为它已实现了普及义务教育的伟大目标。[1] 据1990年统计，我国7～11岁女童入学率由新中国成立前的不足20%提高到96.2%。[2]

区域不均衡性在我国早期的女童教育中表现得尤其明显，但改革开放以来这一问题得到明显的改善。比如，1987年，对宁夏回族自治区全区回族聚居农村回族女童入学情况的抽样调查结果表明，回族女童入学率为79.6%，比回族男童入学率低8个百分点。据对不同经济教育发展水平的6乡18所小学1981年入学的1056名儿童跟踪调查，1951—1956年，回族女童读满五年巩固率为40%，流失率为29%，留级率为31%。流失高峰集中在小学一年级和三年级。通过举办回族女子中小学、女子班等措施，1990年同心县小学回族女童入学率已由1984年的4%提高到75.6%。[3]

有研究表明（表2-4），1990年之后我国女童小学净入学率不仅呈上升趋势，而且反超男童；女童小学五年巩固率也在不断提高。2015年9月22日，

① 曲恒昌. 亚洲发展中国家普及义务教育的头号难题：农村女童教育. 比较教育研究，1997（3）：43-46.

② 黄启璪：在中国组委会95北京非政府组织妇女论坛委员会新闻发布会上的讲话.（1995）[2018-11-05]. http://www.wsic.ac.cn/internalwomenmovementliterature/13337.htm.

③ 周卫，马毓勤，吴书琦. 女童读书何其难？中国民族，1991（9）：35-36.

国务院新闻办公室发表的《中国性别平等与妇女发展》白皮书指出，中国男女受教育差距明显缩小。[1] 全国已经基本消除学生入学率性别差异。

表 2-4　男女童小学净入学率和巩固率　　　　　单位：%

年份	全国小学净入学率	女童小学净入学率	男童小学净入学率	全国小学五年巩固率	女童小学五年巩固率
1990	97.8	96.3	—	—	—
1998	98.9	98.9	99.0	90.5	91.1
1999	99.1	99.0	99.1	92.5	92.6
2000	99.1	99.1	99.1	94.5	94.9
2007	99.5	99.5	99.5	—	—
2008	99.5	98.6	99.5	—	—
2014	99.8	99.8	99.8	—	—
2015	99.9	99.9	99.9	—	—
2016	99.9	99.9	99.9	—	—

资料来源：杨东平. 教育蓝皮书：中国教育发展报告（2018）. 北京：社会科学文献出版社，2018：306-314.

二、义务教育普及与巩固的典型经验

梳理和总结改革开放以来我国在义务教育普及与巩固方面的典型经验是很有必要和很有价值的工作，这可为世界范围内尤其是发展中国家实现全面普及义务教育提供借鉴和参考。

（一）分步实施，逐步实现义务教育的普及

自《中华人民共和国义务教育法》颁布后，各省（自治区、直辖市）在立足地方经济发展和教育教学实际情况的基础上，根据《中华人民共和国义务教育法》的原则精神，对义务教育的实现制定了分步策略，逐步实现义务教育的普及。

20 世纪 80 年代初，由于我国教育整体水平不高，因此将普及初等教育作为教育普及的现实目标，与此同时还强调由于各地情况不同，不能搞一刀切。如 1980 年 12 月发布的《中共中央、国务院关于普及小学教育若干问题的决定》

---

[1]　中华人民共和国国务院新闻办公室. 中国性别平等与妇女发展. 中国妇运，2015（11）：16-24.

明确提出："在八十年代，全国应基本实现普及小学教育的历史任务，有条件的地区还可以进而普及初中教育。"强调普及小学教育应当根据各地区经济、文化基础和其他条件的不同由各省（自治区、直辖市）进行分区规划，分期分批予以实现。

普及小学教育任务完成后，根据社会主义现代化建设的新形势、新需要，在1985年5月发布的《中共中央关于教育体制改革的决定》中，党和国家提出了"有步骤地实行九年制义务教育"的新任务。1994年7月发布的《国务院关于〈中国教育改革和发展纲要〉的实施意见》重申义务教育普及要遵循"分区规划、分类指导、分步实施的原则，全国不同地区的发展目标和速度可有差异"。

在国家关于分区规划、分类指导、分步实施原则的指导下，各省（自治区、直辖市）根据实际情况因地制宜制定政策，分步推进义务教育的普及工作。

黑龙江省考虑到经济对义务教育普及进度影响，将全省大致划分为四类地区分步实现普及初级中等教育的目标：第一类为经济发达、教育基础较好的地区，要求到1990年实现；第二类为经济条件较好、已经普及初等义务教育的地区，要求到1993年实现；第三类为经济文化基础一般的地区，要求到1995年实现；第四类为经济不发达、教育基础薄弱的地区，要求到2000年实现。[①]江苏省指出，九年制义务教育应依据实际情况，因地制宜，分地区、分步骤实施，而经济、文化是在义务教育普及过程中考虑的两大因素：经济、文化比较发达的地区在1990年实现，经济、文化中等发展程度的地区在1992年实现，少数经济、文化基础薄弱的地区可以到1995年实现。各级人民政府根据当地经济、文化发展的状况，制定本地区实施义务教育的规划和具体步骤。[②]

2001年，我国开始实行"一费制"改革，首先在国家扶贫工作重点县等农村贫困地区实施，以后扩大到全国范围实施。在义务教育"两免一补"政策的实施中，也采取了"分年度、分地区逐步实施"的原则。在农村义务教育经费保障的举措方面，对于不同经济发展水平的地区，同样遵循了区别对待的方

---

① 黑龙江省人大常委会. 黑龙江省实施《中华人民共和国义务教育法》条例. (1986) [2018-11-05]. https://wenku.baidu.com/view/cfbecb16fc4ffe473368abda.html.

② 戚云方. 中华人民共和国义务教育法资料选编. 南京：江苏教育出版社，1988：41.

法。如 2005 年 12 月印发的《国务院关于深化农村义务教育经费保障机制改革的通知》中,为实现"两免一补"规定:"免学杂费资金由中央和地方按比例分担,西部地区为 8∶2,中部地区为 6∶4,东部地区除直辖市外,按照财力状况分省确定。免费提供教科书资金,中西部地区由中央全额承担,东部地区由地方自行承担。"在义务教育的普及发展上立足我国国情,采取因时制宜、因地制宜、区别对待、分步推进、稳步发展的策略,对中华人民共和国义务教育的顺利推进无疑发挥了积极的作用。

义务教育的分步实施策略,有针对性地推进了不同地区的义务教育发展。具体而言,对于发达地区来说,鼓励了积极性,加快了义务教育发展的速度;对不发达地区来说,一定程度上解决了因经费等问题阻碍义务教育发展的现状。

(二)多方投入,保障农村地区、贫困地区儿童享有义务教育的权利

农村地区、贫困地区义务教育普及与巩固工作最大的"拦路虎"就是教育经费问题。我国实施了多方投入的机制,为儿童享有义务教育权利提供了有效保障。

在国家层面上,我国相继实施了多项"国家教育工程"。比如,为帮助贫困地区加快实施普及义务教育,1995—2000 年,教育部、财政部联合组织实施第一期"国家贫困地区义务教育工程"。到 2000 年底项目结束时,852 个项目县中有 428 个项目县通过了国家"两基"验收,有效地加快了中西部地区义务教育的普及工作。[1] 又如,国家自 2001 年起实施对中西部农村地区义务教育阶段贫困家庭学生免费提供教科书制度;2004 年再次大幅增加中央财政专项资金,将免费教科书发放范围扩大到中西部农村义务教育阶段全部的家庭经济困难学生,同时推动地方政府逐步落实免杂费和补助寄宿生生活费的责任,加快"两免一补"(免书本费、免杂费和补助寄宿生生活费)资助政策的落实。[2]

---

① 国务院办公厅. 实施国家贫困地区义务教育工程. (2006)[2018-11-05]. http://www.gov.cn/ztzl/fupin/content_396671.htm.

② 人民网. 中央大幅度增加专项资金扩大免费教科书发放范围. (2004)[2018-11-05]. http://www.people.com.cn/GB/jiaoyu/1053/2735753.html.

再如，为保证西部地区实现"两基"目标，保障"两基"攻坚县扩大义务教育规模的需要，解决制约西部农村地区普及义务教育的"瓶颈"问题，中央和省级人民政府共同组织实施"农村寄宿制学校建设工程"。[①]

在地方政府层面，各省、自治区、直辖市一方面增加政府投入，另一方面大力宣传与推广公益事业，极大地改善了农村地区、贫困地区普及与巩固义务教育的硬件、软件基础。比如，贵州省黔东南州 2014 年实施城镇义务教育阶段学校建设工程 24 所，规划投资 4.99 亿元，规划建筑面积 41.44 万平方米，完成投资 3.36 亿元，竣工 12 所。全州小学辍学率为 0.16%，初中辍学率为 1.18%，均降至历史最低水平。此外，贵州省从 1990 年援建第一所希望小学独山县狮山希望小学起，"希望工程"就毅然肩负起让贵州贫困失学孩子重返校园、"助农民的后代人人有书读"的神圣使命，以星火燎原之势轰轰烈烈地在黔中大地实施。截至 2015 年，贵州省援建希望小学近 2000 所，居全国第一，资助家庭困难学生 20 多万名，为农村小学培训教师 3300 余名，并为 2000 多所农村小学配置希望书库、多媒体教室、数字影音设备、快乐体育园地、快乐音乐教室等教育配套设施。[②]

新疆维吾尔自治区同样采取政府投入和民间筹资的方式，为义务教育普及与巩固提供经费支持。例如，疏附县为彻底解决学生辍学和高中入学率低的问题，2015 年加大政府投入，为低收入家庭开出每年数千元的助学金，以确保初中生就学率。到 2015 年底时，该县小学入学率达到 99.90%，初中入学率达到 98.90%，高中入学率达到 93.10%。新疆从 1992 年在塔城地区托里县庙尔沟镇建立第一所希望小学起，新疆希望工程共筹集资金 2.9 亿元，已援建希望小学 481 所。[③]

（三）因地制宜，巩固义务教育普及成果

控辍保学是推进义务教育普及与巩固的重要议题。2017 年 9 月，国务院

---

① 教育部，国家发展和改革委员会，财政部. 西部地区农村寄宿制学校建设工程实施方案.（2004）[2018-11-05]. http://www.moe.edu.cn/jyb_xxgk/gk_gbgg/moe_0/moe_1/moe_2/tnull_5409.html.

② 周芳苓. 功在当代 利在千秋——贵州希望工程建设 20 年的回顾与展望. 理论与当代，2015（5）：39-41.

③ 米日古力·纳斯尔. 新疆希望工程 25 年援建希望小学 481 所.（2017）[2018-08-16]. https://m.huanqiu.com/r/MV8wXzExM TM0NjkyXzkwXzE1MDI4NTYzOTk=.

还专门发布了《国务院办公厅关于进一步加强控辍保学提高义务教育巩固水平的通知》，提出了"依法控辍"、"质量控辍"、"扶贫控辍"、"保障控辍"和"加强组织领导"等基本思路。在控辍保学上，各地政府根据当地学生辍学的原因、考虑实施的可行性等问题，探索了相应的办法，概括起来，主要包括依法控辍，责任到人，督导考核，提高教学质量。

云南省红河哈尼族彝族自治州元阳县把"控辍保学"工作放在全县教育工作的首位，在继续保留县、乡两级"两基"办的基础上，做到"机构不撤、人员不散、工作力度不减"①，确保完成义务教育阶段巩固率目标任务。严格执行贫困学生救助制度。积极争取资金，进一步落实好贫困家庭学生的助学政策，保障经济困难家庭学生"上好学"。落实好残障儿童、留守儿童和进城务工人员子女公平接受义务教育的保障政策。

青海省海南藏族自治州贵南县坚持"依法控辍，以防为主，防治结合，综合治理"的方针，强化四项措施（法律宣传、督导考核、动员流失生复学、提升学校保学质量），不断提升控辍保学工作质量。各乡镇及时成立控辍保学工作组，采取有效措施动员辍学学生返校就读。2014 年，全县 182 名辍学学生中已有 126 名学生重返校园，返校率达 69.23%。②

广西壮族自治区凭祥市根据边境地区稳边固边和边境群众子女入学需求，采取"边境一线校点全部保留"、"城乡教师互换讲台"、学生上学"零负担"（零学费、零餐费、零交通费）等措施增强义务教育办学吸引力，控辍保学，严防边境地区农村空心化，固疆守土，成效显著。③

内蒙古自治区乌海市全面推进义务教育学校标准化建设工程、信息化工程、教育质量提升工程，促进九年义务教育普及水平稳步提高，达到了"控辍保学"的目的。近年来全市小学适龄儿童入学率为 100%，初中阶段毛入学率为 100%，九年义务教育巩固率提升到 90.06%。④

---

① 红河：元阳县"六措施"控辍保学.（2015）[2018-11-05]. http://yn.people.com.cn/city/n/2015/0319/c228586-24205889.html.

② 贵南县四措并举力推控辍保学工作.（2015）[2018-11-05]. http://www.qhgn.gov.cn/html/3576/433480.html.

③ 广西凭祥：蹚出"边境特色"教育均衡发展之路.（2014）[2018-11-05]. http://www.jyb.cn/basc/xw/201403/t20140324_575179.html.

④ 内蒙古乌海市：义务教育走均衡发展之路.（2015）[2018-11-05]. http://info.edu.hc360.com/2015/07/131348670010.shtml.

西藏高寒边境牧区浪卡子县中学地处西藏山南市海拔最高的边境牧区县，自然条件恶劣，办学极为困难。为解决家长教育意识淡薄、学校辍学率居高不下等问题，学校采取了"送教下乡"（送政策、送家长会、送法律知识、送教育均衡精神）活动。具体做法：①每年寒暑假坚持"送教下乡"，多联系家长，积极宣传党和国家对西藏广大农牧民子女实施的"三包"等教育惠农政策；向家长详细汇报学生在校情况，深入了解家长对学校办学的诉求，做到让家长放心和满意；将相关国家教育法律法规内容翻译成藏文、印制成宣传单，发放给广大家长，并耐心解释相关内容，使家长更好地了解了送子女读书是父母的责任和义务，形成了家校共育模式。②制定和出台《浪卡子县中学控辍保学方案》，并严格执行"六书"制（《入学通知书》《保学合同书》《劝学通知书》《处罚决定书》《辍学报告书》《辍返报告书》）等，有力解决了家长不愿送子女接受九年义务教育的难题，实现了辍学率降为0的目标。③在教学工作中，实施"低起点、顾两头、抓中间"的教学策略，同时针对学生的学习基础，进行培优补差，使学困生"留得住""学得好"。进一步丰富教研教改活动，加强各功能室的利用率，广泛开展各种兴趣小组活动，使学校变成学生学习和生活的精神乐园。经过14年的努力，学校控辍保学效果显著。2004年学校辍学率为18.35%，入学率为81.65%。通过实施"送教下乡"活动，2011年学校辍学率降到2.88%，入学率上升到97.12%；从2016年开始学校每年入学率为100%，辍学率为0，巩固率为100%。这一措施从2009年至今，先后在山南市各级各类学校及其他地市学校得到推广应用，产生了良好的社会效应。[①]

（四）多措并举，确保进城务工人员随迁子女平等接受义务教育

随着进城务工人员由"单身式"到"家庭式"的转变，进城务工人员随迁子女的入学逐步成为城市教育管理的重点和难点问题。2012年9月，《国务院关于深入推进义务教育均衡发展的意见》明确要求"保障进城务工人员随迁子女平等接受义务教育"，从政策上保障了进城务工人员随迁子女接受义务教育的权利，在措施上提出了满足进城务工人员随迁子女接受义务教育的途径。全国教育事业发展统计公报显示，进城务工人员随迁子女入学规模呈逐年上升

---

① 西藏山南浪卡子县中学. 西藏高寒边境牧区"送教下乡"确保控辍保学的实践探索. 内部资料.

趋势，从 2013 年的 1277.17 万人上升到 2017 年的 1406.63 万人。[①]

我国各地区在综合当地儿童情况及进城务工人员随迁子女特点的基础上，纷纷制定了切实可行的措施。

江苏省南京市开展"六个三"活动，为进城务工人员随迁子女就学创设公平的教育环境。"六个三"活动分别是构建三级管理网络（市、区、校三级），采取三种接纳形式（集中接纳、布点接纳和全面接纳），实行"三免"政策（免除杂费、课本费和借读费），实行"三同"教育（同城待遇、同班学习、同步发展），下达三类经费（中央、省、市三级奖补经费），提供三项扶持（以"零租金"形式对打工子弟学校进行物资配备，实施打工子弟学校教师培训计划，将打工子弟学校的教研活动纳入本区县统一管理）。2012 年，南京市随迁子女入学率达 100%，实现随迁子女零辍学目标。[②]

广东省推出公办学位"扩容提质"，随迁子女积分入学，"一市一策"，向民办学校购买学位，随迁子女可异地参加中考、高考等政策，让更多的非本地户籍学生在粤平等接受教育。2013 年，广东义务教育阶段超过一半公办学位提供给外来务工人员子女读书。[②]

安徽省坚持"两个为主"（以流入地为主、以公办学校为主）、"三个一样"（一样就读、一样入学、一样免费），不断健全完善进城务工人员随迁子女就学体制，义务教育阶段随迁子女在公办学校就读比例达 95.7%。[③]

（五）创新思路，建立健全"农村留守儿童关爱和服务体系"

农村留守儿童长期与父母分离，缺少家庭的温暖和关爱，针对这种情况，《国务院关于深入推进义务教育均衡发展的意见》要求"建立健全农村留守义务教育学生关爱服务体系。把关爱留守学生工作纳入社会管理创新体系之中，构建学校、家庭和社会各界广泛参与的关爱网络，创新关爱模式"。

---

① 中华人民共和国教育部. 全国教育事业发展统计公报. (2018)［2018-08-03］. http://www.moe.edu.cn/jyb_sjzl/sjzl_fztjgb/201807/t20180719_343508.html.

② 西南大学基础教育研究中心，中国基础教育质量监测协同创新中心西南大学分中心. 义务教育第三方评估报告. 内部资料. 2015.

③ 国家教育督导检查组对安徽省义务教育均衡发展督导检查反馈意见. (2017)［2018-11-11］. http://www.fy.gov.cn/openness/detail/content/5a9e3b9d7f8b9a2372c2c2d5.html.

各地政府、学校等从生理、心理、学习等几个方面关爱和服务农村留守儿童，建立起较为完善的"农村留守儿童关爱和服务体系"。

贵州省打造农村寄宿制学校管理的"贵州模式"，全面开展以"吃在学校解食忧、住在学校受关爱、学在学校长知识、乐在学校感幸福"为内容的"四在学校、幸福校园"活动，关爱农村留守儿童。[①]

四川省成都市金堂县建立动态管理机制，深入开展关爱留守儿童活动，配齐心理健康教育教师；建立校外心理辅导员队伍，加强能力培训，做好心理疏导，做实心灵关爱，确保留守儿童100%接受心理辅导；建立学校亲情连线、亲情视频电话，确保100%的留守儿童有条件与父母通过网络见面，开展"爱的团聚夏令营"活动，让留守儿童与父母共享家的温暖；一镇建一个标准志愿者服务站，一村一支志愿者服务队，一校一个"留守儿童之家"、一个"寸草心"家园等。

江西省南昌市发起"微爱留守""这个暑假你快乐吗"等关爱留守儿童活动，为留守儿童开通亲情热线电话及网络视频连线800个，建立留守儿童之家765个、留守儿童家长学校524个、留守儿童托管中心50个。[②]

第二节　义务教育普及与巩固的专题研究

本节主要以专题形式专门梳理义务教育普及与巩固过程中着力解决的典型问题，从另一个侧面反映改革开放40年义务教育普及与巩固工作取得的成效和经验。

一、控辍保学

失学、辍学现象是国内外普及义务教育道路上普遍面临的问题。控辍保

---

① "四在"学校幸福校园 盘县着力打造学生成长乐园.（2015）［2018-05-12］. http://www.gywb.cn/content/2015-05/18/content_3103964.htm.

② 江西南昌："微爱留守"活动关爱农村留守儿童.（2014）［2018-05-12］. http://www.jyb.cn/china/gnxw/201408/t20140808_593333.html.

学是依法实施义务教育的重要内容，是教育精准扶贫、精准脱贫的基本方略，是弥补义务教育发展短板的关键举措。所谓"控辍保学"，意为控制学生失学、辍学，保证所有适龄儿童、少年入学就读，接受义务教育。其目的在于控制学生流失，保证学校学额，巩固"两基"成果，保持学校规模。

（一）背景

为给适龄儿童接受义务教育提供法律保障，国家于1986年制定了《中华人民共和国义务教育法》，并于2006年新修订《中华人民共和国义务教育法》，强制要求监护人送适龄儿童接受九年义务教育。

为践行《中华人民共和国义务教育法》的要求，国家和地方出台了一系列政策，采取了一系列举措，以加强控辍保学，提高义务教育巩固水平，特别是针对造成义务教育巩固困难的原因，有针对性地出台了相关政策。

1）针对适龄儿童居住环境恶劣、上学交通不便、学龄人口稀少等情况，提出如举办寄宿制学校等政策。比如，1992年10月，国家出台《国家教委、国家民委关于加强民族教育工作若干问题的意见》，其中提出："人口稀少、居住分散的地方或经常流动的牧区，学校的布局要相对集中，从一定年级起举办寄宿制学校。"1995年，教育部、财政部联合组织的"国家贫困地区义务教育工程"第一期（五年）工程也将推进中小学布局调整作为项目四大重要目标之一。

2）针对适龄儿童因经济困难而辍学、失学的情况，我国出台了如"两免一补""农村义务教育学生营养改善计划"等多项惠民政策。2001年，对农村义务教育阶段贫困家庭学生就学开始实施"两免一补"（即"免杂费、免书本费、逐步补助寄宿生生活费"）。至2007年，全国农村义务教育阶段家庭学生均享受到了这一政策。2011年11月23日，国务院办公厅印发了《国务院办公厅关于实施农村义务教育学生营养改善计划的意见》，高度肯定实施农村义务教育学生营养改善计划的重要意义，明确了农村义务教育学生营养改善计划的主要内容，并要求把食品安全摆在首要位置，要加强领导，精心组织，确保各项工作的落实。这一些惠民政策，从一定程度上促进了"控辍保学"工作的效果。①

3）为有效预防和减少未成年人流浪乞讨现象，2013年6月1日，民政部、教育部等十部联合开展以"合力保学、快乐成长"为主题的"流浪孩子回校园"专项行动。

2016年颁布的《国务院关于统筹推进县域内城乡义务教育一体化改革发展的若干意见》对改革控辍保学机制提出了明确的要求。为深入贯彻《国家中长期教育改革和发展规划纲要（2010—2020年）》《国家教育事业发展"十三五"规划》有关精神，落实部署，切实解决义务教育学生失学辍学问题，确保实现到2020年全国九年义务教育巩固率达到95%的目标，国务院办公厅于2017年7月28日印发《国务院办公厅关于进一步加强控辍保学提高义务教育巩固水平的通知》。其中，提出要坚持依法控辍，建立健全控辍保学工作机制；提高质量控辍，避免因学习困难或厌学而辍学；落实扶贫控辍，避免因贫失学、辍学；强化保障控辍，避免因上学远、上学难而辍学；加强组织领导，狠抓工作落实等要求。

同时，各省（自治区、直辖市）根据当地情况，制定了相应的政策。如2018年，云南省教育厅、司法厅出台《云南省教育厅 云南省司法厅关于印发依法督促监护人送适龄儿童少年接受义务教育试行办法的通知》，要求各州市教育局、司法局持续深入广泛宣传，提高监护人依法送子女入学的法律意识。②

（二）主要成效

1. 学生失学率、辍学率等控制成效明显

调查表明，1987—1988学年度，全国城乡小学在校生流失率平均为3.3%，初中在校生平均流失率也居高不下。③农村地区、偏远地区的情况更不容乐观，即使是到了21世纪初也是如此。据华东师范大学袁振国教授主持的国家重点

---

① 国务院办公厅. 国务院办公厅关于实施农村义务教育学生营养改善计划的意见. （2011）[2018-05-21]. http://zhuanti.ahedu.gov.cn/xsyyc/show.asp?id=97.

② 云南省教育厅，云南省司法厅. 云南省教育厅 云南省司法厅关于印发依法督促监护人送适龄儿童少年接受义务教育试行办法的通知. （2018）[2018-05-23]. http://www.ztedu.com/contents/102/60965.html.

③ 《人民教育》记者. 受国务院委托，国家教委完成26省市区中小学督导检查. 人民教育，1990（4）：8.

课题"转型期中国重大教育政策案例研究"的调查，2001 年 9 月—2003 年 10
月，在以乡镇为调查样本时发现，被调查的 17 所农村初中学校辍学率参差不
齐，最高的为 74.4%，平均辍学率为 43.0%，大大超过了"普九"关于把农村
初中辍学率控制在 3% 以内的要求。[①]

通过各级政府制定相关"控辍保学"的政策及开展多项行动，全国失学
率、辍学率得到明显控制。如图 2-1 所示，我国义务教育巩固率[②]稳步上升，
预期到 2020 年能顺利达到 95.0% 的要求。另外，2017 年我国小学净入学率为
99.9%，初中毛入学率为 104.0%，义务教育阶段巩固率为 93.8%。又如，数据
显示，实施以"合力保学、快乐成长"为主题的"流浪孩子回校园"专项行动
第一年（即 2013 年），全国共救助流浪未成年人 15.9 万人次，返校复学 2 万
余人次，教育转化 4 万余人次。[③]

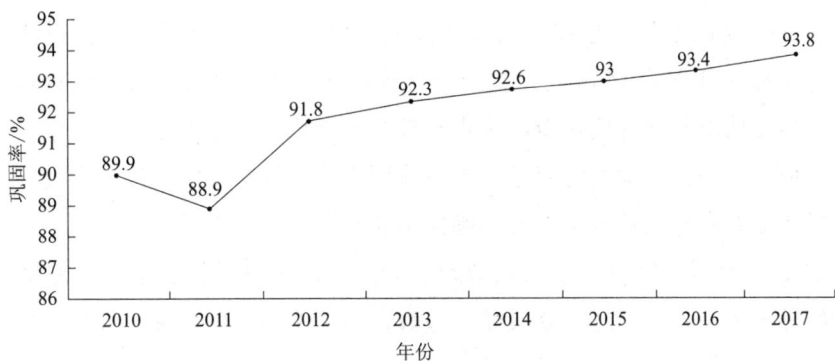

图 2-1 2010—2017 年全国义务教育巩固率

2. 拓宽了弱势群体子女的入学渠道

经济困难家庭子女、进城务工农民子女、留守儿童、城市享受低保家庭
子女、孤残儿童少年等弱势群体入学问题一直是社会关注的难题，为妥善解决
这些难题，各地实施了一系列措施。

① 全国教育科学规划领导小组办公室. 国家重点课题"转型期中国教育重大政策案例研究"研究成果
述评. 当代教育论坛，2006（11）：11-16.
② 九年义务教育巩固率是指九年级毕业班学生数占该年级入小学一年级时学生数的百分比。根据中华
人民共和国教育部发展规划司的有关数据计算。
③ 新华社. 2013 年全国共救助流浪未成年人 15.9 万人次.（2014）[2018-06-19]. http://www.gov.cn/
wszb/zhibo619/content_2624600.htm.

如贵州省要求义务教育阶段学生接受完小学六年教育后,应整体移交,升入初中学校,实行免试就近入学。[1] 即每年 6 月份以前,县级教育行政部门根据当地中小学分布和办学条件,以班级为单元划定小学六年级就近升入的初中学校,制定整班移交方案,并与相关移交学校和接收学校签订整班移交工作责任书。每年 7 月份,乡(镇、办事处)中心校要组织辖区义务教育阶段学校学生进行整班移交,县级教育行政部门、乡(镇)人民政府(办事处)、拟移交的小学六年级全体学生及校领导和班主任、接收的初中学校领导和七年级班主任等人员参加。整班移交时,乡(镇、办事处)中心校要将辖区所有小学六年级学生的花名册、纸质学籍档案相关资料整体移交给接收的初中学校,并填写交接表。交接表一式四份,移交学校、接收学校、乡(镇、办事处)、县级教育行政部门各存一份。秋季开学时,接收的初中学校要明确专人接受七年级学生报名注册,并要对照交接表逐个核对学生是否全部到校报到。在规定时间内未报名注册的学生,接收学校要于 3 天内向移交学校通报情况,摸清其去向。每年秋季开学后 15 天内,县级教育行政部门要对县域内义务教育阶段学生整班移交情况进行专门检查,重点检查在整班移交工作中是否存在学生流失或辍学现象。在整班移交时有学生流失或辍学的,移交学校、接收学校要共同配合当地政府做好劝返复学工作,确保不让一名学生辍学。

又如,河南省坚持"以流入地政府为主,以公办学校为主"的原则,认真做好进城务工人员随迁子女接受义务教育的工作。各地对进城务工人员随迁子女入学统筹规划,合理安排,做到了应入尽入。学校对进城务工人员子女一视同仁,免收借读费,统一管理、统一编班、统一教学、统一安排活动,建立平等的学习环境。

再如,山东省邹城市高度重视残疾儿童、留守儿童、外来务工子女、贫困家庭子女等弱势群体就学问题,采取有力措施,实施教育惠民,保障教育公平,使教育惠民政策惠及更多家庭和学生。①启动实施残疾少年儿童"一康双学"关爱工程,改善特殊教育学校办学条件,创新特殊教育培养方式,对 320名轻度残疾少年儿童实施随班就读,对 300 名重度残疾少年儿童开展送教上

---

① 申红珊. 我省出台三项制度"控辍保学" 小升初"整班移交". (2013)[2018-05-30]. http://dsb. gzdsw.com/html/2013-01/30/content_165781.htm.

门，残疾少年儿童入学率达到95.5%。①②推广留守儿童"幸福套餐"，建立"乡村学校少年宫"，成立留守儿童关爱站，发动社会各界积极开展结对帮扶和志愿者服务行动，引导爱心人士主动担任"替代家长"，解决留守儿童学习生活难题。③解决务工子女就学难题，制定《关于做好外来进城务工就业人员子女基础教育工作的实施意见》，将进城务工人员随迁子女就学纳入城区学校规划布局范畴，纳入财政保障体系，全部安排在公办义务学校就读，按照学籍人数拨付教育经费，享受与本地学生同等待遇。④完善全方位救助体系，通过免、补、奖、助等多种渠道，扩大资助范围，实施教育惠民。

3. 中小学学籍管理网络化助推控辍保学

2013年我国首部全国性的《中小学生学籍管理办法》正式实施。新生入学后学校要为其建立学籍，通过电子学籍系统申请学籍号，这为控辍保学提供了有效的监控手段。

如江苏省2011年开始实施基础教育阶段全面电子学籍网络化管理，已经在省内实现"一人一籍"。学生以居民身份证号为基础进行统一编码，从幼儿园或小学开始到基础教育、职业教育、高等教育、成人教育终生不变。

安徽省教育厅、财政厅联合下文要求将学籍管理系统软件覆盖到全省各类中小学，建成省、市、县三级学生学籍电子管理网络。每名学生都拥有独一无二的学籍号和电子籍档案，实现全省范围内学生从小学到高中的动态跟踪管理。如有学生无故辍学，教育管理部门能及时获知信息并采取措施等。

（三）反思与建议

辍学、失学问题是一个不少国家面临的共同难题。据联合国教科文组织统计研究所（UNESCO Institute for Statistics, UIS）的数据显示，2014年全球大约有2.63亿儿童和青少年辍学或失学。②经过不懈努力，我国在解决这一问题上取得了明显的成效。但与此同时，我国义务教育普及与巩固仍然面临严

---

① 邹城实施残疾少年儿童"一康双学"关爱工程 300名重残儿童在家上学.（2014）[2018-06-09]. http://epaper.qlwb.com.cn/qlwb/content/20140627/ArticelHc02004FM.htm.

② 刘博智，陈静."教育一年来"系列报道之九：控辍保学一个都不能少.（2018）[2018-06-09]. http://www.centv.cn/p/322163.html.

峻挑战，失学、辍学现象仍不同程度地存在，尤其是在少数农村地区，特别是老少边穷岛地区。[1] 为顺利实现国家制定的到 2020 年义务教育巩固率达到95% 的目标，至少需要关注以下几个方面的问题。

1. 改善办学条件，营造育人环境，让学生"安于学"

针对贫困地区、人烟稀少地区儿童和弱势群体儿童的辍学情况，配备设施，配齐教师，营造育人环境，让学生安心学习。具体地，可以从以下几个方面着手：①加大对贫困地区教育发展支持力度，做到专款专用，具体落实到地区、学校和人。②合理布局校点，教学质量与社会效益并重。加大教育投入，将方便入学和以人为本作为学校布局调整的出发点和归宿。建设公共服务体系，以各乡镇学校为中心点，各行政村为节点，建立覆盖各乡镇自然村的公共客运线路网络。在保障中小学生就近入学或在寄宿制就读的基础上，学校可制定休假制度，对师生做好生活和心理的关爱。③学校应加强与家庭、社区的合作，努力营造良好的社区和家庭氛围，促进学生全面发展。

2. 打造优质师资，提高教育质量，让学生"乐于学"

针对学生厌学倾向，可以从师资培训入手，提高教育质量，使学生在学习中获得成长，在学习中找到乐趣。①提升民族地区双语教师的综合素质。培养一批从幼儿园开始的双语教师，才能使民族贫困地区的小学起始年级的教育产生良好的效果，才能保证缩短民族贫困地区与其他地区的教育差距。②建立健全城乡教师流动机制。城乡教师流动一定程度上提高了农村地区的教育质量，但是流动到贫困地区的教师非常少。因此，可以采取多样、灵活的流动方式，如长时流动与短时流动相结合；同时，应采取鼓励、奖励制度作为保障。③加强对学校教研工作的指导。采用"请进来"的方式对学校教育工作进行指导，尤其是对教研活动内在机制的建立的指导。

3. 立足长远发展，调整教育内容，让学生"志于学"

针对当地具体情况及学生的生活特点，应立足长远发展，调整教育内容，让学生立志学习。①给予农村学校更多的自主权，通过开设适合学生的拓展性

---

[1] 国办出台文件：避免义务教育学生因厌学辍学、因贫失学.（2017）[2018-06-09]. http://www.cqcb.com/headline/2017-09-05/471172_pc.html.

课程等方式，充分利用农村的教育资源，拓宽学生的视野，促进必修课程的学习。②调整农村九年义务教育内容，问题情境适合农村学生的生活，编排思路符合农村学生的思维方式，等等。③建立多样化的学校体系，着力打造农村职教、成教等学校，培养适应"三农"多样化需求的人才。

二、农村留守儿童的义务教育普及与巩固

留守儿童这一群体是随着城镇化和经济社会的快速发展且又发展不足而产生的。关于留守儿童的概念，不同历史时期有不同的界定。2016 年以前，留守儿童通常被界定为"父母一方外出务工、不满十八周岁"[①]的儿童。2016年《国务院关于加强农村留守儿童关爱保护工作的意见》依据《中华人民共和国预防未成年人犯罪法》第十九条"未成年人的父母或者其他监护人，不得让不满十六周岁的未成年人脱离监护单独居住"等有关规定，将留守儿童重新定义为"父母双方外出务工或一方外出务工另一方无监护能力、不满十六周岁"的儿童。这既符合法律精神，也更符合中国国情。本专题只讨论农村留守儿童义务教育的普及与巩固情况。

（一）背景

2000 年，湖北省监利县棋盘乡党委书记李昌平上书国务院，提出"农民真苦、农村真穷、农业真危险"，引起了国务院的重视，并两次批示"要求重视问题的严重性"；同时引起了社会对"三农"问题的大讨论。在"三农"问题中，农村义务教育是最为突出的问题之一，主要表现在以下两方面：①农村少年儿童失学现象趋于严重，其背后的原因主要与经济因素和不断滋长的厌学情绪有关；②在当时的财政体制下，教育投入成为乡镇财政和农民的沉重负担。这两个问题都与教育资源和财政资源在城乡间分配不均直接相关。对于城乡间流动的农民工子女，他们进城难以分享城市的义务教育资源，因此父母往往只能将其留在农村，形成了城乡二元结构背景下独特的"留守儿童"群体。在讨论农村儿童教育问题时，留守儿童作为一个"新"的特殊群体逐渐引人关

---

① 全国妇联. 全国农村留守儿童状况研究报告（节选）. 中国妇运，2008（6）：34-37.

注。政策在推进过程中，表现出从强调流出地政府对留守儿童教育责任，到多措并举关爱留守儿童，再到建立农村留守儿童关爱服务体系的深化发展过程。

2004 年 5 月底，教育部基础教育司召开了"中国农村留守儿童问题研究"的研讨会。这次研讨会标志着留守儿童问题正式进入政府的工作日程，也成为留守儿童问题研究和干预"升温"的重要推力。会议指出，流动、留守儿童是"三农"问题的副产品，而长期以来我国的城乡二元结构体制是"三农"问题的最大障碍，农村留守儿童教育问题也受制于此。① 这次会议前后，教育部基础教育司委托了几家研究机构和高校组成课题组，分别在各地调研留守儿童情况。

2006 年 1 月，《国务院关于解决农民工问题的若干意见》明确提出"输出地政府要解决好农民工托留在农村子女的教育问题"。同年 7 月，《全国妇联关于大力开展关爱农村留守儿童行动的意见》提出"要高度重视农村留守儿童面临的各种问题，加强对留守儿童的保护、维权工作"，要"采取措施，扎实有效推进关爱农村留守儿童各项工作"。2006 年 10 月，国务院农民工工作联席会议办公室等十二个部门共同组成农村留守儿童专题工作组，指导各地做好留守儿童的工作。

2007 年 5 月，教育部、民政部、中华全国妇女联合会（简称全国妇联）等八部门联合发布《全国家庭教育工作"十一五"规划》，提出要重视和加强农村留守儿童的家庭教育，提出大力开展关爱农村留守儿童行动。② 2007 年 5 月，《全国妇联　教育部　公安部　民政部　司法部　财政部　农业部　卫生部　国家计生委　中央文明办　全国总工会　共青团中央　中关工委关于开展"共享蓝天"——全国关爱农村留守流动儿童大行动的通知》提出以强化政府行为，动员社会支持，提高家长素质为着力点，通过"共享蓝天"支持行动、维权行动、关爱行动、宣传行动等四大行动，优化农村留守流动儿童生存发展环境，促进农村留守流动儿童健康成长。③ 2007 年 7 月，中共中央组织部、全国妇联等七部门联合下发《关于贯彻落实中央指示精神　积极开展关爱农村

---

① 谭深. 中国农村留守儿童研究述评. 中国社会科学，2011（1）：138-150.

② 中国精神文明建设年鉴. 全国家庭教育工作"十一五"规划（2007 年）.（2012）[2018-05-04].
http://www.wenming.cn/ziliao/wenjian/jigou/qita/201205/t20120504_642046.shtml.

③ 和学新，李楠. 农村留守儿童教育及其政策分析. 当代教育与文化，2018（1）：100-110.

留守流动儿童工作的通知》，强调"要密切关注农村留守儿童等特殊儿童群体的权益保护，进一步加强部门协作，采取切实措施，为农村留守流动儿童创造健康成长的良好环境"[①]。

2010 年发布的《国家中长期教育改革和发展规划纲要（2010—2020 年）》提出要"建立健全政府主导、社会参与的农村留守儿童关爱服务体系，健全动态监测机制"，并在次年开展试点工作。2011 年，全国妇联、教育部等联合发布《关于开展全国农村留守流动儿童关爱服务体系试点工作的通知》，明确提出农村留守儿童关爱服务体系试点的目标任务。2012 年，《国务院关于深入推进义务教育均衡发展的意见》也指出要建立健全农村留守义务教育学生关爱服务体系，同时还提出"构建学校、家庭和社会各界广泛参与的关爱网络，统筹协调留守学生教育管理工作，实行留守学生的普查登记制度和社会结对帮扶制度。加强对留守学生心理健康教育，建立留守学生安全保护预警与应急机制"[①]。

2013 年，教育部等五部门联合发布《教育部等 5 部门关于加强义务教育阶段农村留守儿童关爱和教育工作的意见》，明确提出切实改善留守儿童教育条件，力争做到"三优先"；不断提高留守儿童教育水平，加强留守儿童受教育全程管理，加强留守儿童心理健康教育，加强留守儿童法制安全教育，加强家校联动组织工作；逐步构建社会关爱服务机制，支持做好留守儿童家庭教育工作，支持做好留守儿童社区关爱服务，支持做好留守儿童社会关爱活动。

2016 年 2 月，国务院印发《国务院关于加强农村留守儿童关爱保护工作的意见》，提出要建立完善农村留守儿童关爱服务体系。2017 年 7 月，《五部门联合出台〈关于在农村留守儿童关爱保护中发挥社会工作专业人才作用的指导意见〉》，提出了一系列支持引导社会工作专业人才参与农村留守儿童关爱保护工作的政策措施。

（二）主要成效

经过多方努力，我国在农村留守儿童义务教育的普及工作上也取得了较大的成就。

---

① 和学新，李楠. 农村留守儿童教育及其政策分析. 当代教育与文化，2018（1）：100-110.

1. 农村留守儿童就学状况良好

根据第六次人口普查资料，我国 2010 年农村留守儿童入学率已超过 96.00%。其中，处于小学学龄（6～11 岁）的人数为 1953 万人，在校比例为 96.49%，达到 1884 万人；初中学龄（12～14 岁）的人数为 995 万人，在校比例为 96.07%，达到 956 万人。[①] 尽管随着进城务工人员随迁子女人数的增加，农村留守儿童总人数有所下降，但统计显示其入学率较高，总体规模也较大。2013 年，全国在校接受义务教育的农村留守儿童共有 2127 万人，其中接受小学教育的约为 1441 万人，占全国农村小学在校生的 21.87%；初中农村留守儿童 686 万人，占全国农村初中在校生的 22.80%。[②] 2015 年全国义务教育阶段在校生中农村留守儿童共 2019.24 万人。其中，在小学就读 1383.66 万人，在初中就读 636.58 万人。[③] 2016 年全国义务教育阶段在校生中农村留守儿童共 1726 万人，其中小学 1190 万人，初中 536 万人。[④]

2. 构建农村留守儿童关爱之路

我国各省（自治区、直辖市）根据当地的实际情况，采取制度保障、行动推进的方式，因地制宜地创建了农村留守儿童关爱之路，为留守儿童的义务教育普及与巩固提供保障。

如重庆市作为国家农村留守儿童关爱服务体系试点省市之一，在农村留守儿童关爱服务体系建设及教育模式的积极探索方面取得了显著成效。首先，将关爱留守儿童纳入民生工程，完善关爱农村留守儿童的政策与保障机制。在出台相关政策文件的基础上，建立了经费投入机制、联席会议制度、督导考核机制及宣传引导机制。其次，实施关爱农村留守儿童六大行动计划，即农村寄宿制学校建设计划、农村留守儿童培养模式创新计划、农村留守儿童社会共育计划、农村留守儿童营养健康促进计划及农村留守儿童权益保障计划。此外，

---

① 段成荣，吕利丹，郭静，等. 我国农村留守儿童生存和发展基本状况——基于第六次人口普查数据的分析. 人口学刊，2013（3）：37-49.

② 中华人民共和国教育部. 2013 年全国教育事业统计公报.（2014）[2018-07-04]. http://www.moe.gov.cn/srcsite/A03/s180/moe_633/201407/t20140704_171144.html.

③ 中华人民共和国教育部. 2015 年全国教育事业统计公报.（2016）[2018-07-06]. http://www.moe.gov.cn/srcsite/A03/s180/moe_633/201607/t20160706_270976.html.

④ 原春琳.《中国农村教育发展报告 2017》：农村留守儿童数总体呈减少趋势.（2017）[2018-08-01]. http://news.cyol.com/yuanchuang/2017-12/23/content_16805203.htm.

重庆市还专门针对农村留守儿童教育问题，以多种方式开展农村留守儿童关爱工作：①制定《农村留守儿童教育培养大纲》，明确教育目标、基本原则和工作重点等；②编写农村留守儿童教育读本，纳入学校地方教材配发使用，开通农村留守儿童专题网站，丰富教育资源；③开展留守儿童教育师资专项培训，将留守儿童教育纳入农村中小学教师全员培训内容，每年从高师院校选拔 1000 名优秀学生到农村学校担任志愿者，为农村留守儿童教育提供优质的师资。

又如，江苏省仪征市朴席镇制定的《朴席镇关于关爱农村留守流动儿童工作实施方案》提出"以网络推联动"的策略，利用中心校电子备课室开设网上家教专栏，使在外打工的家长能上网和教师、学生进行交流，搭建了学生与家长、教师与家长沟通的平台。

3. 形成以家庭教育为核心的留守儿童关爱模式

留守儿童最缺乏的是家庭教育，因此很多省市创建了以家庭教育为核心的留守儿童关爱模式。这一模式在一定程度上弥补了留守儿童家庭教育的缺失，填补了心灵的空白。

如湖南省是我国较早关注农村留守儿童问题的省份之一，其出台了一系列相关政策保障农村留守儿童受教育权利，还以家庭教育为核心，开展留守儿童关爱工作：①开展留守儿童家庭教育系列活动，除建立托管中心、留守儿童之家、"代理家长"制度外，还建立了省级留守儿童示范家长学校，举办留守儿童示范家长学校教育骨干研讨班，开展"心系好儿童"关爱农村留守儿童家庭教育系列活动。②编制留守儿童家庭教育宣传手册，免费向全省留守儿童家庭赠送，对留守儿童监护人重视和加强家庭教育起到很好的宣传与指导作用。③以"点阵型"工作体系推动关爱工作。湖南省邵阳县创建了关爱农村留守儿童的"点阵型"工作体系，即以留守儿童校内、校外两个时间段和场所为两条纬线，以留守儿童的学习、生活、心理、亲情、安全等五个状态为五条经线，构成由十个交叉点组成的关爱方阵，以实现留守儿童"学习有所教、生活有所助、心理有所疏、亲情有所依、安全有所护"的目标。

又如，重庆市南川区采用"代理家长"、"留守儿童之家"与"还原家庭教育"等方式弥补留守儿童家庭教育的缺失。"代理家长"在自愿、平等的原则下，由镇机关事业单位的干部职工、村社干部、有帮扶能力的共产党员（30～50周岁）和社会各界有识之士担任。其职责是认真做好"三知""三多""三沟通""五个一"。其中，"三知"即知道留守儿童的个人情况、家庭情况和学习情况；"三多"即多与留守儿童谈心沟通，多参加学生集体活动，多到其家中走访；"三沟通"即定期与留守儿童父母、托管人、老师联系沟通；"五个一"即每周与留守儿童联系交流、辅导作业一次，每月与留守儿童父母、任课教师、托管人联系一次，每两月到留守儿童家中走访一次，每学期初制定一份帮扶计划书，每学期末撰写一份帮扶工作总结或教育经验文章。"留守儿童之家"是"不限定年龄的寄宿制学校"配备"家长式的教职员工"，辅以"家庭式的学校管理"，具有"家""校"双重内涵的，以全体在校留守儿童为家庭成员的和谐"大家庭"。"还原家庭教育"就是尽可能"还原"为父母亲的亲自关爱和教育，让孩子们真真切切感受到父母时时都在身边的温暖与亲情。开学初做到"五清"，即留守儿童生活学习状况清、留守儿童思想道德状况清、留守儿童出现问题原因清、监护人情况清、家庭住址清。学校利用班队课时间开设"亲情教育课"，并利用"亲情电话"进行儿童与家长、教师与家长之间良好的沟通，等等。

4. 逐步健全关爱留守儿童的长效机制

一方面，留守儿童现象在我国很长一段时间内都会存在；另一方面，每一名留守儿童需要关爱的时间相对较长，因此各省市在工作中努力建立、健全关爱留守儿童的长效机制。

如安徽省提出，建立属地管理、分级负责、部门牵头的工作责任制度，以加强农村公共服务、建立全面保障机制、改善学校生活学习条件、营造全社会关爱环境等为基本途径，建成网络化、全覆盖的留守儿童关爱体系：一是强化制度建设，健全长效机制；二是建立农村"留守儿童之家"和活动室。

又如，重庆秀山县多措并举，构筑关爱留守儿童长效机制：①按照"4+1"寄宿制示范小学标准建立农村寄宿制学校，保留贫困村村小，扩建村完小，着力改善"六大功能室""班班通"等教学设置，实现"留守儿童之家"全覆盖；②建立"贷、奖、助、补、减、免"助学体系，全面推进营养改善计划，开设心理辅导室，并配备相应的心理教师；③创新"城乡学校结对帮扶、捆绑考核""紧缺教师走教"制度，健全留守儿童档案动态管理，组织村小教师和结对城乡学校开展教育培训、结对帮扶。

5. 创建农村留守儿童信息数据库

为了实现农村留守儿童的长期追踪和动态监测，很多地区创建了农村留守儿童信息数据库。

如湖南省从 2013 年 7 月开始，省妇联联手省邮政公司，借助本系统服务网络和关爱阵地，依托省邮政公司的技术平台和基层网点，在全国建立省级农村留守儿童信息数据库，完善动态监测机制，运用信息化手段提升关爱服务体系建设科学化水平，并且做到以下几个要求：①数据采集着眼"实"；②数据整理着眼"严"；③数据录入着眼"快"；④数据分析着眼"全"；⑤数据挖掘着眼"深"；⑥数据应用着眼"广"。

又如，山东德州市也建立了农村留守儿童信息数据库。2013 年，为及时、准确掌握当地农村留守儿童的数量变化及分布情况，山东省德州市在全国首创农村留守儿童信息数据库，从而更有利于在原有农村留守儿童成长档案的基础上，健全完善关爱农村留守儿童动态监测体系。

（三）反思与建议

虽然我国农村留守儿童的义务教育普及与巩固问题已得到了改善，但调查表明，还有一些问题需要引起关注。比如，全国妇联课题组的调查表明，农村留守儿童在义务教育中还存在以下典型问题：母亲外出的留守儿童未按规定接受义务教育的比例最高，祖父母隔代照料面临诸多挑战；少量地区留守儿童入学率不够高等。[①] 上述问题的出现，一方面与部分家长对义务教育价值的理解不足、法律意识不强、监护责任落实不到位有关，另一方面还与留守儿童义务教育保障机制、监控机制尚不够完善，以及社会、学校和家庭三方协同育人渠道不够通畅等有关。

1. 完善法律体系，加强宣传，强化父母的监护意识与责任

部分留守儿童出现辍学、失学等现象，一部分原因是父母没有担负起监

---

① 全国妇联课题组. 全国农村留守儿童、城乡流动儿童状况研究报告. 中国妇运，2013（6）：30-34.

护责任。一方面，应在《中华人民共和国未成年人保护法》《中华人民共和国义务教育法》等法律的基础上，细化和明确关于监护不当或失责行为的干预、处罚措施，将未成年人监护制度进一步细化为可操作的细则，建立对监护人的监督和干预机制，及时关注和保护留守儿童的权益。另一方面，应通过电视、网络等媒体进一步拓宽宣传渠道，通过义务教育宣讲会、典型案例分享等丰富的宣传形式宣传义务教育的意义、价值，以强化父母的监护意识。

2. 强化政府主导作用，建立农村留守儿童经费保障机制

为解决留守儿童所在家庭生活水平相对低下的问题，政府应充分发挥主导作用，建立政府主导、社会公益经费参与的农村儿童经费保障机制，以增加留守儿童义务教育经费投入；建设农村寄宿制学校、留守儿童文化活动室（站）等设施；建设关爱儿童服务体系。

3. 建立健全学校、家庭、社会三位一体的关爱服务网站

为使农村留守儿童不出现失学、辍学现象，学校、家庭及社会需要共同努力，通过构建三位一体的关爱服务网络，全方位开展关爱农村留守儿童的教育工作。学校在充分考虑留守儿童的特殊需求的基础上，从生活、学习、品德和心理等方面关注学生，以教师与留守儿童结对子的方式，关注学生的动态，加强与家长的联系。同时，外出的父母也应与学校加强联系，尽可能通过电话、微信视频等方式定期与子女交流感情，利用节假日多回家陪陪孩子。还应借助社会力量，以多形式、多途径关爱农村留守儿童，作为学校教育、家庭教育的有效补充。

4. 建立农村留守儿童信息数据库，完善动态监测机制

农村留守儿童关爱服务体系的构建可以借助现代化、信息化的手段，以建立信息数据库的方式，及时掌握农村留守儿童的实时动态信息，为有针对性地开展农村留守儿童关爱工作提供条件与平台。具体地，还是以先试点、再逐步推广的方式，最终形成全国的农村留守儿童电子信息库，为农村留守儿童动态监测体系的完善提供更精准的信息。

三、少数民族地区义务教育普及与巩固

我国是一个由 56 个民族组成的"大杂居、小聚居"的多民族国家，少数民族的散居情况尤为普遍。散居少数民族地区的地理位置往往较为偏僻，环境较为恶劣，交通不便，经济基础相对薄弱，生活水平较低，义务教育普及与巩固程度相对滞后。与此同时，由于少数民族相对较高的生育水平，加上民族成分变动和民族通婚的影响，我国少数民族人口的比例从 1953 年的 5.9% 上升至 2010 年的 8.5%，绝对规模增加了两倍多[①]，人口构成和家庭结构均发生很大变化，这使得义务教育普及与巩固工作变得更为复杂。鉴于篇幅的限制，本专题将主要探讨少数民族聚居地区义务教育普及与巩固的相关问题。

（一）背景

1980 年 7 月 2 日颁发的《教育部、国家民委关于从民族地区补助费中适当安排少数民族教育经费的建议》规定了三个方面的补助内容：①除原有的特殊照顾仍保留外（包括行政事业费补助 5% 的机动金，预备费比一般地区多 2%），允许地方收入增长部分全部留给地方，中央补助的数额每年增加 10%。②为帮助经济落后地区加快发展，中央财政设立了"支援不发达地区的发展资金"，1980 年，西部 8 省区共分配 2.68 亿元。③对边境少数民族地区，增设"边境建设补助费"，纳入地方财政包干范围内。以上三项共计 12 亿人民币。

1980 年 12 月 3 日，中共中央、国务院颁发的《中共中央、国务院关于普及小学教育若干问题的决定》提出，"在八十年代，全国应基本实现普及小学教育的历史任务"，并针对少数民族地区义务教育落后的状况指出"国家对少数民族地区的教育事业应给以大力扶植，对文化教育十分落后的一些少数民族，更须采取一些特殊措施；最贫困的地区要由国家包下来，实行免费教育"。

1985 年，《中共中央关于教育体制改革的决定》提出"国家要帮助少数民族地区加速发展教育事业"。1986 年 4 月 12 日，《中华人民共和国义务教育法》正式颁布，明确规定我国实施普及九年制义务教育制度。考虑到民族基础教育

---

① 吕利丹. 我国少数民族儿童的人口、家庭特征及教育现状分析——基于第六次人口普查数据的分析. 人口与发展，2016（1）：83-93，27.

的发展水平相对较低，国家从少数民族地区经济、科技、文化、教育基础的实际情况出发，采取因地制宜、分类规划、分类指导的政策。1993 年国家教委颁布的《全国民族教育发展与改革指导纲要（试行）》指出："要大力发展基础教育，有计划地实施九年义务教育。"

自 1990 年起，国家设立少数民族教育补助经费，每年 2000 万元，专门用于少数民族教育事业的发展。1992 年，《国家教委办公厅关于对全国 143 个少数民族贫困县实施教育扶贫的意见》提出了经济、教育比较发达的省、直辖市与当时国家重点扶持的 143 个少数民族贫困县开展教育对口支援协作，明确了协作关系和教育扶贫的主要任务，并加以具体落实实施。①

为进一步推进民族地区义务教育发展，除颁布《国家教委、国家民委关于加强民族教育工作若干问题的意见》外，国家还制定了《关于加强少数民族与民族地区职业技术教育工作的意见》（国家教委，1992 年 4 月）、《关于进一步加强内地西藏班工作的意见》（国家教委办公厅，1992 年 9 月）、《国家教委办公厅关于加强民族散杂居地区少数民族教育工作的意见》（国家教委办公厅，1992 年 11 月）、《国家教委办公厅关于加强民族地区教育行政管理干部培训工作的意见》（国家教委办公厅，1992 年 11 月）、《少数民族和民族地区电化教育发展纲要（1992—2000）》（国家教委、国家民委，1993 年 3 月）、《国家民委关于加快所属民族学院改革和发展步伐的若干意见》（国家民委，1993 年 7 月）、《关于进一步加强贫困地区、民族地区女童教育工作的十条意见》（国家教委办公厅，1996 年 7 月）、《关于内地有关城市开办新疆高中班的实施意见》（教育部，2000 年 1 月）、《关于东西部地区学校对口支援工作的指导意见》（教育部、国务院扶贫开发领导小组等，2000 年 4 月）等一系的政策文件。

2003 年以前，少数民族地区入学率低、辍学率高的情况普遍存在。如甘肃省的东乡族，适龄儿童入学率为 81%（其中女性为 61%）。② 为了提高少数民族地区的入学率，教育部在《2004—2010 年西部地区教育事业发展规划》中要求基本普及九年义务教育、基本扫除青壮年文盲。③

---

① 陈立鹏. 改革开放 30 年来我国民族教育政策回顾与评析. 民族研究，2008（5）：16-24.

② 王嘉毅，周福盛. 少数民族双语教学中存在的问题及其对策. 西北师大学报（社会科学版），2005（1）：32-36.

③ 中华人民共和国教育部. 2004—2010 年西部地区教育事业发展规划.（2004）[2018-08-23]. http://old.moe.gov.cn//publicfiles/business/htmlfiles/moe/moe_1892/201001/xxgk_77142.html.

资源配置，加强和改进"双语教学"，促进了少数民族孩子在汉语言使用上民汉兼通，减少了学生就学、就业的语言障碍。

四川大凉山彝区采取"四个三"推进当地教育发展：①实施"三大计划"，即《四川省民族地区教育发展十年行动计划（2011—2020 年）》、"9+3"免费教育计划及"教育振兴行动计划"；②突出"三个重点"，即狠抓控辍保学工作、办学条件改善和教师队伍建设；③创新"三项政策"，即启动实施十五年免费教育、启动实施学前教育汉语辅导员政策、创新实施各项教育惠民政策；④借力"三方资源"，即开展教育对口支援、推进教育信息化建设、发挥高校人才智力优势。

（三）反思与建议

改革开放 40 年来，在国家、地方政府的充分重视之下，民族地区义务教育普及与巩固工作有了长足的发展。但受社会经济文化、地理位置、人口分布、文化传统等多重因素的影响，当前乃至未来的时间里民族地区义务教育普及与巩固仍将面临诸多挑战。首先，部分少数民族学生家长对义务教育的价值缺乏充分的认识。有调查显示，部分少数民族学生家长不重视文化知识的价值，对学生的学校学习不够重视；同时又受到社会经济利益驱动，在一定程度上出现了让儿童早早地离开学校的现象。[1] 其次，受民族地区地广人稀、文化多样等多重复杂因素影响，不同民族地区间教育政策落实程度也存在较大的差异。最后，语言是制约民族地区义务教育实施的重要因素，这也影响着义务教育的普及与巩固效果。

1. 切实落实民族教育各项政策

国家和地方制定了各项针对民族地区的惠民政策，但若是没有很好落实，就不能收到良好的效果。切实落实民族地区各项教育政策，具体可以采取如下措施：①建立健全目标责任制。以"普九"为主要目标，以各级党政为主体，建立健全民族地区教育目标责任制，目标责任做到"纵向到底，横向到边"。

---

[1] 段树军. 民族地区普及义务教育之后——云南怒江傈僳族自治州高中阶段教育调查（上）. 中国经济时报, 2015-08-11 (1)；杨树仁, 马兰花. 西部民族地区义务教育的困境与突围——基于甘肃省某民族自治县义务教育普及现状的调查与分析. 中小学管理, 2017 (2)：34-36.

建立领导和部门联系地区和学校的工作制度，量化指标到地区、到部门、到学校、到人头的考核制度，层层签订责任书、落实责任、实行奖惩的激励制度，大胆探索、积极试点、鼓励创新的制度，定期督促检查制度。①建议有关部门把教育作为考核领导干部政绩的重要内容。②实行定点帮教制度。建议仿照各省（自治区、直辖市）政府部门定点扶贫的做法，每一个省级部门定点帮助民族地区一个县的教育，定时间、任务和目标，不达目标不脱钩，一并纳入目标责任考核。③建议各省（自治区、直辖市）民族事务委员会对民族地区教育工作进行监督检查，确保民族地区教育计划和规划及政策和投入落到实处。总之，发展民族教育必须是"动真情、办实事、讲话要落实、政策要兑现"。

2. 寻找家庭教育、社区教育与学校义务教育间的协调

家庭教育、社区教育与学校义务教育是少数民族学生成长的重要且不可或缺的教育途径。这一点在少数民族地区有着特殊的意义。少数民族地区的家庭教育、社区教育带着深刻而独特的民族文化传统印迹，而民族文化背后的价值观既与学校教育具有共性，又有差异。家庭教育、社区教育中蕴含的文化是对学校教育的一种重要补充，但如果处理不好反而可能会形成文化断层，因此需要在上述三种教育途径中寻找平衡与协调。

具体可以采取如下措施：①通过宣传及"读书改变命运"的大量实例来提升少数民族群众对于接受义务教育乃至更高层次的教育的接受和认同。②从教育内容、教育形式等多个方面寻找家庭教育、社区教育与学校义务教育间的关联，将民族文化传统有效地融入学校义务教育中，探索适合少数民族儿童文化传统的教育形式。

3. 稳妥推行民族地区的双语教育

2017年国务院印发的《国家教育事业发展"十三五"规划》提出，"科学稳妥推行双语教育。加强民族地区国家通用语言文字教育，确保少数民族学生基本掌握和使用国家通用语言文字，提高少数民族语言文字教学水平，鼓励民族地区汉族师生学习少数民族语言文字，鼓励各少数民族师生之间相互学习语言文字"。针对民族地区的双语教育，首先需要深入研究双语教师的任职条件

---

① 杨琴，陆万莲. 民族教育的发展要有立法保障. 中国民族，2003（4）：52-53.

和评价标准，为双语教育的导向与质量提供师资保障。其次，需要构建职前、职后一体化的双语教师培养体系，帮助双语教师在深刻领会党中央、国务院关于新时期民族语文、民族教育工作，特别是双语教育工作的一系列重要决策部署和要求的基础上，找准工作定位，明确工作任务和目标，为推进民族语文工作和民族教育事业发挥更好的作用。最后，用研究的思路与方法开展双语课程教材建设和教学改革，使双语课程与教学更好地反映国家民族教育的方针政策，也更好地适应民族地区义务教育发展的需求。

第三节　义务教育普及与巩固的反思及建议

在党中央、教育部、各政府部门及社会力量的共同努力下，我国已经全面普及了九年义务教育，而且义务教育巩固率也在持续上升，到 2017 年已达到 93.80%。[①] 但是，在发展过程中，尤其是在新的形势下还将存在一些问题与挑战，需要在反思的基础上探索发展建议。

一、义务教育普及与巩固的反思

面对当前已经出现的问题，同时考虑到未来社会发展的新形势，义务教育普及与巩固过程至少需要关注以下方面并加以反思。

（一）"新读书无用论"对义务教育普及与巩固的挑战

由于社会的转型变革，教育的社会流动功能逐渐弱化。"新读书无用论"首先从农村出现，并且有蔓延的趋势。熊丙奇在《中国教育报》上发文指出，"在中西部一些地区，一种新的'读书无用论'正在蔓延，有不少家长认为让孩子读完义务教育没啥用"[②]。有研究者在社会分层视角下通过田野调查，揭示了出

---

① "控辍保学"攻坚战：学习困难成义务教育阶段辍学主因. (2018) [2018-07-24]. http://www.moe. gov.cn/jyb_xwfb/moe_2082/zl_2018n/2018_zl16/201802/t20180224_327659.html.

② 熊丙奇. 警惕童工现象背后的新"读书无用论". 中国教育报，2016-12-02（2）.

现"新读书无用论"的政治社会学因素,即"单位制解体"、"就业方式改变"、"流动人口政策变迁"及"乡校撤并"等。①这种观念的存在会对义务教育的普及与巩固产生直接的挑战。

(二)实现2020年义务教育巩固率95%的目标仍存在一定挑战

当前我国义务教育失学、辍学等问题已得到很好的改善。特别是我国西部"两基"攻坚计划的实施,极大地推动了西部、少数民族及农村地区的义务教育的普及与巩固工作。但是从义务教育巩固来看,2017年义务教育巩固率为93.8%,实现2020年达到95%的目标还面临一些挑战。2017年9月《国务院办公厅关于进一步加强控辍保学提高义务教育巩固水平的通知》指出:受办学条件、地理环境、家庭经济状况和思想观念等多种因素影响,我国一些地区特别是老少边穷岛地区仍不同程度存在失学、辍学现象,初中学生辍学、流动和留守儿童失学辍学问题仍然较为突出,这直接关系到国家和民族的未来。2017年,教育部基础教育司副司长杜柯伟在一次讲话中指出:"因为教育质量问题,因为厌学或者学习困难辍学的学生可能占到辍学学生的60%以上,而且主要是初二、初三的学生,这跟过去主要是因贫辍学不一样。"②因此,如何通过有力措施,深度破解失学、辍学问题,是值得未来进一步研究的问题。

二、义务教育普及与巩固的建议

如何改变"新读书无用论"的观点?又如何进一步通过有针对性的控辍保学提升义务教育巩固率?这些问题的解决,一方面需要将义务教育的普及与巩固从普及率、巩固率等量性要求转向对质量的提升上,用高质量的义务教育正面体现教育的价值,吸引学生在学校接受教育;另一方面通过广泛宣传、加强监控等方式巩固义务教育普及成果。此外,还要持续加强对特殊地区实施义务教育、特殊人群接受义务教育的支持力度。

---

① 李涛,邬志辉."乡土中国"中的新"读书无用论"——基于社会分层视角下的雍村调查.探索与争鸣,2015(6):79-84.

② 刘博超.让辍学孩子回到校园.(2017)[2018-07-24]. http://news.gmw.cn/2017-09/06/content_26029700.htm.

（一）义务教育普及与巩固需从"量"的要求转向"质"的提升

随着时代的发展，以及社会对人才需求的变化，人们的需求从拥有接受义务教育的权利，发展到对优质义务教育的期盼。因此，义务教育普及与巩固工作的未来发展需要在关注"量性"特征外，更要追求义务教育的"质量"。《国家中长期教育改革和发展规划纲要（2010—2020年）》确定的国家对于这一阶段教育发展的观点是：到2020年，统筹促进义务教育普及水平，大力提高义务教育教学质量，努力推进区域内教育的协调发展，保障义务教育学生能够享有一定质量保障的教学条件。[①]因此，从义务教育普及与巩固角度看，需要关注以下两个方面。

1. 保障教育享有权

教育享有权指的是不仅要为每一位学生提供义务教育的机会，还应为每一位学生提供优质教育。义务教育是保障国民基本素养的教练场，也是我们国家教育制度大系统的重要支撑。保证每一位学生都能入学是基础，优质教育是促进学生良好发展的重要条件。"量"上的要求，是指在继续保持已经取得的入学率基础上，进一步提高巩固率，减少辍学率和失学率。"质"上的要求，是指在学校物质条件、师资队伍、校领导管理水平乃至育人质量上都要达到高要求。

2. 提供良好的教育教学条件

教育教学条件包括"硬件"和"软件"。"硬件"是指校舍及教学设施等物质条件，对于不同类型的学校，"硬件"上可以有一些差异。对非寄宿制学校来说，主要以满足学校正常的教育教学需求为宗旨，在以下方面达到高要求：生均占地面积、生均建筑面积、生均危房面积、生均体育场面积、生均图书册数、生均仪器设备数量等。对寄宿制学校来说，除非寄宿制学校的要求外，还包括学生的住宿、娱乐、餐饮、生均住宿用房面积、生均餐厅面积等。对教学点来说，由于其建制不全，承担的功能也有限，可以仅在生均占地面积、生均建筑面积、生均危房面积、生均图书册数等方面达到一定的要求。"软

---

① 顾明远，石中英. 国家中长期教育改革和发展规划纲要（2010—2020年）解读. 北京：北京师范大学出版社，2010：2-5.

件"指的是以教师为代表的师资力量和以校长为代表的学校管理水平。高素质、高水平的师资队伍是决定一所学校办学水平和教育质量最重要的因素，因此要保证教师队伍的数量、质量、结构等，具体包括生师比、专任教师比例、专任教师学历合格率、专任教师中级及以上职称教师比例、30 ～ 45 岁的专任教师比例等。对教学点来讲，教师个人素质要达到一定的水平。

（二）通过系统化工程巩固义务教育普及成果

义务教育普及成果的巩固工作需要通过系统化过程才能实现，具体可以从如下几个方面展开。

1. 继续广泛宣传，增强法律意识

实际上，各地政府通过各种方式宣传《中华人民共和国义务教育法》，且取得了一定成效。但是，由于一些民众法律意识较为淡薄，在真正执行时，还存在一定困难。同时，在经济利益的诱导下，少量学生出现辍学打工现象。因此，政府部门在宣传的时候，不仅要向家长和学生普及《中华人民共和国义务教育法》，还需要通过媒体宣传"知识改变命运""知识促进更好发展"等方面的成功案例，强化学生为实现自己的人生价值而努力学习的意愿。

2. 提供优质教育，吸引学生在学校学习

很多学生辍学是因为来自学习的挫败感，如学习的困难、心理的压力等，也有可能是家长和学生的教育需求未能得到很好的满足。因此，需要为广大民众提供优质教育，吸引学生在校学习，具体包括：进一步加大学校软硬件建设，为学生提供良好的学习、生活条件；在国家课程改革理念的指导下，加强地区、学校课程与教学改革的顶层设计，通过国家课程、地方课程、校本课程既为学生的发展提供共同基础，也为其个性化发展提供机会；通过优化课程内容与教学方式，促进学生有效学习；采用"走出去，送进来"等方式，建设优秀的师资队伍，为优质的义务教育提供保障。

3. 借助评价监督，提升巩固率

义务教育的普及率已经达到 100%，但是巩固率还有待提高。因此，"两

基"验收等各种评估应有一个持续跟踪的过程。具体地,建立健全评价监督机制,采取定期评价和不定期评价两种方式,通过责任到人(校长、老师、家长等),努力实现"一个都不能少"。

（三）继续关注特殊区域、特殊人群义务教育普及与巩固工作

在党中央、各级政府、社会力量等的共同努力下,我国义务教育的普及和巩固工作取得了显著的成效。但是,一些地区或是一些人群的义务教育的普及率、巩固率还需得到进一步关注。因此,今后需要继续关注重点区域和重点人群。

1. 关注西部、少数民族、农村地区儿童

我国西部"两基"攻坚计划的实施取得了很大的成绩,极大地推动了西部、少数民族及农村地区的义务教育的普及和巩固工作。但是,仍有一些地方适龄儿童的入学率、巩固率有待提升。因此,需要继续关注西部、少数民族、农村地区儿童接受义务教育的情况。①关注由于贫困而无法入学的儿童,除政府补助外,还应发动社会力量进行集资募捐;②关注由于"心理"原因而无法入学的儿童,聘请心理教师或专家帮助因父母离异、学习困难等原因引起心理问题而无法专心学习进而退学的儿童;③关注因上学路途遥远而无法入学的儿童,建立规范化的寄宿制度,从生理、心理、学习三个方面关心儿童。同时,继续做好宣传工作,保障儿童的受教育权。

2. 关注流动儿童

随着城市化建设的发展,我国越来越多的农村劳动力流入城镇,越来越多的随迁子女到流入地接受义务教育。虽然流入地政府想尽各种办法为这些流动儿童提供了接受义务教育的机会,但是由于流动人口的"流动"这一特点,还存在一些问题,如民工子弟学校教育质量不能很好地保证,义务教育费用如何支付等问题。

（1）接受良好的义务教育

改革开放打开了中国的人口流动闸门,使其呈现出以下特征:首先,数量快速增加,一些城市的外来就读儿童已超过户籍学生人数。其次,流动方式

发生变化，由过去分散的"单身外出"向携家带口的"举家迁移"转变，形成"家庭化"流动趋势。最后，形成了从农村向城市，从中西部向东部，从广东省"一枝独秀"向沿海"遍地开花"的人口流动格局。中国人口流动趋势与格局使东部和城市的义务教育压力急剧增大。因此，如何保证流动人口获得良好的义务教育也是有待进一步解决的问题。

（2）进一步优化流动人口义务教育转移支付制度

为进一步优化流动人口义务教育转移支付制度，有学者认为，可以构建相对集中的义务教育统筹机制，为建立流动人口义务教育转移支付制度提供保障；合理划分各级政府的财政责任，建立流动人口义务教育政府间财政责任分担制度，为建立义务教育流动人口转移支付制度提供坚实基础；建立流动人口义务教育补偿机制，为建立流动人口子女义务教育转移支付制度提供有益补充；完善统计方式，建立科学的转移支付模型，合理确定流动人口义务教育转移支付的数额，使中国流动人口义务教育转移支付制度更加科学，更为合理；设立专门的组织机构，加强对流动人口子女接受义务教育的统一管理，使流动人口义务教育转移支付制度得到更好的执行，产生更好的成效。[①]

我国用 25 年时间全面实现了普及九年义务教育的伟大目标，这是世界的奇迹。但与此同时，我们也应意识到普及与巩固工作是一个长期过程，不可松懈，巩固工作更是难点问题，需要在党和政府的正确领导下，所有公民担负起责任，只有这样才能真正攻克这个难题。

---

① 刘见，李文杰. 中国建立流动人口义务教育转移支付制度的原因与要求. 中国发展，2018（1）：77-81.

第三章

义务教育均衡发展

教育公平是社会公平的重要内容，义务教育均衡发展则是教育公平的前提。随着社会进步和经济发展，广大人民群众对义务教育的期望越来越高，对优质教育资源的向往也愈加强烈。义务教育发展的地区差异、城乡差异、校际差异、群体差异，以及由此带来的非均衡发展现象，引起社会广泛关注，推进义务教育均衡发展应运而生。

　　推进义务教育均衡发展是在我国如期实现"两基"战略目标后提出来的。2006年6月修订的《中华人民共和国义务教育法》第一次以法律形式提出"促进义务教育均衡发展"的要求。2007年10月，党的十七大报告明确指出"优化教育结构，促进义务教育均衡发展"。这是在党的政治报告中首次出现"义务教育均衡发展"思想。由此，推进义务教育均衡发展成为我国教育发展的重要战略任务。[①]然而，当前学界关于"义务教育均衡发展"的内涵尚未达成共识，多从物质资源配置、受教育权利保障及优质均衡等角度阐释，主要有以下观点：从价值追求上看，认为它是一种教育理想，目的在于促进教育公平、社会公平；从政策实践上看，认为它是实现教育公平的手段，既包括了教育资源的均衡配置，也包括了教育机会和教育权利的均衡，同时还包括了教育质量的均衡发展。[②]因此，义务教育均衡发展作为国家的基本教育政策，是实现教育公平、社会公平的重要途径，其基本内涵是实现区域之间、城乡之间、学校之间、群体之间的均衡发展，包括接受教育权利的均衡、资源配置的均衡、教育质量的均衡。值得注意的是，义务教育均衡发展的实质，首先是义务教育阶段

---

① 翟博. 均衡发展：我国义务教育发展的战略选择. 教育研究，2010（1）：3-8.

② 鲍传友. 义务教育均衡发展：内涵和原则. 国家教育行政学院学报，2007（1）：62-65.

资源的均衡配置。^①因此，本章主要关注义务教育在资源上的均衡配置，在此视角下探析义务教育均衡发展的主要成就、典型经验、突出问题和解决对策，并以专题形式对义务教育区域、城乡、校际均衡发展，学校布局调整，农村寄宿制学校发展等相关专题进行研究。

第一节 义务教育均衡发展的成就与经验

义务教育均衡发展自提出以来，党和国家高度重视，并于 2013 年启动了义务教育发展基本均衡县（市、区）督导评估认定工作，各级政府、教育行政部门及学校努力配合实施。截至 2017 年底，全国通过义务教育发展基本均衡督导评估认定的县（市、区）达 2379 个，占全国总数的 81%，其中北京、天津、上海、江苏、浙江、广东、吉林、福建、安徽、山东、湖北 11 个省（市）已全部通过国家督导评估认定。^②可见，推进义务教育均衡发展成就斐然。为了量化刻画我国义务教育均衡发展的成就，本部分主要借鉴、整理与探析了《中国教育统计年鉴》（2005，2010—2016）、《中国教育经费统计年鉴》（2011—2017）以及中华人民共和国教育部官网中的教育经费执行公告（2010—2016）的相关数据。

一、义务教育均衡发展的主要成就

（一）形成义务教育均衡发展有效推进机制，均衡发展得到制度保障

1）逐渐形成中央和地方协同推进义务教育均衡发展的机制。^③为深入推进义务教育均衡发展，2011 年、2012 年教育部分两批与全国 31 个省（自治区、

---

① 柳海民，周霖. 义务教育均衡发展的理论与对策研究. 长春：东北师范大学出版社，2007：9.
② 中华人民共和国教育部. 2017 年全国义务教育均衡发展督导评估工作报告.（2017）[2018-07-19]. http://www.moe.gov.cn/jyb_xwfb/xw_fbh/moe_2069/xwfbh_2018n/xwfb_20180227/sfcl/201802/t20180227_327990.html.
③ 朱德全，李鹏，宋乃庆. 中国义务教育均衡发展报告——基于《教育规划纲要》第三方评估的证据. 华东师范大学学报（教育科学版），2017（1）：63-77.

直辖市）和新疆生产建设兵团签署了义务教育均衡发展备忘录，形成了中央和地方共同推进义务教育均衡发展的联动机制。2012年，《国务院关于深入推进义务教育均衡发展的意见》提出了推进义务教育均衡发展的基本目标和任务。

2）加强省级统筹力度，确立区域内义务教育均衡发展机制。[1] 各省与辖区内县（市、区）级政府签署义务教育均衡发展责任书，将本省确定的义务教育均衡发展目标、任务和责任逐层分解、落实，明确了县域义务教育均衡发展的时间表、路线图和任务书，将任务切实落实到县（市、区）。

3）定期公布国家评估验收结果，建立了义务教育均衡发展评估认定机制与复查监测机制。[2] 2013年国家启动了义务教育基本均衡县（市、区）督导评估认定工作，国务院教育督导委员会将义务教育均衡发展作为战略性任务，负责实施义务教育均衡发展督导评估，有力推动了义务教育均衡发展。同时，还建立了义务教育均衡发展的复查监测机制，对已通过国家评估认定地区的义务教育均衡发展情况进行监测和复查。2015年于江苏省泰州市召开的全国义务教育改革发展现场经验交流会，总结交流了各地推进义务教育均衡发展的做法与经验，检查了义务教育均衡发展备忘录的落实情况，并公布了义务教育均衡发展优秀案例。

（二）教育经费投入明显增加，区域差距不断缩小

教育经费是义务教育均衡发展的基本保障。就经费投入而言，本书主要从生均预算内事业性经费、生均预算内教育公用经费两方面分析我国小学、初中教育经费投入情况与各区域小学、初中教育经费支出的差距。

1. 教育经费投入明显增加，办学经费得到保障

2012年，国家财政性教育经费支出占国内生产总值（Gross Domestic Product，GDP）比例为4.28%，实现教育经费投入里程碑式的突破。2016年，全国教育经费总投入为38 888.39亿元，其中国家财政性教育经费为31 396.25亿元，为我国义务教育发展提供了经费保障。2016年，全国普通小

[1]   西南大学评估组. 义务教育第三方评估情况.（2015）[2018-07-19]. http://www.moe.gov.cn/jyb_xwfb/xw_fbh/moe_2069/xwfbh_2015n/xwfb_151126/151126_sfcl/201511/t20151126_221196.html.
[2]   朱德全，李鹏，宋乃庆. 中国义务教育均衡发展报告——基于《教育规划纲要》第三方评估的证据. 华东师范大学学报（教育科学版），2017（1）：63-77.

学生均预算内事业性经费支出为9557.89元，比2010年增加5545.38元，增长138.20%；2016年，全国普通初中生均预算内事业性经费支出为13 415.99元，比2010年增加8202.38元，增长157.31%。2016年，全国普通小学生均预算内教育公用经费支出为2610.80元，比2010年增加1680.91元，增长180.76%；2016年，全国普通初中生均预算内教育公用经费支出为3562.05元，比2010年增加了2147.72元，增长151.85%。可见，国家教育经费投入明显增加，义务教育经费投入明显增加，为义务教育的发展提供了较为坚实的经费保障。

2. 教育经费支出区域差距不断缩小

2016年，我国东部①小学生均预算内事业性经费支出为9542.58元，中部小学生均预算内事业性经费支出为7519.80元，西部小学生均预算内事业性经费支出为8761.00元。与2010年相比，东部、中部、西部小学生均预算内事业性经费支出的增幅分别为99.38%、153.12%和131.53%，区域差异系数由0.19变为0.10。2016年，我国东部初中生均预算内事业性经费支出为14 254.34元，中部初中生均预算内事业性经费支出为10 125.75元，西部初中生均预算内事业性经费支出为11 827.39元。与2010年相比，东部、中部、西部初中生均预算内事业性经费支出的增幅分别为132.84%、155.96%和159.98%，区域差异系数由0.19变为0.14。2016年，我国东部小学生均预算内教育公用经费支出为2446.74元，中部小学生均预算内教育公用经费支出为2333.73元，西部小学生均预算内教育公用经费支出为2483.12元。与2010年相比，东部、中部、西部小学生均预算内教育公用经费支出的增幅分别为145.65%、191.60%和176.93%，区域差异系数由0.09变为0.026。2016年，我国东部初中生均预算内教育公用经费支出为3451.07元，中部初中生均预算内教育公用经费支出为3059.961元，西部初中生均预算内教育公用经费支出为3101.83元。与2010年相比，东部、中部、西部初中生均预算内教育公用经费支出的增幅分别为133.87%、153.15%和134.29%，差异系数由0.09变为0.054。可见，我国中小学教育经费支出的区域差距不断缩小。

---

① 本章东部地区包括北京、天津、河北、辽宁、上海、江苏、浙江、福建、山东、广东和海南11个省（直辖市）；中部地区包括山西、吉林、黑龙江、安徽、江西、河南、湖北、湖南8个省；西部地区包括四川、重庆、贵州、云南、西藏、陕西、甘肃、青海、宁夏、新疆、广西、内蒙古12个省（自治区、直辖市）。

（三）推进学校标准化建设，办学条件得到改善

均衡发展首先要实现办学条件的均衡，而办学条件均衡需要明确标准。为此，本书从区域、城乡两个方面出发，以生均校舍面积、生均校舍危房面积、每百名学生拥有计算机数为指标，分析义务教育均衡发展的情况。此外，由于生均固定资产投入最终会转化为固定资产，因此将其纳入办学条件部分作为又一观测指标。

1. 区域义务教育学校办学条件逐渐改善

1）东部、中部、西部生均校舍面积大幅增加，西部生均校舍面积超过东部、中部。2016年，东部小学生均建筑面积为7.10平方米，中部为6.85平方米，西部为7.58平方米。与2005年相比，东部、中部、西部的增幅分别为23.26%、28.04%、41.36%；与2010年相比，东部、中部、西部的增幅分别为10.94%、7.03%、31.83%。2016年，东部初中生均建筑面积为14.52平方米，中部为12.90平方米，西部为12.44平方米。较之于2005年，东部、中部、西部的增幅分别为120.33%、124.74%、134.72%；较之于2010年，东部、中部、西部的增幅分别为54.47%、60.45%、76.45%。其中，东部小学生均教学及辅助用房面积为3.88平方米，中部为3.79平方米，西部为4.00平方米。与2005年相比，东部、中部、西部的增幅分别为12.14%、14.16%、30.29%；与2010年相比，东部、中部、西部的增幅分别为6.98%、16.26%、19.40%。2016年，东部初中生均教学及辅助用房面积为6.27平方米，中部为5.00平方米，西部为4.95平方米。较之于2005年，东部、中部、西部的增幅分别为102.91%、97.63%、119.03%；较之于2010年，东部、中部、西部的增幅分别为50.72%、50.60%、68.67%。可见，我国东部、中部、西部义务教育学校校舍资源明显改善，西部义务教育学校生均校舍面积增幅最大，且西部生均校舍面积超过东部、中部。

2）东部、中部、西部生均校舍危房面积先增加后减少。改善办学条件，推进义务教育学校标准化建设，消除校舍安全隐患是重要环节。2016年，东部小学生均校舍危房面积为0.01平方米，中部为0.05平方米，西部为0.22平方米，与2010年相比，东部、中部、西部的降幅分别为96.30%、94.44%、84.17%。另外，2010年与2005年相比，东部、中部、西部小学生均校舍危房

面积分别增加 20.00%、221.43%、247.50%。2016 年，东部初中生均校舍危房面积为 0.02 平方米，中部为 0.09 平方米，西部为 0.30 平方米，较之于 2010 年，东部、中部、西部的降幅分别为 92.59%、91.26%、77.10%。另外，2010 年与 2005 年相比，东部、中部、西部初中生均校舍危房面积分别增加 285.71%、368.18%、403.85%。可见，各区域义务教育阶段生均校舍危房面积在 2005—2010 年呈现增加趋势。2010—2016 年，各区域的小学、初中生均校舍危房面积均呈现逐年递减趋势，且降幅明显，如图 3-1、图 3-2 所示。这表明校舍安全问题得到高度重视，办学条件大幅改善。

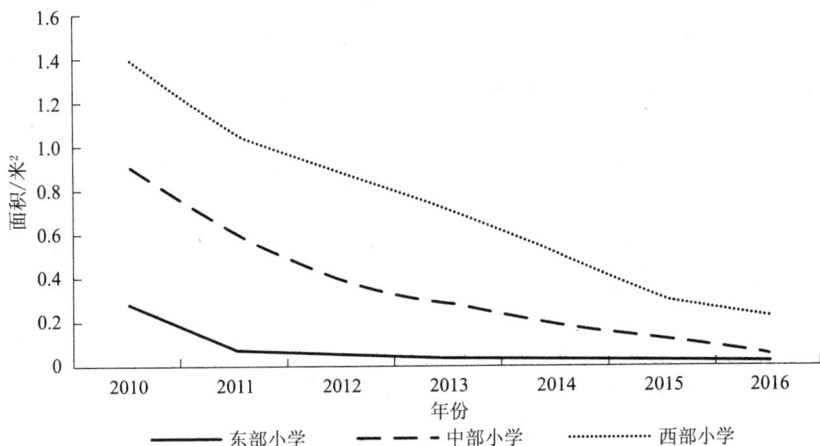

图 3-1　东部、中部、西部小学生均校舍危房面积

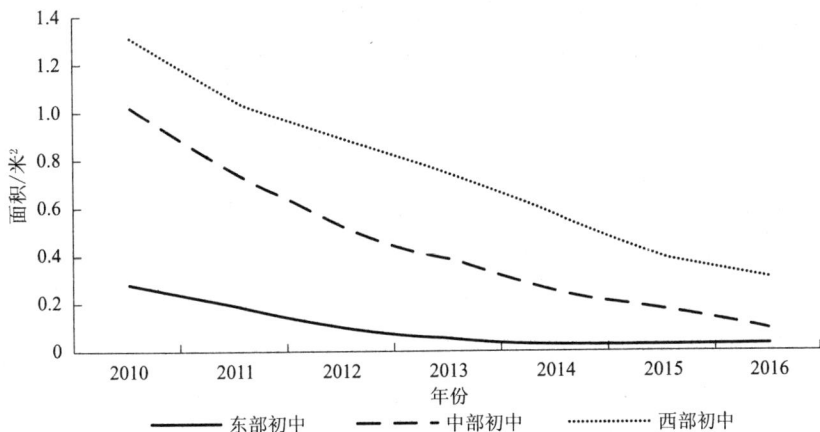

图 3-2　东部、中部、西部初中生均校舍危房面积

3）东部、中部、西部生均固定资产值不断增长。2016年，东部小学生均固定资产值为10 033.61元，中部为6876.63元，西部为9656.05元。与2010年相比，东部、中部、西部的增幅分别为70.11%、40.75%、141.77%。2016年，东部初中生均固定资产值为20 801.28元，中部为13 894.56元，西部为16 029.50元。较之于2010年，东部、中部、西部的增幅分别为125.13%、154.14%、192.38%，依旧是西部增幅最大。总的看来，各区域小学、初中生均固定资产值呈逐年递增趋势，其中西部增幅最大。

4）东部、中部、西部小学、初中每百名学生拥有计算机数不断增加。2016年，东部小学每百名学生拥有计算机数为14.44台，中部为8.26台，西部为9.96台。与2005年相比，东部、中部、西部的增幅分别为178.23%、231.73%、309.99%；与2010年相比，东部、中部、西部的增幅分别为113.61%、221.40%、239.93%。2016年，东部初中每百名学生拥有计算机数为21.96台，中部为12.91台，西部为14.18台。较之于2005年，东部、中部、西部的增幅分别为256.49%、247.04%、291.71%；较之于2010年，东部、中部、西部的增幅分别为150.11%、149.71%、191.77%。总的看来，各区域小学、初中每百名学生拥有计算机数呈逐年递增趋势，教育信息化不断推进。

2. 城乡义务教育学校办学条件不断改善

《中国教育统计年鉴》自2011年起采用新的城乡划分标准，将原来的城市、县镇、农村调整为城区（含主城区、城乡结合区）、镇区（含镇中心区、镇乡结合区、特殊区域）、乡村（含乡中心区、村庄），因此，本章在分析城乡义务教育均衡发展时以2005年、2010年、2011年、2016年为节点。

1）城乡生均校舍面积大幅增加，乡村生均校舍面积超过城市。2010年，城市小学生均建筑面积为5.54平方米，县镇为5.18平方米，农村为6.39平方米。与2005年相比，城市、县镇、农村分别增长了0.32平方米、0.35平方米、0.85平方米。2010年，城市初中生均建筑面积为7.62平方米，县镇为7.66平方米，农村为9.31平方米。与2005年相比，城市、县镇、农村分别增长了1.49平方米、2.03平方米、3.31平方米。其中，2010年，城市小学生均教学及辅助用房面积为3.04平方米，县镇为2.87平方米，农村为3.82平方米。与2005年相比，城市、县镇、农村分别增长了0.04平方米、0.12平方米、0.34

平方米。2010 年，城市初中生均教学及辅助用房面积为 3.66 平方米，县镇为 3.15 平方米，农村为 3.89 平方米。与 2005 年相比，城市、县镇、农村分别增长了 0.63 平方米、0.69 平方米、1.21 平方米。可见，城乡义务教育学校生均校舍面积逐渐增加，农村生均校舍面积超过城市、县镇。

2016 年，城区小学生均建筑面积为 5.97 平方米，镇区为 6.41 平方米，乡村为 9.47 平方米。与 2011 年相比，城区、镇区、乡村的增幅分别为 14.37%、25.20%、44.36%。2016 年，城区初中生均建筑面积为 11.74 平方米，镇区为 13.23 平方米，乡村为 17.37 平方米。与 2011 年相比，城区、镇区、乡村的增幅分别为 40.26%、51.89%、67.66%。

其中，2016 年，城区小学生均教学及辅助用房面积为 3.29 平方米，镇区为 3.45 平方米，乡村为 5.12 平方米。较之于 2011 年，城区、镇区、乡村的增幅分别为 17.50%、30.19%、31.96%。2016 年，城区初中生均教学及辅助用房面积为 5.38 平方米，镇区为 5.13 平方米，乡村为 6.67 平方米。较之于 2011 年，城区、镇区、乡村的增幅分别为 37.60%、38.27%、58.06%。可见，无论是小学还是初中，乡村义务教育学校的生均校舍面积增幅最大，同时乡村生均校舍面积超过城区、镇区。

2）城乡生均校舍危房面积大幅减少。改善办学条件，推进义务教育学校标准化建设，消除校舍安全隐患是重要环节。2010 年，城市小学生均校舍危房面积为 0.22 平方米，县镇为 0.53 平方米，农村为 1.20 平方米。与 2005 年相比，城市、县镇、农村分别增长了 0.17 平方米、0.42 平方米、0.88 平方米。2010 年，城市初中生均校舍危房面积为 0.27 平方米，县镇为 0.76 平方米，农村为 1.31 平方米。与 2005 年相比，城市、县镇、农村分别增长了 0.22 平方米、0.62 平方米、1.07 平方米。可见，城乡义务教育学校生均校舍危房面积不断减少。

2016 年，城区小学生均校舍危房面积为 0.04 平方米，镇区为 0.06 平方米，乡村为 0.17 平方米。与 2011 年相比，城区、镇区、乡村的降幅分别为 80.00%、85.71%、81.91%。2016 年，城区初中生均校舍危房面积为 0.05 平方米，镇区为 0.09 平方米，乡村为 0.26 平方米。较之于 2011 年，城区、镇区、乡村的降幅分别为 80.00%、85.48%、77.97%。

可见，城乡义务教育阶段生均校舍危房面积呈逐年递减趋势，递减幅度明显，这表明校舍安全隐患基本消除，城乡义务教育学校办学条件大大改善。

3）城乡生均固定资产值不断增长且差距不断缩小。2010 年，城市小学生均固定资产值为 6236.87 元，县镇为 5168.04 元，农村为 4831.23 元。与 2005 年相比，城市、县镇、农村分别增长了 1454.73 元、1632.06 元、2275.98 元。2010 年，城市初中生均固定资产值为 8691.02 元，县镇为 6471.77 元，农村为 6147.39 元。与 2005 年相比，城市、县镇、农村分别增长了 3421.02 元、2796.23 元、3052.30 元。可见，义务教育阶段城乡生均固定资产值呈逐年增长的趋势。小学生均固定资产值的城市与农村差距由 2005 年的 2226.89 元，缩小到 2010 年的 1495.94 元；初中生均固定资产值的城市与农村差距有所扩大。

2016 年，城区小学生均固定资产值为 9365.77 元，镇区为 7967.32 元，乡村为 9644.36 元。与 2011 年相比，城区、镇区、乡村的增幅分别为 50.84%、66.77%、116.96%。2016 年，城区初中生均固定资产值为 18 137.71 元，镇区为 15 910.21 元，乡村为 18 564.77 元。较之于 2011 年，城区、镇区、乡村的增幅分别为 87.36%、117.55%、165.36%。可见，小学生均固定资产值的城区与乡村差距由 2011 年的 1763.61 元，缩小到 2016 年的 278.59 元；初中生均固定资产值的城区与乡村差距由 2011 年的 2684.52 元，缩小到 2016 年的 427.06 元。此外，乡村小学、初中的生均固定资产值大于城区、镇区小学、初中，城乡差距在部分指标上不断缩小。

4）城乡小学、初中每百名学生拥有计算机数不断增加，总体上差距不断缩小。2010 年，城市小学每百名学生拥有计算机数为 7.19 台，县镇为 4.43 台，农村为 2.95 台。与 2005 年相比，城市、县镇、农村分别增长 0.37 台、0.06 台、0.74 台。2010 年，城市初中每百名学生拥有计算数为 7.79 台，县镇为 5.39 台，农村为 6.81 台，与 2005 年相比，城市、县镇、农村分别增长 0.84 台、1.27 台、2.73 台。可见，城市、县镇、农村每百名学生拥有计算机数不断增加。小学每百名学生拥有计算机数的城市与农村差距由 2005 年的 4.61 台缩小到 2010 年的 4.24 台；初中每百名学生拥有计算机数的城市与农村差距由 2005 年的 2.87 台缩小到 2010 年的 0.98 台。

2016 年，城区小学每百名学生拥有计算机数为 12.65 台，镇区为 9.93 台，乡村为 11.37 台。与 2011 年相比，城区、镇区、乡村的增幅分别为 45.07%、93.57%、200.00%。2016 年，城区初中每百名学生拥有计算机数为 18.20 台，镇区为 14.86 台，乡村为 18.87 台。较之于 2011 年，城区、镇区、乡村的增幅分别为 63.67%、95.01%、107.14%。可见，城区、镇区、乡村义务教育阶段每百名学生拥有计算机数不断增加。小学每百名学生拥有计算机数的城区与乡村差距由 2011 年的 4.93 台，缩小到 2016 年的 1.28 台；初中每百名学生拥有计算机数的城区与乡村差距由 2011 年的 2.01 台，缩小到 2016 年的 0.67 台。

（四）加强师资队伍建设，均衡配置师资逐步落实

教师队伍是义务教育均衡发展的核心力量，师资均衡配置是义务教育均衡发展的关键。为此，本书以义务教育阶段专任教师生师比、超出规定学历教师比例、拥有高级职称教师比例为观测指标，从区域、城乡两个方面出发，分析师资配置的均衡发展情况。

1. 区域教师资源配置差距不断缩小

1）东部、中部、西部专任教师生师比整体呈现下降趋势，区域差距逐渐缩小。从小学阶段来看，2010—2016 年，东部专任教师生师比略有上升，由 16.82：1 变为 17.35：1，中部专任教师生师比由 18.50：1 下降到 17.37：1，西部专任教师生师比由 17.87：1 下降到 16.57：1。可见，西部小学专任教师生师比下降趋势最为明显，东部与中部小学专任教师生师比差距、东部与西部小学专任教师生师比差距不断缩小。从初中阶段来看，2010—2016 年，东部专任教师生师比由 14.08：1 下降到 11.85：1，中部专任教师生师比由 14.98：1 下降到 12.63：1，西部专任教师生师比由 16.14：1 下降到 12.91：1。可见，东部与中部初中专任教师生师比差距、东部与西部初中专任教师生师比差距不断缩小。总体看来，各区域义务教育学校专任教师生师比呈下降趋势，区域差距也逐渐缩小。

2）东部、中部、西部超出规定学历教师比例差距不断缩小。《中华人民共和国教师法》第十一条规定："取得小学教师资格，应当具备中等师范学校毕业及其以上学历"；"取得初级中学教师、初级职业学校文化、专业课教师资格，应当具备高等师范专科学校或者其他大学专科毕业及其以上学历"。据此，本书对各地区大专及以上学历的小学教师、本科及以上学历的初中教师比例进行计算。从小学阶段来看，2010—2016 年，东部超出规定学历教师比例高于

中部、西部，而西部超出规定学历教师比例又高于中部。在此期间，东部超出规定学历教师比例与西部之间的差距由 4.19% 下降到 2.37%，中部超出规定学历教师比例与西部之间的差距由 2.12% 下降到 0.52%。可见，东部、中部、西部小学超出规定学历教师比例的差距不断缩小。从初中阶段来看，2010—2016 年，东部超出规定学历教师比例高于中部、西部，而西部超出规定学历教师比例又高于中部。在此期间，东部超出规定学历教师比例与西部之间的差距由 8.99% 下降到 6.80%，中部超出规定学历教师比例与西部之间的差距由 5.37% 下降到 4.28%。可见，东部、中部、西部初中超出规定学历教师比例的差距不断缩小。因此，东部、中部、西部义务教育阶段超出规定学历教师比例的差距不断缩小。

3）东部、中部、西部拥有中学高级职称的教师比例不断增长。从小学阶段来看，2010—2016 年，东部拥有中学高级职称的教师比例由 1.23% 增长到 2.96%，中部由 0.98% 增长到 2.51%，其中，2016 年西部拥有中学教师职称的教师比例（3.31%）高于东部（2.96%）、中部（2.51%）。从初中阶段来看，2010—2016 年，拥有中学高级职称的教师比例东部由 12.84% 增长到 19.89%，中部由 12.84% 增长到 18.01%，西部由 10.18% 增长到 16.82%。可见，无论是从小学阶段来看还是从初中阶段来看，东部、中部、西部拥有中学高级职称的教师比例均呈上升趋势。

2. 城乡教师资源配置差距不断缩小

1）城乡义务教育专任教师生师比不断下降。2005—2010 年，从小学阶段来看，城市专任教师生师比由 19.26：1 变为 19.27：1，县镇专任教师生师比由 19.42：1 下降到 18.73：1，农村专任教师生师比由 19.47：1 下降到 16.77：1；从初中阶段来看，城市专任教师生师比由 15.74：1 下降到 15.00：1，县镇专任教师生师比由 18.37：1 下降到 15.74：1，农村专任教师生师比由 18.16：1 下降到 14.05：1。可见，我国城乡小学、初中专任教师生师比总体呈下降趋势，农村小学、初中专任教师生师比优于城市、县镇小学、初中专任教师生师比。

2011—2016 年，从小学阶段来看，城区专任教师生师比由 19.09：1 下降到 18.83：1，镇区专任教师生师比由 18.12：1 下降到 18.06：1，乡村专任教师生师比由 16.64 : 1 下降到 14.90 : 1；从初中阶段来看，城区专任教师生师比由 14.48 : 1 下降到 12.83 : 1，镇区专任教师生师比由 14.73 : 1 下降到 12.64 : 1，乡村专任教师生师比由 13.58 : 1 下降到 10.98 : 1。可见，我国城乡小学、初中专任教师生师比不断下降，乡村专任教师生师比优于城区、镇区。

2）城乡超出规定学历教师比例差距逐渐缩小。本书以《中华人民共和国教师法》为依据，对城乡超过规定学历的教师比例进行计算。2005—2010 年，从小学阶段来看，城市、县镇、农村超出规定学历教师比例有所增加；从初中阶段来看，城市、县镇、农村超出规定学历教师比例大幅增加。

2011—2016 年，从小学阶段来看，城区、镇区、乡村超出规定学历教师比例呈逐年递增趋势，城区超出规定学历教师比例与乡村之间的差距由 19.02% 下降到 8.90%，镇区超出规定学历教师比例与乡村之间的差距由 11.34% 下降到 5.35%；从初中阶段来看，城区、镇区、乡村超出规定学历教师比例均逐年递增，城区超出规定学历教师比例与乡村之间的差距由 23.30% 下降到 15.08%，镇区超出规定学历教师比例与乡村之间的差距由 6.20% 下降到 4.59%。可见，城区、镇区、乡村小学、初中之间超出规定学历教师比例差距不断缩小。

3）城乡拥有中学高级职称的教师比例不断增长。2005—2010 年，从小学阶段来看，城市拥有中学高级职称的教师比例由 0.90% 增长到 2.05%，县镇拥有中学高级职称的教师比例由 0.52% 增长到 1.43%，农村拥有中学高级职称的教师比例由 0.26% 增长到 0.75%；从初中阶段来看，城市拥有中学高级职称的教师比例由 15.57% 增长到 21.96%，县镇拥有中学高级职称的教师比例由 5.64% 增长到 11.07%，农村拥有中学高级职称的教师比例由 3.47% 增长到 8.92%。可见，城市、县镇、农村拥有中学高级职称的教师比例不断增长。

2011—2016 年，从小学阶段来看，城区小学拥有中学高级职称的教师比例由 2.37% 增长到 3.55%，镇区小学拥有中学高级职称的教师比例由 2.02% 增长到 3.17%，乡村小学拥有中学高级职称的教师比例由 1.26% 增长到 1.95%；从初中阶段来看，城区初中拥有中学高级职称的教师比例由 20.54% 增长到 22.34%，镇区初中拥有中学高级职称的教师比例由 12.26% 增长到 16.96%，乡村拥有中学高级职称的教师比例由 9.13% 增长到 14.84%。可见，城区、镇区、乡村义务教育阶段学校拥有中学高级职称的教师比例不断增长。

二、义务教育均衡发展的典型经验

在推进义务教育均衡发展进程中，各地结合实际不断探索实践，在义务教育均衡发展体制机制改革、推进学校标准化建设、均衡配置师资等方面积累了丰富的经验。

（一）因地制宜，推进义务教育均衡发展体制机制改革

义务教育在整个教育体系中具有基础性地位，均衡发展是义务教育的战略性任务。为此，结合各地实际，完善义务教育均衡发展体制机制，是促进义务教育均衡发展的重要举措。在推进义务教育均衡发展的进程中，各省（自治区、直辖市）明确政府职责、全面进行统筹规划、完善政策体系、加大经费投入，着眼各地实际，积极探索区域内义务教育均衡发展体制机制改革，为促进义务教育均衡发展起到了重要作用。

江苏省苏州市着眼于整体推进区域义务教育均衡发展，坚持优先发展、强化政府职责的原则，建立健全义务教育均衡发展保障机制：①发展规划优先考虑教育事业。苏州市颁布了《苏州市教育基本现代化实施纲要》《关于加快建设教育强市，率先实现教育现代化的决定》等文件，初步建立了教育公共服务体系。②财政投入优先保障教育公平。苏州市始终做到财政投入向教育倾斜，依法确保教育投入"三增长两提高"。[①]

安徽省在全国率先实施城乡同步免费义务教育，创新推进义务教育均衡发展的工作机制。2006 年，安徽省制定《关于进一步推进义务教育均衡发展的意见》，将义务教育均衡发展作为年度重点工作并予以积极推进。2007 年，安徽省在全国率先进行城乡同步实施义务教育经费保障机制改革，在地方资金落实上，坚持"省拿大头"，义务教育阶段中小学公用经费保障水平逐年提高，中小学校舍维修长效机制基本建立，中小学教师工资保障机制得以完善，为推进义务教育均衡发展提供了强有力保障。2009 年，安徽省又制定《关于深入推进义务教育均衡发展意见》，努力实现所有适龄儿童入学机会均等，区域内校际教学质量、整体办学水平相对均衡等目标，初步建立起义务教育均衡发展

[①] 宗芳宇. 促进义务教育均衡发展的苏州经验. 重庆理工大学学报（社会科学），2014，28187：1-5.

的政策和制度体系。^①

上海市着眼于义务教育均衡发展，建立了政府主体责任制度，为促进义务教育均衡发展提供了有力保障。为此，上海市建立市级统筹、区县为主管理、各级政府职能部门协同落实的责任制度，进一步细化和落实了政府主体责任制度；探索公平与效率兼顾、软件硬件并重、外推与内驱互动的推进机制，促进了义务教育均衡化发展的有效推进；确立了市级督政与区县政府自主改进相结合的义务教育均衡发展评估制度，向社会各界公示义务教育均衡发展情况。上海市还完善了教育资源配置机制，为教育公平的实现创造了条件。为此，上海市以市内常住人口为基数配备教育资源，改善了城郊接合地区和郊区集镇教育资源紧缺状况；建立全纳制度，切实保证随迁人员子女平等接受义务教育的权利；生均定额标准和市级转移支付相结合，为边远贫困地区义务教育学校提供了经费保障。上海市还创新优质资源共享机制，为缩小义务教育发展差距开辟了有效路径。为此，上海市实行委托管理机制，放大专业机构在全市优质资源共享中的效应；创新学校合作机制，形成区域内优质教育资源共享辐射新机制；加大对口支援力度，促进城乡义务教育学校内涵发展的深度合作。^②

（二）统筹规划，率先实现县（区）域内城乡义务教育均衡发展

义务教育均衡发展包含城乡间、区域间、学校间、群体间教育的均衡发展。而在这四者中，城乡均衡发展是基础，也是关键。^③实现城乡义务教育均衡发展是一个艰巨的过程，需要付出很大的努力。为此，各省市坚持城乡一体化策略，采取制定规划、明确责任等举措，推进区域内城乡义务教育均衡发展。

浙江省杭州市为实现义务教育均衡发展，实践以教育公平为诉求、以优质均衡为目标的名校集团化战略，大胆尝试"名校集团化办学"，增强优质教育资源的辐射力，致力于探索一条办学"成本最低、风险最小、成效最大"的

---

① 安徽省教育厅. 教育体制改革试点系列报道之六：创新举措 深化改革 不断推动义务教育均衡发展.（2012）[2018-07-19]. http://www.ahedu.gov.cn/26/view/210730.shtml.

② 中华人民共和国教育部. 上海推进义务教育均衡发展的主要经验与成效.（2015）[2018-07-19]. http://old.moe.gov.cn/publicfiles/business/htmlfiles/moe/moe_2421/201307/154010.html.

③ 张源源，邬志辉. 统筹城乡义务教育均衡发展的基本认识与理论基点. 现代教育管理，2010（10）：20-23.

发展优质教育之路。为在城乡教育统筹发展上取得突破，2011年，西湖区推出"紧密型教育共同体"，创新城乡教育资源共享机制。在实践与探索过程中，针对义务教育的发展短板，杭州市名校集团形成了"名校＋新校""名校＋农校""名校＋弱校""名校＋民校"等办学模式，走出了一条教育资源优质均衡发展的特色道路。①

江苏省泰州市为推进义务教育均衡发展，探索出"基本均衡—优质均衡—全域均衡"的阶段推进模式，走出一条"内涵为重"的义务教育均衡发展之路。①实施"名校＋"办学模式。各市（区）结合实际，探索"名校＋弱校""名校＋农校""名校＋新校"等模式，建立了学校之间管理、研训、文化共建通道。②探索"互联网＋教育"的"泰微课"学习平台。"泰微课"向全市所有师生免费开放，所有学生都能平等使用优质教育资源，实现城乡教育资源共享。③创新实施素质教育"5+2"工程。通过推动"主题德育、自主学习、青春活力、实践体验和未来素养"五大行动，构建区域推进展示和学校微创新激励两大机制，促进教育质量整体提升，推动义务教育优质均衡发展。②

湖南省长沙市以一体化策略推进区域城乡义务教育均衡发展，坚持义务教育高位均衡发展目标。①凝聚合力。长沙市出台的《长沙市"十三五"教育事业发展规划》，进一步明确推进城乡教育一体化发展的"时间表""路线图""责任书"，进一步确立区县（市）政府的义务教育法定责任。②完善政策体系。2016年，长沙市委、市政府先后出台《关于优化教育资源配置　全面提高教育质量的实施意见》《乡村教师支持计划实施细则》《教育精准扶贫实施方案》《关于加快推进长沙教育优质发展的实施意见》等文件，均提出了推进城乡义务教育一体化发展的任务和措施。③加大投入。长沙市逐步加大教育经费投入力度。从2016年开始，依据一定比例预算教师培训经费；按照市直学校教师待遇标准，规范、提高城区教师待遇；对农村区县（市）学校在职在岗教师，给予相应补贴。③

---

① 徐吉洪. 名校助力区域教育"舒经活络". (2016) [2018-07-19]. http://paper.jyb.cn/zgjyb/html/2016-08/03/content_460986.htm?div=-1.
② 朱德全，李鹏，宋乃庆. 中国义务教育均衡发展报告——基于《教育规划纲要》第三方评估的证据. 华东师范大学学报（教育科学版），2017（1）：63-77.
③ 湖南省长沙市教育局. 以一体化策略推进区域城乡义务教育均衡协调发展. (2017) [2018-07-19]. http://www.moe.gov.cn/jyb_xwfb/xw_zt/moe_357/jyzt_2016nztzl/ztzl_xyncs/ztzl_xy_dxjy/201701/t20170117_295065.html.

北京市顺义区坚持区域统筹、城乡联动，积极推进义务教育均衡发展。①优化资源配置。为推进学校标准化建设，高标准落实"初中建设工程"和"小学规范化建设工程"，城乡学校办学条件全面改善。为均衡师资配置，积极探索岗位轮换、异地交流等教师交流方式和管理模式，逐步实现优秀师资城乡双向流动。②完善共享机制，推进城乡学校一体化发展协同发展。以高中示范校带动义务教育学校、以城区学校带动农村地区学校，初步构建了城乡学校设备、师资、教学等各个层面的共享机制。③高校促进发展。与北京师范大学等高校合作，建立"教学和研究基地"，提高农村学校教师队伍的整体素质水平，破解城市化进程中教育发展的一些重大难题。④优惠政策助力发展。评优、评先、晋级均向农村学校倾斜。①

（三）推进学校标准化建设，着力实现办学条件均衡

均衡发展的前提是条件均衡，而实现条件均衡则需要建立标准。办学条件的均衡是义务教育均衡发展的基础，也是教育公平的基础。②为此，各省（自治区、直辖市）将学校标准化建设作为推进义务教育均衡发展的有力保障，通过制定规划、加大经费投入等方式，着力实现办学条件的均衡。

湖北省武汉市制定了《武汉市普通中小学布局规划（2013—2020年）》，保证学校建设发展用地，并纳入城市总体规划，大力投入资金，完成了469所公办小学、222所公办初中标准化建设；还制定了《武汉市全面改善义务教育薄弱学校基本办学条件规划（2014—2018年）》，改善了236所农村义务教育薄弱学校的办学条件，完成"全面改薄"70所学校任务，将中小学配建计划及落实情况纳入各区政府年度绩效考核目标。制定消除义务教育大班额专项规划，并将推进115所中小学配套建设、完工20所纳入2017年市政府十件实事，缓解入学矛盾。

天津市为促进义务教育均衡发展，于2008年启动了义务教育学校现代化

---

① 中华人民共和国教育部. 全国义务教育均衡发展现场经验交流和工作推进会发言材料 区域统筹 城乡联动 积极推进义务教育优质均衡发展. (2013)［2018-07-19］. http://old.moe.gov.cn/publicfiles/business/html-files/moe/s7097/201306/153668.html.

② 教育部基础教育一司，中国教育科学研究院，国家教育咨询委员会义务教育均衡发展工作组. 2010—2012义务教育均衡发展·省域统筹. 北京：教育科学出版社，2012：8.

标准建设工作（2008—2012 年），制定了义务教育学校现代化建设标准。同时，在市级层面实施了校舍加固和功能提升、新增教学仪器配送、图书配送、未来教育家奠基、"265"农村骨干教师培养"五项工程"。2012 年底，天津市又以内涵建设和质量提升为核心，启动实施了新一轮义务教育学校现代化标准建设工作（2013—2015 年），提出要按照"办好每一所学校，教好每一名学生"的核心理念，进一步优化教育资源配置，加强师资队伍建设，提升教育质量，力争到 2015 年底，全市所有义务教育学校全部达到义务教育学校现代化建设标准，实现城乡教育更高水平的均衡发展。①

安徽省含山县为使全县义务教育学校标准化建设 100% 达标，投入大量资金推进全面改薄项目、城区学校扩容工程，还凭借财政投入实施教育信息化建设三年行动计划，实现"三通两平台"、"班班通"、教学点"在线课堂"全覆盖的目标；组建 14 个市县级"三名工作室"，构建"1+2""1+4"城乡学校教学互惠共同体，促进优质教育资源共享。②

（四）统一城乡教师编制标准，探索教师、校长交流制度，均衡配置师资

推进义务教育均衡发展，办学条件的均衡是基础，而师资均衡则是关键。2014 年，《中央编办 教育部 财政部关于统一城乡中小学教职工编制标准的通知》明确提出"将县镇、农村中小学教职工编制标准统一到城市标准"。2016 年，《国务院关于统筹推进县域内城乡义务教育一体化改革发展的若干意见》指出"加强校长教师轮岗交流和乡村校长教师培训"。为此，在义务教育均衡发展进程中，各省（自治区、直辖市）实施了统一城乡教师编制标准、实施教师培养项目、探索教师交流制度等举措，把促进教师资源均衡发展作为义务教育均衡发展的重要突破口。

重庆市长寿区为加强教师队伍建设，采取多种举措：①健全教师补充机

---

① 中华人民共和国教育部. 全国义务教育均衡发展现场经验交流和工作推进会发言材料 实现学校现代化标准建设 促进义务教育高水平均衡发展. （2013）[2018-07-19]. http://old.moe.gov.cn/publicfiles/business/htmlfiles/moe/s7097/201306/153668.html.

② 安徽省教育厅. 安徽省含山县着力破解义务教育"乡村弱、城镇挤"难题. （2018）[2018-07-19]. http://www.moe.gov.cn/jyb_xwfb/s6192/s222/moe_1743/201802/t20180213_327367.html.

制。统一城乡中小学教师配置标准。通过定点招考、考核引进等方式，解决农村学校教师队伍数量不足和结构性缺编等问题。②健全轮岗交流机制。出台中小学校教师调整、交流轮岗办法，推动城区、乡村学校之间教师的交流轮岗，促进师资均衡。③健全待遇保障机制。落实《乡村教师支持计划（2015—2020 年）》，在全面保障教师基本工资、绩效工资、农村教师工作津贴等待遇的基础上，提高乡村教师岗位生活补助标准。④健全全员培训机制。采取"走出去、请进来"、参加国培和市培、城乡学校"结对帮扶"等方式，加强乡村教师培训。①

福建省在全国率先实行城乡统一的教职工编制标准，农村小规模义务教育学校的教师编制按照生师比和班师比相结合的方式进行核定；在全国较早建立中小学教师"以县为主、县管校用"管理体制，在县域内做到义务教育公办教师工资待遇、编制标准、岗位结构比例、招聘调配、考核评价、管理服务"六个统一"，使教师从"学校人"变成"区域人"，为县域内教师的均衡配置打下坚实基础。②

河南省新郑市推出"教师统一编制核算，让城乡队伍一样好"计划，统筹城乡师资队伍。①确保师资力量"够"。在全市财政供养人员"零增长"的情况下，2008—2016 年，面向高校优秀毕业生招录教师 1552 人。②确保农村教师"稳"。在编制管理上向农村学校倾斜，为农村边远学校教师发放交通补助，为所有农村教师发放生活补贴。③确保队伍素质"高"。2012 年以来，组织上万人次教师参加国培、公需科目继续教育和本科专业继续教育，还组织了众多教师参加城乡交流、校长园长培训、骨干教师培训、专业教师培训、新任教师培训等，有力促进了教师素质的提升。③

---

① 重庆市教育委员会. 重庆市长寿区加强乡村教师队伍建设. (2018)［2018-07-19］. http://www.moe. gov.cn/jyb_xwfb/s6192/s222/moe_1754/201803/t20180327_331389.html.

② 中华人民共和国教育部. 2016 年全国义务教育均衡发展督导评估工作报告. (2017)［2018-07-19］. http://www.moe.gov.cn/jyb_xwfb/xw_fbh/moe_2069/xwfbh_2017n/xwfb_170223/170223_sfcl/201702/t20170222_297055.html.

③ 河南省新郑市教育体育局. 让均衡的优质教育惠及每一个孩子. (2017)［2018-07-19］. http://www.moe.edu.cn/jyb_xwfb/xw_zt/moe_357/jyzt_2016nztzl/ztzl_xyncs/ztzl_xy_dxjy/201701/t20170117_295064.html.

第二节　义务教育均衡发展的专题研究

一、义务教育区域、城乡、校际均衡发展

我国地域辽阔、人口众多，各地经济发展水平与文化差异较大，用于义务教育的人力、财力、物力支持不相同，义务教育发展水平差异也较大，具体表现为，我国义务教育在区域、城乡、校际等方面，在教育经费、硬件、师资上存在较大差距，这也是制约义务教育公平实现的顽疾。优化区域资源配置、打破城乡教育二元结构、缩小学校办学差距，对全面提升义务教育水平、构建社会主义和谐社会和建设社会主义现代化强国具有重要意义。

义务教育区域均衡发展宏观上可划分为区域间和区域内的均衡发展。区域间的义务教育均衡发展，包括东部、中部、西部之间的均衡发展，若区域是指行政区域，又涉及省域、市域、县域、乡域内的义务教育均衡发展。区域内义务教育均衡发展是在某一地区、行政区域内的均衡发展。结合我国义务教育阶段"以县为主"的管理体制，义务教育均衡发展的初始阶段必定以县域内的学校均衡发展为基础，然后是县域间的均衡发展，再是市域间的均衡发展，后是省域间的均衡发展。其中，县域内学校间均衡发展是重要基础，缩小县级区域内教育差距是当前义务教育均衡发展的着力点。[①]

城乡差异也属于地域差异。长期以来受城乡二元结构的影响，我国农村面临经济发展相对滞后、学校布局分散、交通不便等问题，其办学条件和发展水平等落后于城市学校。义务教育城乡均衡发展可用国家对城乡区域划分为依据进行衡量。

由于政策及投入等方面的原因，同一地区、同一学区内不同学校在师资、办学条件、生源方面存在显著差异。义务教育校际均衡发展，主要是指同一地区、同一学区不同义务教育学校之间的均衡发展。

义务教育区域、城乡、校际均衡发展均可从经费、师资、硬件等方面进行考察。义务教育经费主要是指投入义务教育中的财力资源，可从生均预算内

---

① 陈京军，李三福. 我国区域义务教育均衡发展研究的问题分析. 湖南科技大学学报（社会科学版），2012（4）：107-110.

教育事业经费和生均预算内教育公用经费等方面考察义务教育经费均衡发展的情况。其中，生均预算内教育事业经费反映义务教育发展的总体保障水平，生均预算内教育公用经费反映义务教育发展的基本保障水平。[①]教师是教育资源的重要组成部分，师资均衡发展涉及教师的质量、数量和结构等方面，可从专任教师生师比、超出规定学历教师比例、教师职称比例等方面考察义务教育师资均衡发展的情况。义务教育硬件包括诸多方面，可从生均校舍及教学辅助用房面积，校舍危房情况，大班额数，超大班额数，生均固定资产值，学生住宿、饮食、取暖、卫生条件，信息技术设备等方面进行义务教育硬件均衡发展的评估。

（一）背景

本书在系统考察我国义务教育区域、城乡、校际均衡发展历史的基础上，呈现义务教育区域、城乡、校际均衡发展的重要事件、标志性文件等内容，以明晰我国义务教育区域、城乡、校际均衡发展政策背景演变的历史脉络与特点。

1978年党的十一届三中全会以后，"效率优先、兼顾公平"的理念渗透于整个教育领域。1980年，《中共中央、国务院关于普及小学教育若干问题的决定》提出，"在八十年代，全国应基本实现普及小学教育的历史任务"，"经济比较发达、教育基础较好的地区，应在一九八五年前普及小学教育，其他地区一般应在一九九〇年前基本普及"。同年，教育部下达了《关于分期分批办好重点中学的决定》，强调办好重点学校是提高教育质量的一项战略措施。1985年《中共中央关于教育体制改革的决定》提出："必须鼓励一部分地区优先发展起来，同时鼓励先发展起来的地区帮助后进地区，达到共同的提高。"1993年《中国教育改革和发展纲要》要求教育发展从各地经济、文化发展不平衡的实际出发，因地制宜，分类指导，鼓励经济文化发达地区教育率先发展。此时，我国国情要求集中力量办好一批条件好的重点中小学，鼓励一部分地区先发展，这加剧了我国义务教育发展地区不均衡、校际不均衡。[②]与此同时，我

① 李鹏，朱德全，宋乃庆. 义务教育发展"中部塌陷"：表征、原因与对策——基于2010—2014年区域义务教育发展数据的比较分析. 教育科学，2017，33（1）：1-9.

② 柳海民，周霖. 义务教育均衡发展的理论与对策研究. 长春：东北师范大学出版社，2007：201.

国实行"地方负责、分级管理"的义务教育管理体制，县级以下政府负担绝大部分义务教育经费——城市是市财政，农村是县、乡财政，由地方政府全部负责和安排对义务教育的投资，从而使义务教育的普及与发展很大程度上取决于各地区的经济发展，取决于地方政府的财政收支状况[1]，由此导致教育经费区域、城乡间差异较大。1994 年我国实行分税制改革，财政收入重心上移，义务教育经费短缺和不平衡现象进一步加剧。

20 世纪 90 年代末到 21 世纪初，为解决义务教育发展不均衡的问题，国家增加财政投入，加大转移支付力度，采取一些措施缩小区域、城乡、校际差距。1995—2000 年，国家启动"国家贫困地区义务教育工程"，中央财政拨出 39 亿元，加上地方各级政府配套资金等，以超过 100 亿元资金用以支持贫困地区义务教育发展，极大地促进了贫困地区义务教育的发展。[2] 1998 年，教育部发布《关于加强大中城市薄弱学校建设，办好义务教育阶段每一所学校的若干意见》，提出办好义务教育阶段每一所学校，缩小学校之间办学水平上的差距。2000 年，《中共中央办公厅、国务院办公厅关于推动东西部地区学校对口支援工作的通知》提出，加大对西部教育事业的扶持力度，并启动实施"东部地区学校对口支援西部贫困地区学校工程""西部大中城市学校对口支援本省（自治区、直辖市）贫困地区学校工程"，大力支持西部贫困地区的教育事业。至 2000 年，"两基"目标基本实现，义务教育人口普及率达到了 85%。[3]

"普九"目标基本实现以后，我国当时实行分级管理、分灶吃饭的财政和管理体制，导致地区、城乡之间的义务教育发展差距越来越大。2001 年，中央政府提出了"以县为主"的教育管理体制，并于 2002 年下发文件强调农村义务教育工作的第一责任人是县级人民政府的主要负责人，农村教师工资实行省长负责制。[4] 2002 年，《教育部关于印发〈基础教育工作分类推进与评估指导意见〉的通知》指出，要在教育经费、办学条件、师资队伍等方面达到区域内基本均衡发展的要求，薄弱学校基本消除。2003 年底，教育部、国家发展和改革委员会、财政部等部门联合制定《国家西部地区"两基"攻坚计划

① 阮成武. 我国义务教育均衡发展政策的演进逻辑与未来走向. 教育研究, 2013, 34 (7): 37-45.
② 中华人民共和国教育部. 共和国教育 50 年 1949—1999. 北京: 北京师范大学出版社, 1999: 274.
③ 朱永新, 张民选, 丁念金. 中国教育改革大系·中小学教育卷. 武汉: 湖北教育出版社, 2016: 77.
④ 李桂荣, 李向辉. 中国义务教育均衡发展政策的演进历程及其制度逻辑. 河南师范大学学报（哲学社会科学版）, 2017, 44 (5): 147-151.

（2004—2007 年）》，同年国务院出台《国务院关于进一步加强农村教育工作的决定》，推行"农村危房改造工程"。2005 年，《教育部关于进一步推进义务教育均衡发展的若干意见》将县域内义务教育均衡发展作为工作的重点，并提出力争在更大的范围内逐步推进义务教育均衡发展。2006 年，《中华人民共和国义务教育法》将"义务教育均衡发展"纳入法律条文，为义务教育均衡发展提供了法律依据。2007 年，《国家教育事业发展"十一五"规划纲要》把"推进城乡、地区间义务教育均衡发展"提到教育工作的重要议事日程。

《国家中长期教育改革和发展规划纲要（2010—2020 年）》要求到 2020 年基本实现区域内均衡发展，从缩小校际差距、城乡差距、区域差距三个层面进行改革，率先在县（区）域内实现城乡均衡发展，逐步在更大范围内推进。[①] 2011 年和 2012 年教育部先后与 31 个省（自治区、直辖市）及新疆生产建设兵团签署了义务教育均衡发展备忘录，构建了中央和地方共同推进义务教育均衡发展的长效机制。2012 年，《国务院关于深入推进义务教育均衡发展的意见》明确提出，到 2020 年，全国实现义务教育基本均衡发展的县（含县级市、区）的比例达到 95%。随着县域义务教育基本均衡发展的不断推进，义务教育发展中的城乡差距和校际差距明显缩小。从 2013 年开始，国家教育督导委员会负责实施义务教育均衡发展督导评估，有力推动了义务教育均衡发展。2013 年和 2015 年又分别出台相关政策，着重强调义务教育学校基本办学标准和改善薄弱学校，建立地方政府责任机制并签订任务责任书，实行问责制度，强化地方责任，调动地方政府的积极性和主动性。2016 年，国务院颁布《国务院关于统筹推进县域内城乡义务教育一体化改革发展的若干意见》，统筹推进城乡义务教育一体化。2017 年，教育部发布《教育部关于印发〈县域义务教育优质均衡发展督导评估办法〉的通知》，决定开展县域义务教育优质均衡发展督导评估认定工作，这说明国家开始关注县域内义务教育优质均衡发展。

（二）主要成效

本专题在此主要从义务教育经费、师资、硬件方面来考察我国义务教育

---

① 国家中长期教育改革和发展规划纲要工作小组办公室. 国家中长期教育改革和发展规划纲要（2010—2020 年）.（2010）[2018-07-19]. http://www.moe.edu.cn/srcsite/A01/s7048/201007/t20100729_171904.html.

区域、城乡、校际均衡发展取得的成效，主要呈现 2010—2016 年相关数据。义务教育经费方面以生均公共财政预算教育事业性经费、生均公共财政预算教育公用经费为例，义务教育师资方面以专任教师生师比、超出规定学历教师比例为例，义务教育硬件方面以生均校舍面积、生均教学及辅助用房面积、生均固定资产值为例。除校际均衡外，本专题所涉及的数据均依据《中国教育统计年鉴》（2010—2016）、《中国教育经费统计年鉴》（2011—2016）中的数据计算所得。

1. 义务教育区域均衡发展的成效

（1）东部、中部、西部义务教育经费均有所增加，部分指标上区域差距减小

在义务教育区域经费均衡发展方面，在生均公共财政预算教育事业性经费上，2010—2016 年，东部、中部、西部小学分别由 4786.06 元、2970.85 元、3783.92 元变为 9542.50 元、7519.80 元、8761.00 元，东部与西部差距由 1002.14 元变为 781.50 元，东部与中部差距由 1815.21 元变为 2022.70 元，西部与中部差距由 813.07 元变为 1241.20 元，可见东部、中部、西部小学生均公共财政预算教育事业性经费均有所增加，且东部与西部差距减小；东部、中部、西部初中分别由 6121.85 元、3955.92 元、4549.32 元变为 14 254.34 元、10 125.75 元、11 827.39 元，东部与西部差距由 1572.53 元变为 2426.95 元，东部与中部差距由 2165.93 元变为 4128.59 元，中部与西部差距由 593.40 元变为 1701.64 元，可见东部、中部、西部初中生均公共财政预算教育事业性经费均有所增加，但区域差距有所扩大。在生均公共财政预算教育公用经费上，2010—2016 年，东部、中部、西部小学分别由 996.02、800.33 元、896.67 元变为 2446.74 元、2333.73 元、2483.12 元，东部与西部差距由 99.35 元变为 36.38 元，东部与中部差距由 195.69 元变为 113.01 元，西部与中部差距由 96.34 元变为 149.39 元，可见东部、中部、西部小学公共财政预算教育公用经费均有所增长，且东部与西部、东部与中部差距减小；东部、中部、西部初中分别由 1475.65 元、1208.75 元、1323.90 元变为 3451.07 元、3059.96 元、3101.83 元，东部与西部差距由 151.75 元变为 349.24 元，东部与中部差距由 266.90 元变为 391.11 元，西部与中部差距由 115.15 元变为 41.87 元，可见东部、

中部、西部初中生均公共财政预算教育公用经费均有所增加，且西部与中部差距减小。

（2）东部、中部、西部义务教育师资配置不断优化，部分指标上区域差距减小

在义务教育区域师资均衡发展方面，在专任教师生师比上，2010—2016 年，东部、中部、西部小学分别由 16.82∶1、18.50∶1、17.87∶1 变为 17.35∶1、17.37∶1、16.57∶1，东部与西部差距由 1.05 变为 0.78，东部与中部差距由 1.68 变为 0.02，西部与中部差距由 0.63 变为 0.80，可见东部与西部、东部与中部小学专任教师生师比差距减小；东部、中部、西部初中分别由 14.08∶1、14.98∶1、16.14∶1 变为 11.85∶1、12.63∶1、12.91∶1，东部与西部差距由 2.06 变为 1.06，东部与中部差距由 0.90 变为 0.78，西部与中部差距由 1.16 变为 0.28，可见东部、中部、西部初中专任教师生师比均有所减小，且区域差距减小。在超出规定学历教师比例上，2010—2016 年，东部、中部、西部小学分别由 81.65%、75.34%、77.46% 变为 95.26%、92.37%、92.89%，东部与西部差距由 4.19% 变为 2.37%，东部与中部差距由 6.31% 变为 2.89%，西部与中部差距由 2.12% 变为 0.52%，可见，东部、中部、西部小学超出规定学历的教师比例均有所增加，区域差距缩小；东部、中部、西部初中分别由 71.45%、57.09%、62.46% 变为 88.03%、76.95%、81.23%，东部与西部差距由 8.99% 变为 6.80%，东部与中部差距由 14.36% 变为 11.08%，西部与中部差距由 5.37% 变为 4.28%，可见东部、中部、西部初中超出规定学历的教师比例均有所增加，且区域差距缩小。

（3）东部、中部、西部义务教育硬件不断改善，部分指标上区域差距减小

在义务教育区域硬件均衡发展方面，在生均校舍面积上，2010—2016 年，东部、中部、西部小学分别由 6.40 平方米、5.52 平方米、5.75 平方米变为 7.10 平方米、6.85 平方米、7.58 平方米，东部与西部差距由 0.65 平方米变为 0.48 平方米，东部与中部差距由 0.88 平方米变为 0.25 平方米，西部与中部差距由 0.23 平方米变为 0.73 平方米，可见东部、中部、西部小学生均校舍面积均有所增加，东部与西部、东部与中部差距缩小；东部、中部、西部初中分别由 9.40 平方米、8.04 平方米、7.05 平方米变为 14.52 平方米、12.90 平方米、

12.44 平方米，东部与西部差距由 2.35 平方米变为 2.08 平方米，东部与中部差距由 1.36 平方米变为 1.62 平方米，西部与中部差距由 0.99 平方米变为 0.46 平方米，可见东部、中部、西部初中生均校舍面积均有所增加，东部与西部、中部与西部差距缩小。在生均教学及辅助用房面积上，2010—2016 年，东部、中部、西部小学分别由 3.63 平方米、3.26 平方米、3.35 平方米变为 3.88 平方米、3.79 平方米、4.00 平方米，东部与西部差距由 0.28 平方米变为 0.12 平方米，东部与中部差距由 0.37 平方米变为 0.09 平方米，西部与中部差距由 0.09 平方米变为 0.21 平方米，可见东部、中部、西部小学生均教学及辅助用房面积均有所增加，东部与西部、东部与中部差距缩小；东部、中部、西部初中分别由 4.16 平方米、3.32 平方米、2.94 平方米变为 6.27 平方米、5.00 平方米、4.95 平方米，东部与西部差距由 1.22 平方米变为 1.32 平方米，东部与中部差距由 0.84 平方米变为 1.27 平方米，中部与西部差距由 0.38 平方米变为 0.05 平方米，可见东部、中部、西部初中生均教学及辅助用房面积均有所增加，且西部与中部差距缩小。在生均固定资产值上，2010—2016 年，东部、中部、西部小学分别由 5898.48 元、4885.83 元、3993.85 元变为 10 033.61 元、6876.63 元、9656.05 元，东部与西部差距由 1904.63 元变为 377.56 元，东部与中部差距由 1012.65 元变为 3156.98 元，西部与中部差距由 891.45 元变为 2779.42 元，可见东部、中部、西部小学生均固定资产值均有所增加，且东部与西部差距减小；东部、中部、西部初中分别由 9239.58 元、5467.36 元、5482.42 元变为 20 801.28 元、13 894.56 元、16 029.50 元，东部与西部差距由 3757.16 元变为 4771.78 元，东部与中部差距由 3772.22 元变为 6906.72 元，中部与西部差距由 15.06 元变为 2134.94 元，可见东部、中部、西部初中生均固定资产值均有所增加，但区域差距有所增大。

2. 义务教育城乡均衡发展的成效

（1）城乡义务教育经费支出不断增加

在义务教育城乡经费均衡发展方面，在生均公共财政预算教育事业性经费支出上，2010—2016 年，普通小学、农村小学分别由 4097.62 元、3876.24 元变为 9686.16 元、9348.05 元，普通小学、农村小学差距由 221.38 元变为 338.11 元，可见城乡小学生均公共财政预算教育事业性经费支出均增加，但

城乡差距增大；普通初中、农村初中分别由 5415.41 元、5061.33 元变为
13 641.95 元、12 644.58 元，普通初中、农村初中差距由 354.08 元变为 997.37
元，可见城乡初中生均公共财政预算教育事业性经费支出均增加，但城乡差距
增大。在生均预算内教育公用经费支出上，2010—2016 年，普通小学、农村
小学分别由 929.46 元、862.08 元变为 2610.34 元、2402.29 元，普通小学和农
村小学差距由 67.38 元变为 208.05 元，可见城乡小学生均预算内教育公用经费
支出均有所增长，且城乡差距增大；普通初中、农村初中分别由 1414.43 元、
1348.43 元变为 3560.51 元、3257.27 元，普通初中与农村初中差距由 66.00 元
变为 303.24 元，可见城乡初中生均预算内教育公用经费支出均有所增长，且
城乡差距增大。

（2）城乡义务教育师资配置不断优化，部分指标上城乡差距减小

在义务教育城乡师资均衡发展方面，在专任教师生师比上，2011—2016
年，城区、乡村小学分别由 19.09∶1、16.64∶1 变为 18.83∶1、14.90∶1，
城乡差距由 2.45 变为 3.93，可见城乡小学专任教师生师比有所优化，但城
乡差距扩大；城区、乡村初中分别由 14.46∶1、13.56∶1 变为 12.83∶1、
10.98∶1，城乡差距由 0.90 变为 1.85，可见城乡初中专任教师生师比均有所
减少，但城乡差距扩大。在超出规定学历教师比例上，2011—2016 年，城区、
乡村小学分别由 92.80%、73.78% 变为 97.76%、89.06%，城乡差距由 19.02%
变为 8.90%，可见城乡小学超出规定学历教师比例均有所增加，且城乡差距缩
小；城区、乡村初中分别由 82.00%、58.70% 变为 90.27%、75.19%，城乡差
距由 23.30% 变为 15.08%，可见城乡初中超出规定学历教师比例均有所增加，
且城乡差距缩小。

（3）城乡义务教育学校硬件不断改善，部分指标上城乡差距减小

在义务教育城乡硬件均衡发展方面，在生均校舍面积上，2011—2016 年，
城区、乡村小学分别由 5.22 平方米、6.56 平方米变为 5.97 平方米、9.47 平方
米，城乡差距由 1.34 平方米变为 3.50 平方米，可见城乡小学生均校舍面积均
有所增加，且城乡差距增大；城区、乡村初中分别由 8.37 平方米、10.36 平方
米变为 11.74 平方米、17.37 平方米，城乡差距由 1.99 平方米变为 5.63 平方米，
可见城乡初中生均校舍面积均有所增加，且城乡差距增大。在生均教学及辅助
用房面积上，2011—2016 年，城区、乡村小学分别由 3.88 平方米、2.80 平方米

变为 3.29 平方米、5.12 平方米，城乡差距由 1.08 平方米变为 1.83 平方米，可见城乡小学生均教学及辅助用房面积均有所增加，但城乡差距增大；城区、乡村初中分别由 4.22 平方米、3.91 平方米变为 5.38 平方米、6.67 平方米，城乡差距由 0.31 平方米变为 1.29 平方米，可见城乡初中生均教学及辅助用房面积均有所增加，但城乡差距增大。在生均固定资产值上，2011—2016 年，城区小学、乡村小学分别由 4445.28 元、6208.89 元变为 9365.77 元、9644.36 元，城乡差距由 1763.61 元变为 278.59 元，可见城乡小学生均固定资产值均有所增加，且城乡差距缩小；城区初中、乡村初中分别由 6996.04 元、9680.56 元变为 18 137.71 元、18 564.77 元，城乡差距由 2686.52 元变为 427.06 元，可见城乡初中生均固定资产值均有所增加，且城乡差距缩小。

3. 义务教育校际发展的均衡成效

《县域义务教育均衡发展督导评估暂行办法》规定关于义务教育校际均衡状况的评估，以生均教学及辅助用房面积、生均体育运动场馆面积、生均教学仪器设备值、每百名学生拥有计算机台数、生均图书册数、师生比、生均高于规定学历教师数、生均中级及以上专业技术职务教师数 8 项指标分别计算小学、初中综合差异系数。评估标准为小学、初中综合差异系数分别小于或等于 0.65、0.55。[①] 义务教育校际均衡是县域义务教育均衡发展的重要指标，若县域义务教育均衡发展达标，相应的县域内义务教育校际均衡是达标的。《2015 年全国义务教育均衡发展督导评估工作报告》显示，截至 2015 年底，共有 1302 个县（市、区）通过督导评估认定。[②]《2016 年全国义务教育均衡发展督导评估工作报告》显示，截至 2016 年底，全国实现义务教育发展基本均衡的县（市、区）累计达到 1824 个，占全国总数的 62.4%。[③]《2017 年全国义务教育均衡发展督导评估工作报告》显示，2017 年全国共有 560 个县通过国家督

---

① 中华人民共和国教育部. 教育部关于印发《县域义务教育均衡发展督导评估暂行办法》的通知.（2012）[2018-07-19]. http://old.moe.gov.cn//publicfiles/business/htmlfiles/moe/moe_1789/201205/xxgk_136600.html.

② 国务院教育督导委员会办公室. 2015 年全国义务教育均衡发展督导评估工作报告.（2016）[2018-07-19]. http://www.moe.gov.cn/jyb_xwfb/xw_fbh/moe_2069/xwfbh_2016n/xwfb_160223/160223_sfcl/201602/t20160223_230102.html.

③ 中华人民共和国教育部教育督导局. 2016 年全国义务教育均衡发展督导评估工作报告.（2017）[2018-07-19]. http://www.moe.gov.cn/jyb_xwfb/xw_fbh/moe_2069/xwfbh_2017n/xwfb_170223/170223_sfcl/201702/t20170222_297055.html.

导评估认定，全国累计数量已达 2379 个县（市、区）[①]，占全国总数的 81%，有 11 个省（自治区、直辖市）整体通过认定。[②] 这说明在这些县域内义务教育校际均衡发展是达标的，也可看出近年来我国义务教育学校达标基本标准的情况进一步提升，反映出校际均衡达标情况进一步优化。以江苏省为例，2013 年，江苏省义务教育校际均衡核查结果是，62 个县的小学、初中综合差异系数达到了国家标准，其中小学、初中综合差异系数分别在 0.16～0.56、0.14～0.55。[③] 以重庆市为例，2017 年，重庆市义务教育校际均衡核查结果是，9 个县的小学、初中综合差异系数均达到了国家标准。其中，在规定的 8 个指标上，小学、初中综合差异系数分别在 0.233～0.457、0.208～0.417。[④]

（三）反思与建议

1. 义务教育区域、城乡、校际均衡发展的反思

改革开放以来，我国从义务教育区域、城乡、校际的非均衡状况过渡到各方面的基本均衡发展，党和政府立足国情、因地制宜，积极探索义务教育区域、城乡、校际均衡发展推进的路径。近年来，我国各级政府高度重视、领导和督导县域内义务教育均衡发展推进；采取加大对义务教育的投入，大力改善贫困地区、农村义务教育学校的办学条件，提升农村义务教育教师质量等措施；实施国家贫困地区义务教育工程、西部地区"两基"攻坚、农村危房改造工程、农村寄宿制学校建设工程、全面改善贫困地区薄弱学校办学条件等项目，极大地促进了我国义务教育区域、校际、城乡均衡发展，并积累了许多宝贵发展经验。然而尚存在一些问题需要完善。如从义务教育区域均衡发展来看，我国义务教育均衡发展部分指标出现"中部塌陷"现象、西部地区教师结

---

① 2013—2016 年，全国累计有 1824 个县通过国家督导评估认定，加上 2017 年的 560 个县，共计 2384 个。据民政部信息，因行政区划调整，已经通过国家认定的县数减少 5 个，目前实有 2379 个。

② 中华人民共和国教育部. 2017 年全国义务教育均衡发展督导评估工作报告.（2018）[2018-07-19]. http://www.moe.gov.cn/jyb_xwfb/xw_fbh/moe_2069/xwfbh_2018n/xwfb_20180227/sfcl/201802/t20180227_327990.html.

③ 中华人民共和国教育部. 国家教育督导检查组对江苏省 68 个县（市、区）义务教育均衡发展督导检查反馈意见.（2013）[2018-07-19]. http://www.moe.gov.cn/jyb_xwfb/gzdt_gzdt/s5987/201311/t20131113_159365.html.

④ 中华人民共和国教育部. 国家教育督导检查组对重庆市 9 个县（区）义务教育均衡发展督导检查反馈意见.（2018）[2018-07-19]. http://www.moe.gov.cn/jyb_xwfb/moe_2082/zl_2018n/2018_04/201801/t20180105_323821.html.

构性缺编严重；从义务教育城乡均衡发展方面来看，城乡义务教育教学设备、生活条件、教师资源配置差距仍大；从义务教育校际均衡来看，薄弱学校与优质学校各方面仍有差距，进而引发义务教育阶段择校热阻而不断等问题。要进一步推进我国义务教育区域、城乡、校际均衡发展，应继承改革开放以来积累的宝贵经验，积极应对现存问题，深化改革，合力攻坚，共同推进我国义务教育区域、城乡、校际均衡发展迈向新台阶。

2. 义务教育区域、城乡、校际均衡发展的建议

（1）强化政府责任，精准推进义务教育区域均衡发展

近年来，我国县域内义务教育均衡发展稳步推进，随着县域内基本均衡的实现，我国义务教育区域均衡发展的矛盾也将由县域逐步转变为省域，且当前我国东部、中部、西部义务教育均衡发展差距仍大，部分指标上"中部塌陷"现象明显。当前，要进一步推进县域内义务教育均衡发展，并积极尝试探索省域内、省域间义务教育均衡发展的方式。其一，强化政府责任。强化政府统筹规划，合理配置教育资源，可加大对西部地区、贫困地区教育发展的支持力度，探索教育精准扶贫新模式，阻断贫困代际传递，重视义务教育发展部分指标上的"中部塌陷"。其二，树立精准推进义务教育均衡的理念。不管是东部、西部还是中部地区，在省域内、县域内都有义务教育均衡推进较好的地方与推进缓慢的地方。在政策制定与实施时，不能"一刀切"式地根据东部、中部、西部进行划分，而应找准义务教育均衡发展缓慢的具体地域，对其进行针对性扶持与支持。[1] 其三，建立健全对义务教育均衡发展的监测机制，对义务教育均衡发展进行动态监测。针对监测结果及时调整相关政策。其四，提升西部地区教师职业的吸引力，如通过提高西部地区教师的待遇，实行子女入学优惠政策等吸引优质师资转向西部地区；加强对西部地区教师的培训力度，着力提高教师素质。

（2）推进义务教育城乡一体化，高度重视农村义务教育

党的十九大报告提出："要重视农村义务教育"，"推进义务教育城乡一体化"。推进城乡义务教育一体化发展，最根本的就是要解决"乡村弱、城镇挤"

---

① 刘志辉. 我国义务教育区域均衡的实证研究——基于 2009—2015 年的统计数据. 现代教育论丛，2017（3）：4-12.

这个突出问题，此问题表现为城市"大班额"现象严重，农村却出现"空心化"；农村地区硬件、师资等水平远远低于城市等。为解决上述问题，可采取以下措施：其一，加快推进县域内城乡义务教育学校标准化建设，缩小城乡义务教育硬件差距。其二，合理配置农村、城市教育资源；减少学校尤其是新建学校资源闲置和浪费，如针对许多"空心化"学校，要提高其利用率，同时保障城镇义务教育学校建设用地，严格控制城镇义务教育学校的规模和班额。其三，增强农村义务教育的吸引力，为教师发展提供积极的政策保障，如提高待遇、职称评定方面优先考虑等，以吸引和留住更多的人才。其四，推进城乡校长教师交流轮岗制度化、常态化[①]；实行教师流动补偿机制，使城市教师流动去农村学校能获得比较满意的经济补偿；提高农村地区教学、管理水平。其五，加快探索农村小规模学校办学机制和管理办法[②]，适应农村学生流动频繁的新常态；同时充分利用小班额优势，积极探索提高教育教学质量的方式。

（3）努力提升农村薄弱学校办学水平，提倡学校特色化发展

教育内涵式发展以师生身心发展为基础，关注教育质量、效益的全面进步，强调结构优化、质量提高。学校内涵式发展是指学校利用学校内部的资源，深入挖掘发展潜力，形成特色化的发展机制，推动学校持续发展。我国义务教育校际均衡发展在硬件完善等外延式发展的同时，应着力于内涵式发展，发挥学校内部发展动力：其一，合理规划某一区域内的义务学校教育布局，为区域内学生提供更多、更合适的升学选择，同时充分保障弱势学校发展所需的空间。其二，加强校际合作，稳定薄弱学校的师资队伍与学生队伍。其三，突出以校为本、以人为本，彰显学校特色，鼓励学校特色化发展。其四，为切实促进学生个性化发展，应充分挖掘、组织、加工现有的教学资源，丰富学校校本课程的内容和形式，着力形成富有成效的教学模式与考核、评价方式；优化学校课程结构，促进学校特色化发展。其五，积极推进校本教研，提高教师科学研究水平。

---

① 国务院研究室编写组. 十二届全国人大三次会议《政府工作报告》学习问答. 北京：中国言实出版社，2015：339.

② 国务院法制办公室. 中华人民共和国新法规汇编（2015年第十二辑）. 北京：中国法制出版社，2015：290.

二、农村义务教育学校布局调整

农村义务教育学校布局调整是指各级政府及教育主管部门立足于农村自然、社会与教育发展实际情况，着眼于农村义务教育学校全面性和整体性发展而进行的一种旨在适应当前农村义务教育发展的，涉及学校位置、数量与规模变化的一种规划和安排过程，是应对农村适龄学生人口结构变化、城镇化进程加快及农村税费改革等带来的挑战，为改善农村义务教育学校办学条件，提升教育资源使用率，提高教育质量而采取的重要政策。

2001年，《国务院关于基础教育改革与发展的决定》指出：应因地制宜调整农村义务教育学校布局。为解决农村学校"数量多、规模小、办学分散"等问题，优化农村教育资源配置，提高农村义务教育质量和办学效益，进而促进农村义务教育持续、健康地均衡发展，我国开始陆续进行一系列农村义务教育学校布局调整工作，席卷全国的农村中小学"撤点并校"运动也随之拉开帷幕。通过农村义务教育学校布局调整，可以将分散的、规模过小的农村学校和教学点集中整合起来，使有限的农村教育资源得到合理配置，效益得到最大限度发挥，不仅使农村学校的办学条件和办学效益得到改善，还缩小了不同义务教育学校间的差距。更为重要的是，农村师资的重新配置，使农村教师队伍素质得以提高，促进了农村学校教育质量的提高，进而保障了农村学生接受更为优质的教育服务。

（一）背景

自改革开放以来，伴随我国社会的系列变革，原有"一村一校"的农村学校布局需要通过重新调整来提高农村义务教育办学规模与效益。1986年《中华人民共和国义务教育法》颁布，标志着我国开始了首次较大规模的农村义务教育学校布局调整，撤并了规模过小、效率低下的农村学校和教学点。1998年，教育部颁发的《关于认真做好"两基"验收后巩固提高工作的若干意见》明确指出，要以方便学生就近入学和充分利用教育资源等为原则，合理调整中小学布局。这是我国首次在政策文本中涉及农村义务教育学校布局调整。

2001年出台的《国务院关于基础教育改革与发展的决定》明确指出要依

据小学就近入学、初中相对集中、优化教育资源配置的原则，对农村学校布局进行合理调整。同年《教育部、财政部关于报送中小学布局调整规划的通知》正式推动了农村布局调整工作的展开。财政部分别在 2001 年和 2003 年出台并修订了《中小学布局调整专项资金管理办法》。2005 年，《教育部关于进一步推进义务教育均衡发展的若干意见》提出："适当调整和撤销一批生源不足、办学条件差、教育质量低的薄弱学校。"政策出台促使新一轮农村义务教育学校布局调整工作在全国全面快速推进。针对在推进农村学校布局过程中出现的问题，2006 年和 2009 年，《教育部办公厅关于切实解决农村边远山区交通不便地区中小学生上学远问题有关事项的通知》《教育部关于实事求是地做好农村中小学布局调整工作的通知》《教育部关于当前加强中小学管理规范办学行为的指导意见》都强调要防止简单的撤点并校，要保留必要的教学点，要因地制宜地进行农村义务教育学校布局调整。

2010 年，《教育部关于贯彻落实科学发展观　进一步推进义务教育均衡发展的意见》指出，各个地方要统筹考虑城乡经济发展的实际情况，坚持实事求是、科学合理地进行农村义务教育学校布局调整。2010 年，《国家中长期教育改革和发展规划纲要（2010—2020 年）》颁布实施，其中明确提出要根据城乡发展的实际情况和方便学生入学为出发点进行合理的学校布局规划。2012 年，《国务院办公厅关于规范农村义务教育学校布局调整的意见》提出了农村义务教育学校布局的总体要求；科学制定农村义务教育学校布局规划；严格规范学校撤并程序和行为；办好村小学和教学点；解决学校撤并带来的突出问题；开展农村义务教育学校布局调整专项督查等意见。2016 年，《教育部办公厅关于农村义务教育学校布局调整有关问题的通报》指出，对义务教育学校布局调整要严格撤并条件、规范撤并程序、强化督促检查。

（二）主要成效

农村义务教育学校布局调整工作初步解决了农村学校布局中"数量多、规模小"等问题，促进了农村义务教育资源的合理配置，实现了农村教育规模效益，提高了农村义务教育质量，促进了义务教育均衡发展。自学校布局调整以来，随着"撤点并校"的实施，我国中小学数量大幅度减少。据统计，

2000—2010年，全国小学数量累计减少幅度为53.50%，初中学校数量累计减少幅度为12.46%。[1]

1. 促进了农村教育资源合理配置，实现了农村义务教育规模效益

学校无论规模大小，都要进行校舍建筑和教学设备等固定资本投入，都要有教师、行政管理人员等人力资源投入，这使得本来就短缺的资源过于分散，难以合理配置和形成规模效益。[2]通过农村义务教育学校布局调整，农村学校数量减少，可利用和支配的教育资源增加，教育资源利用率得到提高，农村教育形成了一定规模效益。而且布局调整后农村学校的实验室、图书室等基础设施及教学仪器设备等方面都得到了较大改善。范先佐在其研究中指出，调研地区的教育行政人员及学校教职员工认为农村义务教育学校布局调整确实有效促进了中西部农村教育资源的合理配置。[3]

2. 优化了农村义务教育学校师资结构，提高了教师整体水平

教育问题解决的根本在教师，农村义务教育的根本问题在于农村教师问题，我国农村义务教育中始终存在着教师结构性缺编和配置不合理的问题。实行农村义务教育学校布局调整使原来相对比较分散的教师资源得到了集中，不仅优化了学校教师的学历结构和专业结构，还提高了整体师资水平。首先，在农村义务教育学校布局调整前，很多农村学校由于规模过小，教师也较少，只能开设基本的语文、数学、外语等课程。此外，即使部分农村学校能开设音乐、体育、美术等课程，其任课教师也是由语文、数学老师兼任，师资呈现较为严重的结构性短缺。农村义务教育学校布局调整以后，各门学科基本上都有了专职教师，"所教非所学"和"多科教学"的现象得到了很大的改善。其次，通过农村义务教育学校布局调整，部分不合格教师得到了调整和精简，农村教师合格率得到一定程度提升。如马佳宏在农村中小学布局调整成效及问题的相关研究中指出："陆川县各级中小学专任教师学历合格率普遍得到提高，从2003年到2007年，小学由90.1%提高到100%，普通初中由87.5%提高到

① 刘善槐. 农村学校布局调整决策的科学化、民主化与道义化研究. 北京：教育科学出版社，2014：1.
② 中西部地区农村中小学合理布局结构研究课题组. 我国农村中小学布局调整的背景、目的和成效——基于中西部地区6省区38个县市177个乡镇的调查与分析. 华中师范大学学报（人文社会科学版），2008（4）：121-127.
③ 范先佐. 农村学校布局调整与教育的均衡发展. 教育发展研究，2008（7）：55-60.

99.8%。"[①]

3.提高了农村义务教育质量，促进了义务教育均衡发展

农村义务教育学校布局调整的根本目的是提高农村义务教育质量。而我国长期实行城乡二元教育政策，优质教育资源，尤其是优质教师资源向城市倾斜，导致农村和城市教育存在较大差距，农村义务教育质量较为低下。农村义务教育学校布局调整后，由于合理、集中配置了有限的农村教育资源，扩大了农村学校办学规模，改善了农村学校的教学基础设施和办学条件，优化了农村教师队伍结构，提高了教师综合素质和业务能力，因此，农村教育资源与城市教育资源差距不断缩小，农村义务教育学校教育教学质量有了明显提升，对义务教育均衡发展起到了积极的促进作用。

（三）反思与建议

1.农村义务教育学校布局调整的反思

农村学校布局结构调整，使农村义务教育资源进行了再分配，再分配优化了农村教育资源配置，提高了农村教育资源利用率，农村学校规模效益形成。同时，农村义务教育学校布局调整提升了教师队伍素质，农村整体教育质量有了明显提高，促进了义务教育均衡发展。但是也应当看到，我国农村义务教育学校布局调整是一项系统且复杂的工作，在取得一定成就之时，也不可避免地产生了一些问题。许多地方政府盲目追求规模效益，将国家布局调整政策简单理解为简单的撤并，一窝蜂似的撤并学校，随即产生了许多问题。

（1）农村学生上学路程远，且存在一定安全隐患

布局调整后的农村学校增加了教育区域，导致产生农村学生上学远及伴随安全隐患的问题。调查显示，寄宿制学校的服务半径是寄宿和走读混合学校的 2.15 倍，是走读学校的 9.2 倍。[②] 而且，除了上学距离远之外，还存在学生上学不安全的问题，尤其是在一些偏远山区，学生的人身安全更是无法保障。

---

① 马佳宏，卢梅春，李良. 新一轮农村中小学布局调整的成效与问题分析——基于广西的调查与思考. 广西师范大学学报（哲学社会科学版），2011（2）：89-93.

② 范先佐等. 中国中西部地区农村中小学合理布局结构研究——基于对中西部地区 6 省区 38 个县市 177 个乡镇的调查与分析. 北京：中国社会科学出版社，2009：131.

（2）农村家庭经济负担加重，导致农村学生辍学现象发生

农村义务教育学校布局调整减少了农村学校数量，政府的教育投资成本也随之降低，但在一定程度上间接增加了农民的教育成本，加大了农民对子女的教育投入，如由于上学距离变远乘坐交通工具而产生的交通费用，学生住宿所产生的食宿费用等，加重了农村家庭经济负担，从而间接增加了农村学生辍学现象的发生。

（3）农村学校管理难度增加，农村教育质量难以保证

农村义务教育学校布局调整后形成的"寄宿制"和"大班额"问题增加了学校的管理难度。其中，小学低年级学生由于生活不能自理，难以适应"寄宿制"学校生活，不利于学生身心发展，加大了管理难度。刘善槐的研究数据表明，多数调研地校长都反映，班级规模过大给学校管理增加了难度。[①]另外，大班额不仅导致了学校管理难度加大，而且也导致班级教学质量难以保证。

（4）部分农村寄宿制学校条件较差，学生身心健康堪忧

部分农村学校寄宿条件较差，学生身体健康受到较大影响。同时，农村寄宿制学校管理制度不完善，学校生活教师配备不足，且已有生活教师未经过专门的相关业务培训，只能对学生进行基本照看，不能对学生的心理健康发展提供帮助和指导。王颖等研究者指出，小学生和初中生年龄较小，生活自理能力及自我约束能力较差，长期寄宿远离父母教养，缺少亲情关爱和家庭教育，导致"问题学生"有所增加。[②]

（5）边境地区学校减少，出现人口流失现象

某些边境地方政府没有整体考虑当地群众的实际情况，盲目撤并部分学校，使得就近入学政策无法落实，学生不得不远距离上学，部分学生家长为了照顾孩子也随之迁出，致使当地出现了较为严重的空心化现象。

2. 农村义务教育学校布局调整的建议

（1）结合实际合理规划农村学校布局，切实解决上学远和安全隐患问题

在农村义务教育学校布局调整过程中，要坚持以人为本，以学生为本，

---

① 刘善槐. 我国农村地区学校撤并的问题与对策研究——基于东中西六地的调查分析. 湖南师范大学教育科学学报，2011（5）：52-55.

② 王颖，杨润勇. 新一轮农村中小学布局调整后的负面效应：调查反思与对策分析. 教育理论与实践，2008，28（34）：28-31.

把农民利益和农村学生公平受教育权放在第一位，进而对农村义务教育学校布局进行合理的规划和调整。首先，撤并不能"一窝蜂"，各地政府和教育主管部门应在对当地农村自然和社会发展具体情况调研分析的基础上，作出农村学校和教学点是否撤并的决定。其次，对于已经进行了学校布局调整的农村地区，地方政府应加大当地交通设施投入，为农村学生提供便利的交通，以方便其上学。如对于条件较好的地区，可以让地方政府出资为调整后的学校配置一定数量的校车，免费接送学生往返家校；对于条件较差的地区，可以通过给予学生一定交通费用补助的形式来解决农村学生上学远和存在安全隐患的问题。同时，保障边境地区的学校的数量及办学质量，使边境地区留得住学生，避免"空心化"现象产生。

（2）加强师资队伍建设，提高农村义务教育质量

农村教师是农村教育资源的重要组成部分，对农村义务教育的发展具有重要意义。首先，要加强农村义务教育学校布局调整后的任课教师队伍建设。一方面，地方政府和教育主管部门要根据实际情况适当放宽农村教师编制，解决农村教师结构性缺编问题；另一方面，要进一步完善农村教师相关培训制度，大规模开展各种培训形式，使农村教师能定期接受不同形式的专业培训，不断提高农村教师整体素质。其次，要切实强化农村寄宿制学校生活教师队伍建设，根据学生身心发展的特点，配备专门的生活教师，并对其素质提出要求，在生活教师选聘方面要适当向年轻教师倾斜，并优先考虑幼儿教育专业或者心理学专业背景的教师，并加强对生活教师的相关培训。[①]

（3）强化农村寄宿制学校建设，创新寄宿制学校管理模式

各级政府及教育主管部门要加大对农村寄宿制学校资金投入，完善农村学校生活设施建设，切实提高学生和教师生活条件，同时还要加强寄宿制学校各方面管理工作，尤其是要加强农村学生在校安全管理工作，确保每个学生的生命财产安全。此外，在学校建设过程中，一定要深化管理改革，建立起适应农村社会的自我约束、自我发展的管理运行机制。学校要以法律法规作为自身制定相关管理制度的重要依据，要根据学校的实际情况形成新的管理理念和管理制度，并进行管理模式的创新。另外，对于小学四年级以下的学生最好采取"走读制"，确保孩子身心健康成长。

---

① 史宁中等. 新农村建设与城镇化推进中农村教育布局调整研究. 北京：经济科学出版社，2014：257.

总之，农村义务教育学校布局调整是一项有利于农村义务教育持续、健康发展的系统工程，对我国农村义务教育事业发展有着极为重要的积极作用。但我们仍应该慎重对待在农村义务教育学校布局调整过程中产生的诸多问题，确保各地都能实事求是、科学合理、因地制宜地推进农村义务教育学校布局调整。

三、农村义务教育寄宿制学校发展

农村寄宿制学校是指为了适应农村人口居住分散的特点，解决学生上学远、上学难问题，保证农村适龄儿童、少年完成义务教育而实行的一种特殊办学模式。[①] 寄宿制学校是农村义务教育学校布局调整的必然产物，在我国教育体系中已经具有了一定规模。农村寄宿制学校是解决我国农村教育落后、促进农村教育发展、深化农村义务教育改革的重要步骤，更是促进农村义务教育均衡发展和推进教育公平的关键措施。

（一）背景

1980年，教育部、国家民委颁布的《关于加强民族教育工作的意见》中提出"特别要大力办好一批寄宿制学校"。1982年印发的《全国牧区、山区寄宿制民族中小学经验交流会纪要》对寄宿制学校提高办学质量的功能给予了充分肯定。1992年，《国家教委、国家民委关于加强民族教育工作若干问题的意见》提出，"人口稀少、居住分散的地方或经常流动的牧区，学校的布局要相对集中，从一定年级起举办寄宿制学校"。1993年，中共中央、国务院颁发的《中国教育改革和发展纲要》指出，在普及义务教育过程中要把寄宿制学校建设和改善义务教育学校办学条件结合起来，使寄宿制学校得到发展。可见，从改革开放到20世纪末，我国寄宿制学校建设以少数民族地区为主，在一定程度上促进了少数民族地区义务教育的发展。

2001年颁布的《国务院关于基础教育改革与发展的决定》提出，要在有需要又有条件的地方举办寄宿制学校。2003年，《国务院关于进一步加强农

---

① 郭清扬. 义务教育均衡发展与农村寄宿制学校建设. 教育与经济，2014（4）：36-43.

村教育工作的决定》提出，要重点加强农村及少数民族地区寄宿制学校建设。2004 年，教育部颁布《2003—2007 教育振兴行动计划》，把"农村寄宿制学校建设工程"再次作为加强西部农村学校建设的突破口，并相继出台了相应的配套政策。2005 年，《国务院办公厅转发教育部等部门关于进一步做好农村寄宿制学校建设工程实施工作的若干意见》出台，此文件是针对解决农村寄宿制学校建设中出现的问题的指导性文件。2006 年，教育部发布了《教育部关于实事求是地做好农村中小学布局调整工作的通知》《教育部办公厅关于切实解决农村边远山区交通不便地区中小学生上学远问题有关事项的通知》，以上文件均提出要进一步加强寄宿制学校的建设和管理，要求各地要因地制宜进行寄宿制学校建设，并且对条件较差的寄宿制学校进行改造。2006 年，《国家西部地区农村寄宿制学校建设工程项目学校管理暂行办法》指出，要从多个方面完善农村寄宿制学校的管理制度。2009 年，《教育部关于当前加强中小学管理规范办学行为的指导意见》提出要健全工作机制，强化农村寄宿制学校管理。2010 年，《教育部关于贯彻落实科学发展观进一步推进义务教育均衡发展的意见》将寄宿制学校建设作为促进农村义务教育均衡发展的关键步骤之一。2010 年，《国家中长期教育改革和发展规划纲要（2010—2020 年）》指出要满足留守儿童的需要，要加快农村寄宿制学校建设。2010 年，《国务院办公厅关于开展国家教育体制改革试点的通知》提出要进一步完善寄宿制学校管理机制体制。2012 年，《国务院办公厅关于规范农村义务教育学校布局调整的意见》提出要加强农村寄宿制学校建设和管理。2016 年，《教育部办公厅关于农村义务教育学校布局调整有关问题的通报》明确提出妥善解决寄宿学生上下学交通、住宿和就餐等问题。2017 年，《国务院关于印发国家教育事业发展"十三五"规划的通知》提出针对地广人稀地区、山区、海岛等特殊困难地区人民群众就学需求，办好寄宿制学校。

（二）主要成效

农村寄宿制学校是在适应我国农村教育发展的基础上产生的，在发展过程中虽然存在一些问题，但在实践中也取得了不少成效。

1. 解决了农村学生上学远及不安全的难题，降低了农村学生辍学率

据相关研究统计，我国农村小学半径从 1.24 千米变为 2.9 千米，初中和九年一贯制学校的服务半径也相应扩大。[①] 布局调整后的农村学校，其服务半径也随之扩大了。而农村寄宿制学校满足了农村学校服务半径变大的需要，这种新型办学模式最大的优势就是能为农村学生提供便利的吃、住条件。同时，学生寄宿学校能减少上学路程、避免安全隐患等。如范先佐认为，寄宿制学校既可以解决布局调整后农村中小学上学路程远、学习和安全得不到保障的问题，还可以增强师生、同学之间的交往，提高农村中小学的生活自理能力和与人合作的能力，对于他们的成长无疑具有积极作用。[②] 此外，农村寄宿制学校收费较低，相比往返家校的交通费和家长陪读，其代价较低，也在一定程度上降低了学生因上学远而导致辍学事件发生的概率。

2. 优化整合了农村教育资源，提高了农村学校办学效益

布局调整之前农村义务教育学校存在着学校规模小、学校及教学点分散、办学成本高、师资力量薄弱、教学质量差等问题。农村寄宿制学校通过把规模过小及分散的学校和教学点集中起来，把有限农村教育资源集中利用，不仅扩大了农村寄宿制学校办学规模，改善了办学条件，还足额配置各科专业教师，使农村寄宿制学校具备了开设各门课程和组织各种丰富多彩教学活动的条件。可见，农村寄宿制学校通过将优势教学资源集中切实提高了农村学校的办学效益和质量。

3. 保证了学生更充裕的学习时间，实现了对农村学生更全面的教育

农村寄宿制学校这一办学形式能让学生有更多时间在学校，而不会把时间浪费在往返家校的路途上，也就使学生有了更加充足的学习时间；同时，封闭式或半封闭式管理的农村寄宿制学校会在早晚给学生安排相应的自习活动，也相应增加了学生的学习和活动时间。此外，采取封闭或者是半封闭管理的寄宿制学校有统一的作息时间和严格的规章制度，不仅能够增强学生的纪律观念，

---

① 范先佐等. 中国中西部地区农村中小学合理布局结构研究——基于对中西部地区 6 省区 38 个县市 177 个乡镇的调查与分析. 北京：中国社会科学出版社，2009：131.

② 范先佐等. 中国中西部地区农村中小学合理布局结构研究——基于对中西部地区 6 省区 38 个县市 177 个乡镇的调查与分析. 北京：中国社会科学出版社，2009：204.

而且还能帮助学生养成遵守校纪班规的习惯。更为重要的是，寄宿制学校能为农村学生提供较为健康的教育环境，可以减弱社会上一些不良风气对学生的影响，并向学生渗透积极正面的影响，促使其身心全面和谐发展。此外，寄宿制学校使农村学生有更多的时间在学校，老师有更多的时间对其进行教育，为农村学生接受更为全面的教育提供了时间保障，促进了学生身心全面和谐的发展。

4. 促进了我国义务教育均衡发展，提高了农村义务教育质量

义务教育均衡发展的最基本要求是在教育机构和教育群体之间，公平地配置教育资源，达到教育需求与教育供给的相对均衡。[①] 分散的农村学校布局导致学生不能公平享受优质教育资源。而进行布局调整和寄宿制办学，有力整合了农村教育资源，使有限的农村教育资源发挥了更大的效益。此外，寄宿制办学使得农村学生能在学校接受系统的教育，既满足了农村家庭对优质教育的要求，也减少了家庭教育缺位对学生的影响。郭清扬指出，实行寄宿制有力地整合了教育资源，特别是教师资源得到了重新配置和优化组合，教师资源的重新配置使得有限的资源发挥出更大的效益。此外，寄宿制办学保证了农村学生有充足的学习时间，为满足农村家庭优质教育需求提供了保障，克服了家庭教育中存在的种种问题，缩小了城乡学生家庭教育的差距，营造了农村学生安全成长的环境。[②]

（三）反思与建议

1. 农村寄宿制学校的反思

作为促进农村义务教育学校布局调整措施之一的农村寄宿制学校获得了长足的发展，其中取得的主要成就和积累的宝贵经验有目共睹。但由于我国地域广阔，各地区自然条件、经济状况和教育基础等方面存在诸多差异，农村寄宿制学校在发展过程中不可避免存在许多问题。

（1）农村寄宿制学校生活配套设施不完善

已建成的农村寄宿制学校普遍存在教学设施完善而生活配套设施不足的

---

① 范先佐. 县域教育均衡：国家教育均衡发展的基础. 江苏教育，2016（6）：1.
② 郭清扬. 义务教育均衡发展与农村寄宿制学校建设. 教育与经济，2014（4）：36-43.

现象。学者甘琼英进行调研时发现："寝室基本没有设置桌凳。由于自来水供应不足，宿舍厕所多数只在清早和晚上时间供水开放使用；宿舍楼全天没有热水供应。"[①]可见，在农村寄宿制学校大力发展的同时，相应的生活配套设施却没有跟进。

（2）农村寄宿制学校生活教师配置不足且专业素质较低

中央教育科学研究所课题组通过对广西及河北相关农村地区调研发现：一方面，大多数学生认为学校没有足额配置生活教师，一般是由任课教师负责管理学生日常生活；另一方面，即使部分学校足额配置了生活教师，但其一般都是没有教育经验的社会人员，只能对学生进行基本的照看，不能对其进行心理健康与情感教育。

（3）农村寄宿制学校学生安全问题及生活问题凸显

农村寄宿制学校当前面临的最大压力就是学生的安全问题。寄宿制学校学生的安全问题主要包括：食宿条件差引发的学生身体健康问题；学生往返家校期间的交通安全问题；学生在校期间的人身安全问题，其中，校园欺凌问题尤为严重；此外，校园周边环境存在的安全隐患问题也较为严重，如学校周边不良网吧的引诱、社会闲杂人员的干扰等。部分小学四年级以下的学生生活难以自理，不适应寄宿制学校生活，也加大了管理的难度。凡此种种问题给一些农村寄宿制学校学生的身心健康造成了较大不利影响。

（4）农村寄宿制学校学生课余生活贫乏单调

课余生活是学生学校生活的重要组成部分，尤其对于农村寄宿学生而言，学生业余时间基本都是在校园度过的。但实际上，一方面，多数农村寄宿制学校为了学生学习成绩剥夺了学生课余时间自由活动的权利，学生课余生活贫乏。另一方面，即使部分学生有充足的课余时间，但是课余活动普遍存在活动内容和形式单调的现象。[②]

2. 农村寄宿制学校发展的建议

农村寄宿制学校是时代发展的要求，不仅有利于农村义务教育资源的优

---

① 甘琼英. 义务教育阶段农村寄宿制学校管理的现状与思考——基于 G 省 23 所农村寄宿制学校的调查. 上海教育科研，2014（5）：22-26.

② 吴霓，廉恒鼎. 农村寄宿制学校学生课余生活研究综述. 河北师范大学学报（教育科学版），2010（12）：32-35.

化整合，还能提升农村义务教育学校的办学质量。因此，必须采取可行措施，进一步加强农村寄宿制学校建设，解决其在发展过程中出现的问题，确保其健康发展。

（1）完善农村寄宿制学校生活配套设施

完善的生活基础设施是保证学生学习和生活的重要条件。为确保学生身心全面和谐发展，农村寄宿制学校不仅要完善基本的教学设施，更要以规范化的标准加强生活基础设施建设，为农村学生创设舒适的生活环境。因此，政府及教育主管部门应进一步完善寄宿制学校建设与发展的相关政策体系，规范农村寄宿制学校建设资金管理制度，加大对农村寄宿制学校生活设施经费支持，对农村寄宿制学校建设的各项资金做到全面落实。同时，针对农村地区的特殊区情，政府应出台相关的教育优惠政策，发动社会力量，通过多种方式筹集食堂、宿舍等建设资金，解决农村寄宿制学校生活配套设施不完善问题。[①]

（2）加强农村寄宿制学校生活教师队伍建设

在中小学校人员编制设定中，政府等相关部门要考虑农村寄宿制学校的实际情况，给寄宿制学校设定一定数量的生活教师等后勤人员编制，使农村寄宿制学校能足额配置专职生活教师等工作人员。此外，还要注重提升农村寄宿制学校生活教师的素质，让生活教师树立教育和管理相结合的观念，对学生担负起教养责任。学校其他后勤工作人员也应该确立服务育人的意识，注重自身修养，克服不良习惯，给学生树立好榜样，配合教师对学生进行共同教育。

（3）强化农村寄宿制学校安全管理

首先，针对寄宿制学生人身安全问题，学校要依据法律法规制定各种规章制度，并将其作为学校日常安全管理的重要依据，要安排教职员工全天值班，建立陪护制度、定期排查存在的各种安全隐患。针对学生食宿安全问题，要严格卫生管理制度，提高师生流行性疾病防范意识。针对学生往返家校的交通安全问题，应由当地政府负责构建寄宿制学校校车系统，一方面，加强对校车的交通监管，对校车经营者要严格管理；另一方面，对校车经营者提供适当的财政补贴。针对学校周边环境安全隐患问题，学校可以联合相关部门整治学校周围不法经营商贩，营造良好的学校周边环境。其次，寄宿制学校要加强师生安

---

① 牛泉. 我国农村寄宿制学校现状分析与对策思考. 教育理论与实践，2009（14）：30-31.

全意识教育，不断增强师生安全防范意识和能力。同时，学校应该建立起教师与家长定期联络制度，加强家校之间的密切交流，从而更好地配合学校进行管理。最后，对于小学四年级以下的学生可采取"走读制"，确保其健康生活。

（4）丰富农村寄宿制学校学生课余生活

农村寄宿制学校的管理者及教师要根据寄宿制学校的特点，合理安排学生的学习与生活，有计划、有组织地开展丰富多彩的课余活动，改善学生课余活动贫乏、单调的状态。首先，寄宿制学校要完善学生活动的基础设施，为学生活动创造必要的条件，同时还要多举措营造快乐轻松的活动氛围，为学生提供和谐、健康的活动环境。其次，寄宿制学校应该开设充足的音乐、美术等课程，并组织开展多样的娱乐活动，如组建各种兴趣小组、组织艺术团等。此外，学校及班级还可以通过开展主题班会、联谊会等活动来丰富学生的课余生活。

虽然农村寄宿制学校在发展过程中存在一定问题，但其在促进农村教育事业发展及推进义务教育均衡发展中有着举足轻重的作用，政府及教育主管部门要不断通过理念创新、管理创新来健全农村寄宿制学校建设与发展体制机制，加强学校内部治理能力建设和文化建设，把教学与教育结合起来，发挥寄宿制学校教育特有的育人优势，真正提高农村义务教育质量和学生生活品质。

第三节　义务教育均衡发展的反思及建议

近年来，我国为促进教育公平和社会公平，将义务教育均衡发展上升至国家战略高度。《国家中长期教育改革和发展规划纲要（2010—2020年）》明确提出"均衡发展是义务教育的战略性任务"的重要目标。党的十九大报告也提出"努力让每个孩子都能享有公平而有质量的教育"的重要目标。为向社会和人民交一份满意的教育答卷，我国采取了薄弱学校改造工程、学校标准化建设等系列举措，并启动了全国义务教育均衡发展督导评估工作，义务教育均衡发展水平明显提升。然而，受各地经济社会发展不平衡、城乡二元经济结构矛盾突出、优质教育资源供给不足等因素的影响，我国义务教育均衡发展仍存在诸多矛盾亟待解决。

一、义务教育均衡发展的反思

我国义务教育均衡发展问题较多，主要表现在区域、城乡和学校之间在办学条件、教育经费、师资等方面的"失衡"。近年来虽然我国义务教育均衡发展取得了一定的成就，但仍存在一些问题，有些是国际共性的问题，如义务教育发展经费投入仍待增加等；还有一些是中国特有的问题，如少数民族地区教育发展相对落后等。在义务教育均衡发展进入"攻坚阶段"和"后均衡化时代"的社会背景下，聚焦贫困区县和薄弱环节的重点攻坚显得迫切而必要。

（一）义务教育均衡发展攻坚难度加大，进入"后均衡化时代"[①]

截至 2017 年，全国已有 2379 个县（区）通过全国义务教育均衡发展督导评估，占全国总数 81% 的县被认定为基本均衡县。[②] 然而，我国目前仍有 19% 的县未达到基本均衡的要求，且大多都是老、少、边、穷县。其中，东部、中部和西部地区分别有 7.66%、16.09% 和 29.84% 的县未达标，中部、西部地区成为均衡发展未达标县的主要聚集区。同时，近年来我国部分已通过督导评估认定的基本均衡县又出现了校际综合差异系数超标的情况，均衡发展水平出现滑坡，这有悖于我国由基本均衡向优质均衡方向迈进的目标。总体来说，在我国未来几年义务教育均衡发展推进工作中，剩余 19% 的未达标县受经济基础薄弱、办学条件滞后、教育发展缓慢等因素的制约，加之均衡发展水平出现滑坡的严峻形势，使得我国义务教育均衡发展攻坚难度加大。同时，在我国大部分地区解决了资源均衡问题后，义务教育必将进入"后均衡化时代"，要在认识上实现从"缩小差距"到"鼓励差异"的飞跃。[①]这就要求我们不仅要追求教育机会和教育资源的均衡发展，而且要在教育过程、教学方式、教育

---

① 李生滨，傅维利，刘伟. 从"追求均衡"到"鼓励差异"——对后均衡化时代义务教育发展的思考. 教育科学，2012（1）：1-5.

② 中华人民共和国教育部. 2017 年全国义务教育均衡发展督导评估工作报告.（2018）[2018-07-20]. http://www.moe.gov.cn/jyb_xwfb/xw_fbh/moe_2069/xwfbh_2018n/xwfb_20180227/sfcl/201802/t20180227_327990.html.

结果等方面追求差异化、多元化发展。然而，在我国教育发展总体落后的社会背景下，要实现这一目标仍任重道远。

（二）义务教育经费投入仍不足，保障机制尚未完全落实到位

义务教育作为"国家予以保障的公益性事业"，从立法层面受到国家财政的支持与保障。虽然我国财政性教育经费占 GDP 比例连续 6 年超过 4%，且用于义务教育的超过一半，但义务教育经费总体投入仍显不足，农村经费增速低于全国平均水平，且"中部塌陷"、欠拨、挤占现象时有发生[1]，义务教育经费保障机制尚未落实到位，并带来了工作开展滞后、资金浪费等问题。如"2016 年全国普通小学、初中生均公共财政预算教育事业费支出分别比上年增长 8.14% 和 10.83%，其中农村义务教育增速分别为 7.80% 和 9.94%"[2]，其增速低于全国平均水平。又如，2016 年接受国家义务教育均衡发展督导评估认定工作的 26 个省（自治区、直辖市）中，有 8 个省（自治区、直辖市）未能实现义务教育经费的"三个法定增长"[3]，甚至个别县连续三年均存在教育经费负增长现象，造成个别学校发展资金缺口较大。再如，我国义务教育经费投入呈现"中部塌陷"，部分区县存在土地出让净收益中计提的教育资金未安排用于教育，规划期内的建设项目资金未及时拨付等现象。可见，我国义务教育经费保障机制尚未落实到位。

（三）现有师资难以满足现实诉求，亟待全面加强教师队伍建设

作为教育发展的首要资源，教师也是影响义务教育均衡发展的关键要素。然而，我国当前教师队伍建设却难以满足社会呼吁"办好公平优质教育"的现实诉求，存在部分地区和学校专任教师不足、农村学校优质教师难招难留等现实困境。如西部某县小学科学、外语、音乐、体育、美术生师比依次为

---

① 张辉蓉，盛雅琦，宋美臻. 我国义务教育均衡发展的实践困境与应对策略——以重庆市为个案. 西南大学学报（社会科学版），2018，44（2）：77-82.

② 邬志辉.《中国农村教育发展报告 2017》发布. (2017) [2018-07-20]. http://www.jyb.cn/zcg/xwy/wzxw/201712/t20171223_900288.html.

③ 中华人民共和国教育部. 2016 年全国义务教育均衡发展督导评估工作报告. (2017) [2018-07-20]. http://www.moe.gov.cn/jyb_xwfb/xw_fbh/moe_2069/xwfbh_2017n/xwfb_170223/170223_sfcl/201702/t20170222_297055.html.

457∶1、51∶1、200∶1、170∶1、209∶1，而初中音乐、体育、美术生师比依次为 275 ∶ 1、201 ∶ 1、83 ∶ 1。^① 可见，我国仍有部分学校存在教师队伍学科结构性缺口的问题，尤其是音乐、体育、美术、外语、科学、信息、综合实践活动等学科专业教师缺口严重，这一问题在我国西部地区表现突出。除此之外，受教师岗位薪资待遇低、发展前景有限、工作生活条件待遇差、教师专业发展提升乏力等因素的制约，教师职业吸引力不足，乡村教师队伍"下不去、留不住、教不好"的痼疾长期存在，优质和年轻教师不愿意下乡、学校办学理念和发展水平滞后、现有优质师资外流等矛盾突出。

（四）基本办学条件存在薄弱环节，学校标准化建设有待持续推进

受城镇化背景下教育人口持续向城市涌入、人口生育高峰等因素影响，城市尤其是主城区义务教育资源供给紧张，不同程度存在"大班额"现象。根据我国义务教育学校班额标准的要求，小学和初中班额应不超过 45 人和 50 人。然而，"2017 年全国义务教育阶段学校 66 人及以上'超大班额'共有 8.6 万个，全国 56 人以上'大班额'有 36.8 万个"^②，"大班额"凸显，并引发城区学校占地面积、校舍面积、生均体育运动场馆面积不足等问题。同时，我国部分义务教育学校（尤其是农村学校）办学条件还存在功能教室配备不足、生均教学仪器设备值偏低，以及校园网建设、多媒体教室建设滞后等情况。如 2016 年，我国乡村小学和初中建立校园网的学校比例分别为 46.66% 和 65.55%，分别低于城区 33.59 和 20.23 个百分点^③，城乡差距依然明显。可见，当前义务教育学校办学条件存在薄弱环节，持续推进学校标准化建设依然重要。

二、义务教育均衡发展的建议

推进义务教育均衡发展任务重、时间长、困难大。为提高义务教育均衡

---

① 朱德全，李鹏，宋乃庆. 中国义务教育均衡发展报告——基于《教育规划纲要》第三方评估的证据. 华东师范大学学报（教育科学版），2017（1）：63-77，121.

② 义务教育巩固率达 93.8%，大班额数量降幅近 10 年最大——基础教育热点问题化解取得新成效. (2018)［2018-07-20］. http://www.moe.gov.cn/jyb_xwfb/s5147/201802/t20180227_327865.html.

③ 邬志辉.《中国农村教育发展报告 2017》发布. (2017)［2018-07-20］. http://www.jyb.cn/zcg/xwy/wzxw/201712/t20171223_900288.html.

发展水平，要扎根现实、找准问题、对症下药，从而实现由"非均衡"向"基本均衡"稳步推进，由"基本均衡"向"优质均衡"质的飞跃。

（一）优化均衡发展顶层设计，重点攻坚均衡发展薄弱环节

作为一项复杂工程，义务教育均衡发展涉及教育系统的多个层面。因此，完善义务教育均衡发展顶层设计，明确"责任清单"，构建各级政府部门协同联动机制，对打破"碎片化"修补格局，系统性、科学性推进工作进展具有重要指导作用。当前，依据我国均衡发展督导结果可将县区划分为三个群体，即未达标县、新认定达标县和基本均衡水平较高的县。面对不同的均衡发展现状，应该制定不同的发展目标。对均衡发展未达标县要强化目标责任，加大省级政府统筹力度，确保均衡发展目标如期实现；对新认定达标县要做好动态监测及复查，巩固均衡发展成果，建立均衡发展长效机制；对基本均衡发展水平较高的县应率先向优质均衡的方向迈进，实现更高水平的发展。其中，多集中在我国中西部地区的未达标县是制约我国义务教育均衡发展的"硬骨头"，要加大攻坚力度。首先，要摸清制约义务教育均衡发展的薄弱环节，采取针对性措施有的放矢，补齐"短板"。其次，中央要向中西部薄弱地区尤其是连片特困地区、民族地区、"三区三州"等提供更多政策优惠和资金支持，减少薄弱地区财政压力。同时，充分发挥省级政府统筹的职责，将贫困县直接纳入省政府义务教育发展管理项目之中，设置专项资金，实行"专款专用"。再次，继续实施《乡村教师支持计划（2015—2020年）》，采取提高连片特困地区乡村教师待遇、增设专项乡村教师绩效奖励津贴、提高教师生活水平、增加教师编制等举措，引导优质师资向薄弱地区和贫困县流动。最后，创新办学管理模式、促进学校"内涵式"发展等也有利于优质学校带动薄弱学校发展，提升学校造血能力，缩小校际差距。

（二）加大义务教育经费投入，完善经费保障长效机制

经费供给不足直接制约了均衡发展水平的高低。因此，继续加大均衡发展专项资金投入，完善经费保障长效机制至关重要。第一，全国教育经费要在

GDP4%的基础上持续增高，地方政府要落实教育经费"三个增长、两个比例"等法定要求，强化义务教育财政供给的主渠道，匹配地方的事权财权，减少薄弱地区或贫困县转移支付资金的配套压力。第二，完善城乡义务教育经费保障机制，深化农村经费保障机制改革，加大教育附加征收力度，落实土地出让金收益按比例计提教育资金的政策，确保及时拨付、足额用于教育。[①]同时，要加强对各级政府教育投入的检查和监督力度，严防教育经费挪用、滞拨、挤占等现象。第三，为提高经费使用效率，要根据最新和实际情况灵活调整经费使用方向，创新义务教育经费管理机制。如为适应城镇化进程，可将过去五年、十年规划中对老校建设项目的资金投入调整为转向支持城镇新建学校发展，防止出现"边建设、边闲置"现象；也可着眼农村地区、薄弱环节实施"精准扶贫"，统筹解决难点问题，提高经费使用效率和效益。

（三）精准补充师资队伍，聚焦高质量专业化创新型教师发展

师资队伍是促使学校硬件资源发挥最大效益的主要生产力，也是真正决定学校发展质量和办学水平、缩小校际差异的核心要素，义务教育均衡发展要始终把师资均衡配置和高质量专业化创新型教师队伍建设作为工作重点。为解决当前农村优质师资较少、结构性缺编严重等现实困境，要采取针对性举措精准补充师资队伍。如继续深入实施《乡村教师支持计划（2015—2020年）》，以及特设岗位、特色学科、全科教师等教师培养计划，配套多种教师队伍管理举措（如以奖代补制度、梯度教师绩效奖励制度等），激励、吸引和安排优质师资、紧缺学科教师及优秀毕业生到农村任教，完善教师队伍结构。同时，为培养适应未来教育变革的新型教师，要聚焦教师队伍高质量专业化创新型发展，注重提高教师队伍质量及其创新意识和能力，尤其是农村教师队伍。为此，可以采取多种措施建立农村教师发展支持服务体系，如深入实施校长和教师交流轮岗制度，建立健全农村学校名优校长和骨干教师培养计划，"国培计划"向农村教师倾斜，发挥名师教学工作坊对农村教师团队的辐射和引领作用，

---

① 中华人民共和国教育部. 2016年全国义务教育均衡发展督导评估工作报告. (2017)［2018-07-20］. http://www.moe.gov.cn/jyb_xwfb/xw_fbh/moe_2069/xwfbh_2017n/xwfb_170223/170223_sfcl/201702/t20170222_297055.html.

鼓励以网络培训等方式促进农村教师队伍发展等，从而提高农村教师教学质量和校长管理水平。

（四）全面改善义务教育办学条件，加快城乡一体化发展

为全面改善义务教育学校办学条件和促进城乡一体化发展，首先，要以学校标准化建设作为抓手，结合"全面改薄"计划稳步推进不达标学校的标准化建设，使城乡每一所义务教育学校的各项设施设备符合建设标准。其次，为适应城镇化进程中人口流动给义务教育带来的冲击，要加强对教育人口流动的动态监测，并在合理预测发展趋势的基础上科学规划和布局城乡学校建设和教育设施的配套，在新一轮城市规划中要规划留足义务教育学校用地，从而适应学生流动频繁、城区教育资源紧张等新常态。最后，为缓解农村学校"空心化"问题，要着重提高农村教育质量，减少学龄人口外流。为此，要加强农村小规模学校建设，提高其教育资源配置标准化水平，创新办学和管理机制，引进优质师资，以特色学校建设为抓手全面增强农村教育的吸引力。同时，增加农村就业机会、保障医疗卫生等也可有效缓解农村学龄人口外流。

总之，义务教育均衡发展不仅是教育问题，也是社会问题，需要凝聚各方力量协同治理。需要注意的是，流动人口子女、留守儿童、残疾儿童、孤儿、事实无人抚养儿童等特殊群体的义务教育问题也是均衡发展的题中应有之义，需要采取多种措施保障特殊群体受教育权利。

第四章

义务教育减负提质

追求公平质量是教育改革发展的永恒主题。从我国近40年义务教育改革和发展的阶段性任务来说，公平是首要任务，未来在全面实现普及和巩固之后，减负提质将会在未来很长一段时间内成为义务教育发展的中心任务。

《中华人民共和国义务教育法》规定："义务教育必须贯彻国家的教育方针，实施素质教育，提高教育质量，使适龄儿童、少年在品德、智力、体质等方面全面发展，为培养有理想、有道德、有文化、有纪律的社会主义建设者和接班人奠定基础。"《中华人民共和国义务教育法》指明了我国义务教育质量提升的根本宗旨，即培养有理想、有道德、有文化、有纪律的社会主义建设者和接班人。同时，《国家中长期教育改革和发展规划纲要（2010—2020年）》明确提出，"提高义务教育质量。建立国家义务教育质量基本标准和监测制度。严格执行义务教育国家课程标准、教师资格标准。深化课程与教学方法改革，推行小班教学"。由此可见，义务教育提升质量有两个重要关注点：一是义务教育质量监测，二是课程改革。

值得注意的是，实地调查发现，在义务教育减负提质的过程中，学生课业负担过重成为制约这一目标实现的一个重大瓶颈。《国家中长期教育改革和发展规划纲要（2010—2020年）》对此也进行了专门的描述："各级政府要把减负作为教育工作的重要任务，统筹规划，整体推进……建立学生课业负担监测和公告制度。不得以升学率对地区和学校进行排名，不得下达升学指标。"

有鉴于此，本章在关注义务教育减负提质这一议题的内涵时，需要在"如何培养有理想、有道德、有文化、有纪律的社会主义建设者和接班人"的基础上，重点关注以下三个问题：①义务教育学生课业负担；②义务教育质量监测；③义务教育课程改革。换言之，本章界定的义务教育减负提质内涵是指通过推动义务教育课程改革、质量监测等方式，减轻学生过重课业负担，提升学生综合素质。

第一节　义务教育减负提质的成就与经验

回顾中国义务教育发展 40 年，义务教育减负提质成效显著，各地结合实际积极破解义务教育难题，为全面提升义务教育质量积累了宝贵经验。

一、义务教育减负提质的主要成就

义务教育改革发展 40 年来，针对义务教育，从中央到地方出台了一揽子相互衔接、相互配套、相互支撑的政策文件，国家确定的义务教育目标任务得到全面落实，我国义务教育质量提升取得长足进步，学生课业负担过重等突出问题正在破解。可以说，在圆满完成普及任务之后，我国义务教育进入了全面推进减负提质的新阶段。

（一）国家义务教育质量基本标准和监测制度初步构建

近年来，教育部基础教育监测中心和教育部基础教育质量监测中心初步构建了一套体现素质教育要求、以学生发展为核心、科学多元的国家义务教育质量监测评估体系，并积极启动义务教育质量监测工作，为进一步加强质量管理、实施质量干预、促进义务教育内涵式发展奠定了坚实基础。

（二）深化课程改革，稳步推进

自 21 世纪推动课程改革以来，各学科结合自身特点有机渗透了科学发展观和社会主义核心价值体系，强化了探究学习和实验环节。教育部出台《中小学书法教育指导纲要》，提出全面恢复书法教育。系统修订义务教育 14 个学科教材，重点调整教材容量与难度，更加适应不同年龄学生认知特点，突出各版本教材特色，整体提升教材质量。全面推动教育教学改革，启动素质教育改革试点，在课程与教学改革、教育质量评价、普通高中多样化发展、规范办学行为、教育督导改革等方面积极进行探索。启动基础教育课程改革教学研究成果评选活动，对基础教育课程改革进行系统总结，促进成果的交流、共享和推广应用。推动各地加强教研机构建设，改革教研机制，创新教研方式，不断提升教师的教育教学能力。

（三）统筹规划，整体推进义务教育减负工作有序推进

各地积极响应义务教育减负要求，在控制学生作息时间、课程设置、教材教辅的管理与使用、考试管理、考试评价改革等方面出台了系列政策文件，强化执行。积极建章立制，不断健全减负工作机制，完善减负政策措施，创新减负工作模式，强化对课业负担过重问题的督查。综合运用评估监测、督导问责等方式，推动落实减负提质的硬性目标。[1] 总体上看，各地对减负的共识进一步达成，减负工作机制不断完善，成效初步显现。

（四）学生人生价值取向积极，具有良好的行为规范

我国首份义务教育质量监测报告《中国义务教育质量监测报告》的监测结果显示[2]，学生国家认同感高，九成以上的学生为自己作为一名中国人感到自豪，96.2%的四年级学生和97.9%的八年级学生对国家的未来充满信心。学生对成功的原因看法积极，有关获得成功最重要因素的调查中，选择个人努力的学生占比最高，四年级、八年级分别为47.9%和62.7%，而选择家庭背景、他人帮助、运气或机遇的学生占比在0.6%～8.5%。学生具有良好的行为规范：在勤劳节约方面，四年级、八年级学生日常表现良好的人数比例分别为87.5%、95%；在诚实守信方面，四年级、八年级学生日常表现良好的人数比

---

[1] 杨欣，罗士琰，宋乃庆，等. 我国义务教育"减负提质"的评估研究——基于义务教育第三方评估的报告. 中国教育学刊，2016（6）：42-46.

[2] 教育部基础教育质量监测中心. 中国义务教育质量监测报告.（2018）[2018-07-17]. http://www.eachina.org.cn/shtml/4/news/201807/1749.shtml.

例分别为 89.2%、95.3%；在团结友善方面，四年级、八年级学生日常表现良好的人数比例分别为 81%、81.1%；在遵守公德方面，四年级、八年级学生日常表现良好的人数比例分别为 93.6%、97.3%。上述监测结果表明，我国义务教育阶段学生人生价值取向积极，具有良好的行为规范。

（五）学生对课程的喜欢程度高

我国首份义务教育质量监测报告《中国义务教育质量监测报告》的监测结果显示[1]，四年级、八年级学生喜欢语文课的比例分别为 93.8%、89.1%，四年级学生喜欢科学课的比例为 91.5%，八年级学生喜欢物理、生物和地理课的比例分别为 82.4%、86.6%、80.1%；四年级、八年级学生喜欢音乐课的比例分别为 89.6%、87.9%，喜欢美术课的比例分别为 88.6%、81.8%，喜欢体育课的比例分别为 92.9%、87.3%，喜欢品德课的比例分别为 89.8%、83.5%。上述结果足以表明，目前我国多数义务教育阶段学生喜欢现有课程。

（六）学生学业表现良好

《中国义务教育质量监测报告》依据国家课程标准，对学生的语文、数学、科学学业表现进行了测查，并采用国际通用的程序和技术方法，将学业表现划分为四个水平段，分别是待提高、中等、良好、优秀。监测结果显示[1]，四年级、八年级学生语文学业达到中等及以上水平的比例分别为 81.80%、79.60%，达到优秀水平的比例分别为 21.00%、22.70%。四年级、八年级学生数学学业达到中等及以上水平的比例分别为 84.60%、78.90%，达到优秀水平的比例分别为 23.80%、26.70%。四年级、八年级学生科学学业达到中等及以上水平的比例分别为 76.80%、83.60%，达到优秀水平的比例分别为 16.00%、12.00%。上述监测结果表明，目前我国义务教育阶段学生学业表现良好。

---

[1] 教育部基础教育质量监测中心. 中国义务教育质量监测报告.（2018）[2018-07-17]. http://www. eachina.org.cn/shtml/4/news/201807/1749.shtml.

二、义务教育减负提质的典型经验^①

自改革开放以来，党中央、国务院在普及九年义务教育的基础上，不断提升义务教育质量，根据党中央、国务院的总体部署和安排，各省（自治区、直辖市）也根据标准科学规划，统筹实施，义务教育减负提质工作取得了较为显著的成效。归纳而言，主要有以下几方面经验。

（一）培养学生综合素养，提高义务教育质量

上海市在 2009 年和 2012 年两次国际学生评估项目（Program for International Student Assessment，PISA）测试中位居参与测试国家和城市的前列，充分展现了上海义务教育在数学、阅读和科学三个方面的高成就。此外，上海学生还参加了基于计算机的问题解决能力测试及财经素养的测试，都表现出良好的综合素养。上海连续两次在 PISA 素养测试中名列前茅，是上海市不断革新义务教育发展，注重学生综合素养培养，提高义务教育质量的必然结果。

重庆市教育委员会牵头在重庆巴川小班实验中学全面试行"小班化"教学（每班 30 人），把关注每一个学生的综合素养发展落到实处：聚焦"健强体魄、流畅表达、自主管理、合作学习"四大核心素养，每天一节体育课；根据自编校本教材《能说会道》进行每天 20 分钟的流畅表达专项训练；实行学生自主管理，每班学生轮流值周（学生全面参与学校日常管理，并由值周代表在学校行政例会上做全面汇报）。学生的身高、肺活量、柔韧性等指标明显优于全市平均水平，79.2% 的毕业生在高中担任学生干部，学生综合素养得到明显提升。

云南省曲靖市沾益县多措并举加强农村学校特色化建设，着力提升学生综合素养。沾益县依托城乡教育资源，因地制宜，开设综合实践劳动课程，鼓励学校选择种植、养殖等经济效益高的项目，实施循环利用的"养种一条龙"项目，不仅取得了良好的经济效益，有效提高了寄宿制学生的生活质量，减轻了学生的经济负担，而且丰富了学生的学习内容，有效提高了学生的综合素养。

---

① 杨欣，罗士琰，宋乃庆，等. 我国义务教育"减负提质"的评估研究——基于义务教育第三方评估的报告. 中国教育学刊，2016（6）：42-46.

（二）改革考试评价制度，减轻学生负担

山东省潍坊市通过"评价引领减负""专家办学减负""社会参与减负""督导保障减负"推进"减负"。2004年，潍坊市进行中考改革，变一次考试为学生自主选择的多次考试，学生以最满意的一次作为中考成绩，缓解了"一考定终身"的压力和焦虑；变考试成绩的分数表达为等级表达，把学生从"分分必争"的极端追求中解放出来；将纸笔测试无法体现的学生表现纳入"综合素质评价"体系，并作为中考录取的重要参考；变教育部门按分录取为高中学校自主招生和多元录取，开通了学生成才的多条渠道。多次中小学课业负担监测结果显示，该地区学生课业负担显著降低，初中最为突出，67%的中学生睡眠充足，高出全国平均水平近40%。2013年，山东省潍坊市被教育部确定为国家中小学教育质量综合评价改革实验区。

江苏省南通市为每个初中生建立"成长记录袋"，建立学生综合素质评价、学业水平测试和毕业升学考试成绩相结合的多元评价体系，实行中学自主招生考试，切实减轻学生过重课业负担。

（三）充分发挥家庭教育的重要作用

2014年1月起，北京市海淀区教育委员会决定为全区小学生每天布置体育家庭作业，包括仰卧起坐、俯卧撑、跳绳等十几项。通过配套的体质健康监测网站核查学生完成作业的情况，由家长自主记录体育成绩，学校也可随时查看学生的体育锻炼成果。此外，体育家庭作业不强迫完成，也不涉及升学和评优，而是通过这种"半强制化"的手段来纠正家长"重智轻体"的错误观念，帮助学生养成良好的锻炼习惯，从而增强学生体质。

（四）规范办学行为，建立学生课业负担监测和公告制度

北京市提出"八条减负规定"，即严格执行国家和北京市课程计划、严格控制学生在校学习时间、严格控制作业量、严格规范考试和评价工作、严格禁止违规补课、严格教辅使用管理、严格各类竞赛管理、严格落实工作要求，通过这样的规定全面督促学生减负。

辽宁省提出"四个严格",即严格控制学生在校学习时间和作业量、严格规范教育教学活动、严格规范考试管理、严格规范招生秩序,以此来减轻学生负担。

浙江省建立"六项制度",即初中毕业生学业考试试卷质量评估制度、中小学生体质健康情况通报制度、加重学生课业负担责任追究制度、课业负担征求意见制度、教学活动安排公示制度、家校联动制度,进一步健全减负工作机制。

重庆市2012年推出"减负十项规定",对学生在校时间、作业量、考试次数、教辅材料使用等作出明确规定,并强化督查,严格执行,坚持不懈,成效显著,得到家长和学生的普遍好评。

(五)深化课程与教学改革,促进学生发展

贵州省黔西南布依族苗族自治州望谟县郊纳镇中心小学每天开设"20分钟兴趣活动课",分高低年级两个组,各组中再分音乐、体育、美术小组,让每个学生都到自己喜欢的小组学习。该活动激发了学生的学习兴趣和求知欲,有效降低了学生旷课率,促进了学生学习和发展。活动实施以来,参与学生的人数共计480人,旷课人数从每天至少15人降至2人以下。

重庆市谢家湾小学将语文、数学、品德与生活、综合实践、音乐等十门以上国家课程整合为"阅读与生活""数学与实践""科学与技术""艺术与审美""运动与健康"五大类课程。学校把重复交叉的教材内容整合在一起,学生上午学习所有国家规定课程,下午参加社团选修,如烹饪、剪纸、二胡、跆拳道、拉丁舞、航模等;打破教师的专业界限,实行全科教学。课程量虽然有所减少,但学生的知识并没有落下,还可以灵活运用所学知识。学生每天可以参加课外活动,师生之间的互动增多,学生学习劲头更足,有效地减轻了学生过重的课业负担,促进了学生学习和发展。

(六)创建减负新模式,把减负落实到中小学教育全过程

浙江省东阳市通过构建"四维度减负"模式,推进心理、课外、课堂、家庭协同减负,实现"苦教低效"到"轻负高质"的转变。具体而言,一是"心理减负",层层签订减负责任书,校长是第一责任人,做到校校联动,全面推

进，不留死角；二是"课外减负"，将"体艺2+1项目"作为减负切入点，即每天1小时锻炼，每周2次课外艺术活动；三是"课堂减负"，把课堂作为减负主战场，着力提高课堂效率和教学质量；四是"家庭减负"，致力于家校合作，打造"轻负高效"合力。

（七）创新评价方式，以减负提质引领教育价值取向

上海市在2011年提出构建义务教育质量"绿色评价"体系，推出10个"绿色评价"指标，旨在促进教学质量评价改革，促进减负提质。该评价指标体系以学生健康成长为核心，设置了师生关系、校长课程领导力、身心健康等九方面指数及综合年度进步指数，着眼于解决学业成就背后的问题，促进学生全面发展，引导学校树立教育质量正确导向，为进一步改进教学和调整策略提供科学依据。该指标体系2012年已在上海市62%的小学和68%的初中应用，扎实推动了教育管理、教学研究、教学行为的转变，实现了课程、教学、评价、管理改革的协同推进，体现了减负提质的引领作用，在全国范围内产生了较大影响。

湖北省武汉市武昌区构建了义务教育阶段绿色教育质量全学科评价、全过程评价、全协同评价的"三全"监控与评价体系，引导学校形成绿色质量意识。与以前注重学生语文、数学、外语成绩不同，"全学科"评价更看重学生的全面发展。辖区内小学将13门学科全部纳入评价体系，初中把15门学科纳入评价体系，采取"平时表现占三成，期末成绩占七成"的评价模式。评价结果以"综合性评语＋等级"的方式呈现，"综合性评语"对学生的综合素质予以整体描述，尤其突出学生的特点和发展潜能。

第二节　义务教育减负提质专题研究

一、义务教育阶段学生课业负担

自古以来，莘莘学子为了通过科举获得功名，不得不承受非常人之负担。

"三更灯火五更鸡，正是男儿读书时""业精于勤，荒于嬉""十年寒窗无人问，一朝成名天下知"等鼓励学生投入大量的时间和精力进行学习的名言警句，激励着一代代莘莘学子为披红挂彩、博取功名而发奋读书。不可否认，这些鼓励后辈努力学习的名言警句符合彼时社会的价值取向与人才要求。因为对信奉儒家文化的国家而言，"承认一个人的才能主要依据他在国家考试中的成绩，而不是根据家庭出身带来的权势与财富"①。然而问题是，这种以考试成绩为依据的英才教育过于强调儒家经典作品的知识①，加之"由于社会条件外加的各种不合理的强制性"②，往往使得学子为了应付各种考试，必须死记硬背，直至倒背如流。这种过程虽然有助于收获知识，但抚躬自问，学子付出的这一切真的是为了知识吗？难道学习就必须是一件"苦差事"？

　　将目光拉回现实，可以发现一些耐人寻味的现象：我国不少家长和教师传承了过去强调苦读、强调功名的学习文化，评价学生学习只看能不能考出好成绩、能不能进入名校、投入时间是否够多、做题数量是否够大；相信学生在学习上只要多吃苦，就能尝到甜头（未来谋个好差事）；通过名言警句和亲身经历，鼓励学生废寝忘食地学习。受此影响，一些学生坚信"勤劳可以解决一切问题""只要投入的时间多，学习就是好的"，在学习上投入大量的、令人震惊的时间，将学习视作拼时间的"体力活动"。更有甚者，部分学生对学习只求"分数"，不求"甚解"，毕业后就将所学知识还给学校。难道教育就是为了培养一些"考试机器"抑或"复读机"？这一现象的出现一定程度上加重了学生的课业负担。一名初中生谈到她的课业负担时，是这样描述的："自从升入初中，学习任务一下就变重了，尤其是要面对中考，还有以后的高考，想到这些我就经常莫名其妙感到紧张与烦躁，我的成绩属于中等，老师也不会太关注。但父母对我寄予厚望，希望我能考进好的高中。为了实现这一愿望，我每天都六点起床，晚上 11 点多才睡，除了完成老师布置的作业外，自己还买了几套练习册。尽管在学习上我付出了很多时间和精力，但成绩仍然不是很理

---

① 联合国教科文组织总部. 教育——财富蕴藏其中. 联合国教科文组织总部中文科，译. 北京：教育科学出版社，1996：235.

② 王策三. 认真对待"轻视知识"的教育思潮——再评由"应试教育"向素质教育转轨提法的讨论. 北京大学教育评论，2004（3）：5-23.

想，我都想放弃了。"①从这名同学的故事可以看出当下课业负担问题的些许端倪：繁重的课业负担不仅剥夺了学生原本幸福健康的生活，给学生身心造成了极大的压力，可能将学生学习引向过去为了勤奋而勤奋，除了勤奋之外，可能什么报酬也没有的学习状态。那么，这一切是否值得？又有哪些学生有她这样的"烦恼"？

然而放眼世界，可能会发现关于课业负担问题的另一番景象。"美国的主流文化是盎格鲁撒克逊的清教徒的文化，高度重视教育。美国中产阶级的主流观点是：一个人要想获得和保持中产阶级的地位，首先就要重视教育，而且在教育中强调个人奋斗。美国人说，上帝对两种人是加以奖励的，一种是出生就有好的禀赋，另一种是后天勤奋。"②而且不少西方发达国家从国际学生成就测评中吸取经验，不断提高学术标准，追求学术卓越，紧锣密鼓地为中小学生"增负"。③

最后，看看上海，自2009年以来上海学生连续两次参加PISA测试，均名列前茅。而且PISA测试和问卷调查表明，我国上海市学生在65个国家和地区中，阅读时间使用量为第12位，阅读负担偏重，校内课时与其他国家的平均值相当，校外上课学习时间为第9位，记忆策略也与其他国家没有差异。④从这一结果来看，我国学生课业负担问题并不可怕。所以，是不是我国也应该学习发达国家的经验，继续拔高学业要求，以达到精益求精之效？

如前所述，课业负担仍是一个徘徊在求知与考试、苦与乐、付出与回报之间的"罗生门"：不同群体从自身的利益与视角出发对课业负担问题进行描述、解释与证明，同时又都难以拿出有利的第三方证据，使得课业负担问题更加扑朔迷离，从而陷入不断的争论与反复之中。当下，可以肯定的是，简单的"减压缩时"并不足以达到"治病救人"的效果，还可能给学生造成"学习就是要轻松""不付出也能收获"等假象，甚至误伤学生学习的基础与能力。但如果任由"考试工厂"在全国遍地开花，让学生为了考试不顾一切拼时间、拼

① 西南大学基础教育研究中心，中国基础教育质量监测协同创新中心西南大学分中心. 义务教育第三方评估报告. 内部资料. 2015.

② 弓立新. 被误读的中美教育——访马健生. 少年儿童研究，2012（15）：20-25.

③ 马健生，吴佳妮. 为什么学生减负政策难以见成效？——论学业负担的时间分配本质与机制. 北京师范大学学报（社会科学版），2014（2）：5-14.

④ 张民选，陆璟，占胜利，等. 专业视野中的PISA. 教育研究，2011，32（6）：3-10.

体力，也绝非教育发展的路径与幸事。

（一）背景

中国政府对减轻义务教育学生过重课业负担（以下简称"减负"）这一问题的重视程度是罕见的。自 20 世纪 50 年代以来，"减负"话语就开始频繁出现于国家重大教育决策与议题之中。① 不仅几代最高领导人都对其作出过重要批示，而且从教育部到地方教育行政部门先后出台过成百上千的政策文件来解决这一问题。1955 年 7 月 1 日，教育部首次提出《关于减轻中小学过重负担的指示》，指出"日常学生负担过重，主要是学生课业负担过重"，提出解决学生负担过重的"基本办法是改善教材，提高教师水平，改进学校领导"。1977年高考恢复后，学生面临的考试竞争日益激烈，学生课业负担过重问题又开始显现，"减负"工作又被提上政府的政策议程。1993 年 3 月 24 日，国家教委颁布了《国家教委关于减轻义务教育阶段学生过重课业负担，全面提高教育质量的指示》；1994 年 11 月 10 日，国家教委颁发了《国家教委关于全面贯彻教育方针，减轻中小学生过重课业负担的意见》；1997 年 10 月 29 日，国家教委颁发了《关于当前积极推进中小学实施素质教育的若干意见》，指出"以死记硬背和机械重复训练为方法，妨碍学生生动、活泼、主动地学习，使学生课业负担过重……减少课程门类，减轻学生过重的课业负担，使他们有时间、有条件接触自然，接触社会，参加劳动，丰富生活经验，培养动手操作能力"；1999 年 6 月 13 日，中共中央、国务院《中共中央、国务院关于深化教育改革，全面推进素质教育的决定》颁发，提出"减轻中小学生课业负担已成为推行素质教育中刻不容缓的问题，要切实认真加以解决"。

经过多年的努力与探索，减轻学生过重课业负担的工作收到一定成效，但是学生繁重的课业负担现象仍未从根本上得到有效遏制，有些地方甚至还相当严重，已成为全面推进素质教育的严重障碍。② 为改变这一状况，2000 年 1 月，教育部出台《关于在小学减轻学生过重负担的紧急通知》，要求各地要立即行动，采取有效措施，首先把小学生过重的负担减下来。2006 年 12 月《中

① 张民选，陆璟，占胜利，等. 专业视野中的 PISA. 教育研究，2011，32（6）：3-10.
② 刘万伦，蔡明兰. 小学生课业负担的调查研究. 淮南师范学院学报，2003（4）：107-110.

华人民共和国未成年人保护法》(修订)第三章提出,"学校应当与未成年学生的父母或其他监护人相互配合保证未成年学生的睡眠、娱乐和体育锻炼时间,不得加重其学习负担"。2010 年 5 月,中共中央、国务院印发了《国家中长期教育改革和发展规划纲要(2010—2020 年)》,对中小学"减负"进行了提纲挈领的论述,明确指出"减轻学生过重课业负担是全社会的共同责任,政府、学校、家庭、社会必须共同努力,标本兼治,综合治理。把减负落实到中小学教育全过程,率先实现小学生减负"。

需要看到的是,我国义务教育系列"减负"举措的出台,在一定程度上控制与缓解了学生学习时间长、任务重、难度大等问题,但要以此彻底解决这一问题仍需要一个漫长的过程。其中,尤其值得注意的是,为什么有关部门出台了众多"减负"政策法规之后,不少学校、家庭给学生"违规增负"的现象仍然屡禁不止?《国家中长期教育改革和发展规划纲要(2010—2020 年)》提出要"促进学生生动活泼学习、健康快乐成长"的良苦用心为何遭到部分教师、家长甚至学生的顽固抵制?其原因可能有很多,如传统考试文化、就业压力、高考指挥棒、过分强调知识传授的教育方式等。其中最重要的原因是我国千百年来形成的考试文化造成了社会与学校都以考试分数排序、"定乾坤"、"排高低"、"选人才"。同时,为了维护社会公平、教育公平,我国中高考也不得不用考试分数来确定录取,导致学生往往为了取得更好的名次或分数不得不花费大量的时间和精力进行机械重复学习。为了解决学生课业负担问题,我国基础教育在中考、高考评价与录取方面进行了一系列的改革和尝试,取得了一定的进展,但要彻底解决这一难题是一个渐进的过程。而这就对义务教育"减负"提出了新的议题:对当下教师、家长、学生以及其他关注和讨论课业负担过重问题的人而言,如果考试制度不改变,未来义务教育"减负"是否可行?它的突破口与着力点在哪?

在现行考试评价制度之下,"减负"仍然可行,而且势在必行,关键在于找到打开"减负"之门的钥匙。[①] 而构建课业负担测评模型正是一把能够揭示学生课业负担问题症结所在,并提供问题解决方向的金钥匙。随着大数据时代的来临,教育政策的制定越来越需要用数据进行定量分析,不少国家进行教育

---

① 向葵花. 中小学学生学习行为研究. 华中师范大学博士学位论文,2014:17.

改革或者政策制定的决策，都需要以实证研究为依据。比如，美国《不让一个孩子掉队》法案在颁布实施之前，进行了 100 多次的实证调查，并以调查结果作为法案的制定依据。近年来，教育部对基础教育质量监测的高度重视和大量投入，以及各地质量监测机构的蓬勃发展，无论是管理者还是研究者都对教育指标构建表现出前所未有的关注与参与热情。换言之，通过对教育问题的测评、监测与督导提升教育质量，已经成为当前教育发展的共同趋势。这也为我们从政策层面解决课业负担问题提供了新的思考契机。

（二）主要成效

1. 率先实现小学生减负的目标

"义务教育第三方评估"的抽样调查显示，由于全面取消"小升初"入学考试，小学生课业负担总体呈下降趋势。2010—2014 年，每周课时数超过 30 节的小学比例由 39.14% 下降到 26.82%，每学期统一考试次数超过 1 次的小学比例由 55.62% 下降到 34.21%，每天在校时间超过 6 小时的小学比例由 54.53% 下降到 43.91%，每天家庭作业时间超过 1 小时的学生比例由 48.70% 下降到 37.41%，每天体育锻炼时间超过 1 小时的学生比例由 58.32% 上升到 72.13%。[①]

2. 统筹规划，整体推进义务教育减负工作有序推进

各地积极响应义务教育"减负"要求，在课程设置、教材教辅的管理与使用、控制学生作息时间、考试管理、考试评价改革等方面出台了系列政策文件。同时，积极建章立制，不断健全"减负"工作机制，完善"减负"政策措施，创新"减负"工作模式，强化对课业负担过重问题的督查。综合运用评估监测、督导问责等方式，推动落实"减负提质"的硬性目标。整体而言，各地进一步达成"减负"的共识，"减负"工作机制不断完善，强化执行，成效明显。

（三）反思与建议

已有调查发现，我国义务教育学生课业负担过重仍然是一个较为普遍的

---

① 西南大学评估组. 义务教育第三方评估情况. (2015) [2018-07-19]. http://www.moe.gov.cn/jyb_xwfb/xw_fbh/moe_2069/xwfbh_2015n/xwfb_151126/151126_sfcl/201511/t20151126_221196.html.

问题。[①] 一方面，过重的课业负担已经严重危害到学生身心健康，不少学生因为学习时间过长、任务过重导致睡眠时间缺乏、体质下降、神经衰弱、视力下降等。[②] 另一方面，由于面临巨大的考试压力与升学压力，学生长期处于紧张、压抑的心理状态中，缺乏在学习上的积极性与主动性。[③] 而且，课业负担还可能影响师生关系和师长关系[④]，更有甚者，如果课业负担长期处于失衡状态不利于学生社会化的进程[⑤]和全面发展[⑥]。部分地区抽样调查表明，减轻课业负担、向往快乐学习，已成为当今多数少年儿童的第一愿望。[⑦] 故而，如何科学有效地减轻学生课业负担已经不仅是教育发展的需要，更是促进学生身心健康的应然之选。

实现中华民族伟大复兴的中国梦，落实中国创造的愿景，关键在培育更多高素质人才。[⑧] 我国要实施科教兴国战略和可持续发展战略，需要培养与现代化要求相适应的高素质劳动者和多元化人才。然而不幸的是，每天徜徉在"书山题海"之间，对学习感觉味同嚼蜡的学生，又如何有时间与精力发展自己的专长，变成多元化的人才？种种迹象与经验表明，要实现学生多元化发展，有必要研究如何将学生从"考试地狱"中解救出来，打破他们一味在上课与备考中夯实记忆能力的局面，让学生有更多的时间与精力在社会实践、课外阅读、体育锻炼的过程中，形成语言、数理逻辑、音乐、运动、人际、自然等不同类型的知识和能力。而要实现这一目标的首要任务就是探究学生课业负担问题，发现学生学习的重复、冗余、乏味之处，从而换之以更加生动、精

---

① 陈传锋，陈文辉，董国军，等. 中学生课业负担过重：程度、原因与对策——基于全国中学生学习状况与课业负担的调查. 中国教育学刊，2011（7）：11-16；秦玉友，赵忠平. 多不多？难不难？累不累？——中小学生课业负担调查研究. 课程·教材·教法，2014（4）：42-49；宋乃庆，李森，朱德全. 中国义务教育发展报告（2012）. 北京：教育科学出版社，2013：39-62；宋乃庆，李森，朱德全. 中国义务教育发展报告（2013）. 重庆：西南师范大学出版社，2014：31-65.

② 邓志祥. 中小学生学习负担过重问题研究. 华中师范大学硕士学位论文，2008：11；姜宏元. 初中生课业负担问题研究. 山东师范大学硕士学位论文，2014：24.

③ 宋乃庆，杨欣. 中小学生课业负担过重的定量分析. 教育研究，2014（3）：25-30；刘珍珍. 关于初中生课业负担问题的研究. 华中师范大学硕士学位论文，2006：15.

④ 邓志祥. 中小学生学习负担过重问题研究. 华中师范大学硕士学位论文，2008：11.

⑤ 布和. 学生课业负担过重的社会学分析. 内蒙古师范大学学报（教育科学版），2002（6）：19-20.

⑥ 温亚丽. 我国减轻学生过重课业负担的政策演变及分析. 河南师范大学学报（哲学社会科学版），2012（6）：240-242.

⑦ 俞可. 教育，走进战国时代？——漫话《虎妈战歌》. 北京大学教育评论，2011（2）：162-170.

⑧ 宋乃庆，罗士琰，陈朝东. 关于"中国教育梦"的思考. 教育学报，2014（3）：3-8.

练、丰富的内容；在更大程度上凝聚各方人士解决课业负担问题的共识，在更大范围探索问题的解决之道，为学生多元发展留下思考、实践和创新的时间与空间。

鉴于此，政府、研究者、学校、社会与家庭可以采取以下方式解决学生课业负担过重的问题。

1. 政府：提供实践保障

一直以来，我国政府已经对课业负担过重问题给予了高度的重视，并且出台了系列减负措施，但收效甚微。鉴于此，政府不妨换个解决课业负担过重问题的思路，与其简单倡导减负，不如为解决课业负担过重问题做好实践准备，为学生课内外的学习生活提供更多保障，从而为学生保留与争取了解社会、深入思考、动手实践、健身娱乐的时间与空间。加强对学生课堂内的保障，如对"中小学生在校学习时间"进行立法，提高教师专业素质与文化素养，加强课外活动的师资建设。与此同时，提供相应的课堂外的保障，如出台保障中小学生课余生活的政策与法规，向青少年免费开放体育场、科技馆、博物馆、图书馆等场所，改造、新建和扩建青少年校外活动场所，鼓励社会力量兴办校外活动场所和捐助各种互动设施及经费，支持学校组织涉及科技、运动、阅读、社会实践与文化等方面的课外活动。尽管政府没有直接减负，但有了丰富的课余生活与优质的师资作为保障，家长才会更放心将孩子从自习课堂与考试辅导班中解放出来；学生才有可能获得"多余的"时间，并将其合理、有效地投入实践、思考与创新。在这种情况下，学生的课业负担自然会"不减而轻"。

2. 研究者：推进理论创新

解决好课业负担过重这个复杂的"中国式问题"，迫切需要研究者开展"点面结合"的多元化研究，推进理论创新，形成"修复（过去问题）——应激（现在问题）——预防（未来问题）"三位一体的问题解决体系。①研究过程有所侧重。优先研究那些课业负担过重的特殊案例，掌握相关证据、原因与答案；探究适宜我国中小学生的学习时间与学习量，抑或研究低效学习（在什么时间与数量范围之外的学习属于无效或低效）；从教学、学习、课程等不同角度界定课业负担的指标体系；探索与构建充满活力、富有效率、更加多元化、有利于可持续发展的学习方式。②全面的研究对象。既要研究受到过重课业负担困扰与阻碍的学生，也要研究那些在过重课业负担之下学习与发展良好的学生，寻找那些促进他们积极适应的过程与因素。③多元化的研究视野。要全面解决课业负担过重问题固然需要教育、心理、经济、文化等相关领域形成合力，但更重要的是教育研究者借鉴其他领域的相关理论，为解决问题提供新视野与突破点。比如，从生态学里生态系统论的视角出发，探索导致学生过重课业负担的途径与网络；借鉴社会学里的社会支持网络理论，构建有助于解决与预防课业负担过重问题的社会支持网络。

3. 学校：实现学习方式多元化

哈佛大学前校长尼尔·陆登庭在北京大学讲坛上讲了这样一段发人深省的话："在迈向新世纪的过程中，一种最好的教育就是有利于人们具有创新性，使人们变得更善于思考，更有追求的理想和洞察力。"[①]而构成这段话的基石却是，人不付出努力就不会有收获，没有基础的教育不过是"空中楼阁"。这就说明，基础教育既要与时俱进地改进与发扬我国重读、苦读和深读等学习文化[②]，保持学生在学习上"能吃苦"的传统，尊重部分学生苦读的权利与需要，更重要的是让学生有更多学习方法可以选择，从而"会吃苦"——不是被动痛苦地记忆更多知识或者学习更多技能，而是通过多元化的学习方式形成强烈的学习兴趣、敏锐的观察力、卓越的想象力、活跃的思维，以及丰富的知识结构。要实现这一目标，学校需要形成学习思想、学习策略与学习目标等更加多元化的学校文化；构建具有多元评价理念、评价主体、评价方式和评价指标的评价体系。教师不能为了考试分数而授予学生知识与技能，而应注重激发学生努力探求新知识的愿望和好奇心；尊重不同学习策略的存在，为学生提供除了死记硬背、题海战术以外，更有效率、懂得思考的学习方式。

4. 社会与家庭：提倡多元人才观

我国现在的生产力无法满足所有人都有"好工作"的需要，解决课业负

---

① 转引自朱永新，杨树兵. 创新教育论纲. 教育研究，1999（8）：8-15.
② 高翔. 中国社会科学学术前沿（2010—2011）. 北京：社会科学文献出版社，2011：98-99.

担过重问题的突破口应是转变社会与家庭"唯学历"的人才观。根据加德纳的多元智能论，人类智力是多元的，不是一种能力，而是一组能力。所以，人才的标准也应是多元的，既包括擅长读书的人，也包括那些在劳动、品德、体育、音乐及生存智慧等方面具有特殊优势的人。而且，高学历≠高能力，高能力≠高匹配。因此，对企事业单位而言，完全可以多层次、多领域、大范围地选取具有多样性与特殊性的人才，做到"人尽其才、才尽其用"，打破以学历选人的桎梏。对家庭而言，则可以尝试多角度、多途径、多层面地培养孩子的综合素质，帮助他们成为 21 世纪需要的人才——会学习、会做事、会共同生活、会生存、会改变的人，而非仅仅拥有一纸高学历的读书人，从而在现有经济环境下，为学生争取更多的保证与出路，从源头上缓解课业负担过重的压力。

二、义务教育课程改革

课程改革作为教育改革的核心环节，被社会的整体改革所需要，又一定会体现在学校课程改革上。它包括内容、方式、方法、评价和价值观念等，而这些方面直接涉及学生的培养质量，并都是教育改革的基本目标和核心问题。根据我国新课程改革涉及的课程结构、目标、理念、管理、方法、评价等多方面改革内容，可以说，课程改革是一项繁杂的、重大的、系统工程。

（一）背景

1978 年 2 月 12 日，教育部颁布《全日制十年制中小学教学计划试行草案》，对中小学教育学制、课程设置和教学计划作了明确的规定，即"全日制中小学学制为十年制，中学五年，小学五年"，"小学设课 8 门，即政治、语文、数学、外语、自然常识、体育、音乐、美术。并进科目 5—8 门"，"中学设课 14 门，即政治、语文、数学、物理、化学、外语、历史、地理、生物、农基、体育、生理卫生、音乐、美术。并进科目一般为 8—9 门"。

1982 年 9 月，党的十二大召开，明确将教育列为经济发展的一个重要战略重点，从此我国进入了全面开创和建设有中国特色的社会主义的新时期。新的形势要求推进新一轮课程改革。在这一时期内，课程改革的内容主要包括以下几个方面：①在课程设置上，颁布了《全日制六年制重点中学教学计划（试行草案）》，提出"学习年限为六年：初中三年，高中三年……时间安排全年52周，其中教学时间，初中40周（包括上课34周，复习考试4周，劳动技术教育2周），高中40周（包括上课32周，复习考试4周，劳动技术教育4周）；假期（包括寒暑假、节日假和农忙假）10～11周；机动时间1～2周"。②制定了一些课程的教学大纲，提出课程设置应包括政治、语文、数学、外语、物理、化学、生物、历史、地理、生理卫生、体育、音乐、美术等。同时，为打好学生基础，适应和发展学生的志趣和特长，还提出要在高中二、三年级设选修课，包括单科性的（即对某些课程的选修）和分科性的（即侧重文科或理科的选修）。③根据新教学计划的要求，人民教育出版社组织编写了第六套全国通用教材，提出外语课要对学生进行听、说、读、写各方面的训练，侧重培养阅读能力和自学能力，为学生进一步学习和运用一种外语打好基础；数学课使学生掌握代数、几何的基础知识和微积分、概率统计简易知识，加强基本技能的训练和能力的培养；物理课在1978年部颁现行物理教学大纲和统编教材基础上，某些理论要求适当降低；化学课在1978年部颁化学教学大纲和统编教材的基础上，某些内容适当精减调整，要求适当降低；生物课按1978年部颁生物教学大纲和统编教材的要求，对分子生物学部分适当降低要求。概而言之，这一时期，课程领域开始系统介绍国外的课程理论的研究，借鉴国外课程改革的经验，并对中华人民共和国成立以来我国的课程改革经验进行认真总结。

1985年5月，《中共中央关于教育体制改革的决定》颁布，标志着课程改革再次启动。《中共中央关于教育体制改革的决定》确立了"三个面向"的教育目标，以"提高民族素质，多出人才，出好人才"为根本出发点，从根本体制入手改革与社会主义现代化建设不相适应的教育思想、课程内容、教学方法，并提出了"教育优先发展"的战略。

1986年4月，国家颁布了《中华人民共和国义务教育法》，至此我国进入依法治教的新阶段。具体说来，这一时期改革了课程计划。1992年8月6日，国家教委正式颁布《九年制义务教育全日制小学、初级中学课程计划（试行）》，首次将"教学计划"改为"课程计划"，要求"根据九年义务教育小学阶段、初中阶段的培养目标和儿童、少年身心发育的规律设置课程。课程包括学科、活动两部分，主要由国家统一安排，也有一部分由地方安排。学科以文化基础教育为主，在适当年级，因地制宜地渗透职业技术教育；以分科课为主，适当设置综合课；以必修课为主，初中阶段适当设置选修课；以按学年、学期安排的课为主，适当设置课时较少的短期课。活动在实施全面发展教育中同学科相辅相成。学校在教育、教学工作中，要充分发挥学科和活动的整体功能，对学生进行德育、智育、体育、美育和劳动教育，为学生的全面发展打好基础"[①]。这一时期的改革，课程价值观念还是社会政治本位的，仍存在课程体系缺乏统整，课程门类过多，课程内容存在一定程度的"繁、难、偏、旧"，课程评价改革滞后，课程目标不够完善等方面的问题。于是，从1996年开始，国家教委基础教育司开始组织在全国各地中小学进行调研，从而引发新一轮基础教育课程改革。[②]

1998年，教育部公布了《面向21世纪教育振兴行动计划》，明确提出要"改革课程体系……2000年初步形成现代化基础教育课程框架和课程标准，改革教育内容和教育方法……启动新课程的实验。争取经过十年左右的实验，在全国推行21世纪基础教育课程教材体系"。

1999年颁布的《中共中央国务院关于深化教育改革，全面推进素质教育的决定》，提出要"调整和改革课程体系、结构、内容，建立新的基础教育课程体系"。

2001年6月，国务院又颁布了《国务院关于基础教育改革与发展的决定》，进一步明确了"加快构建符合素质教育要求的基础教育课程体系"的任务。

2001年，教育部颁布《基础教育课程改革纲要（试行）》，标志着新一轮的基础教育课程改革正式启动。《基础教育课程改革纲要（试行）》提出要"整体设置九年一贯的义务教育课程。小学阶段以综合课程为主……初中阶段设置分科与综合相结合的课程……以及综合实践活动。积极倡导各地选择综合课程。学校应努力创造条件开设选修课程。在义务教育阶段语文、艺术、美术课中要加强写字教学。……增进学校与社会的密切联系，培养学生的社会责任感。在课程的实施过程中，加强信息技术教育，培养学生利用信息技术的意识

① 九年义务教育全日制小学、初级中学课程计划（试行）. 人民教育，1992（9）：2-8.
② 谢翌，马云鹏，张治平. 新中国真的发生了八次课程改革吗？教育研究，2013，34（2）：125-132.

和能力"。《基础教育课程改革纲要(试行)》对教材和课程管理也作了明确规定,即"完善基础教育教材管理制度,实现教材的高质量与多样化……鼓励有关机构、出版部门等依据国家课程标准组织编写中小学教材,建立教材编写的核准制度,完善教材审查制度。改革中小学教材指定出版的方式和单一渠道发行的体制,严格遵循中小学教材版式的国家标准……加强对教材使用的管理,改革用行政手段指定使用教材的做法","改变课程管理过于集中的状况,实行国家、地方、学校三级课程管理,增强课程对地方、学校及学生的适应性"。

(二)主要成效

我国义务教育课程改革实质上是对本国义务教育改革的本土化探索。改革没有完美,改革总在路上,既有成败得失,又收获成效经验。可以说,每一次课程改革既是对以往优秀教育改革传统的继承,又是为下一次课程改革提供经验教训。纵观改革开放以来,我国义务教育课程改革取得了较为辉煌的成就,既有总体目标的初步实现,又有具体目标的显著变化;既有课程改革内部要素的丰富和完善,又有课程改革外在条件的保障与支持。[①] 具体而言,表现在以下几个方面。

1. 课程管理制度与建设能力得到显著提升

课程管理改革是我国开展义务教育课程改革的重要目标之一,长期以来,我国课程管理权力较为集中,一定程度上阻碍了地方和义务教育学校课程管理积极性的发挥。为此,2001年6月,《基础教育课程改革纲要(试行)》明确指出,"改变课程管理过于集中的状况,实行国家、地方、学校三级课程管理"。至此,我国采取"自下而上"和"自上而下"的双向管理体制,将课程管理的权力由中央向地方和学校逐步下放,从而使地方和学校能够拥有部分课程管理权力。随着三级课程管理制度的实行,地方、学校的课程管理权力逐渐增大,课程实施的开放性和灵活性也逐渐增强。尽管由于各地、各校的资源不同,发展水平有差异,课程管理及实施效果不一,但学校、教师和学生却能够拥有部分课程管理权力,使学校(包括校长、教师)、学生及家长都能够享有参与义务

---

① 张绍军. 我国新世纪基础教育课程改革"从课程到课堂"走向研究. 湖南师范大学博士学位论文,2016:59.

教育课程建设的机会。经过不断探索和改革，我国在义务教育课程管理方面逐步建立和完善了国家、地方、学校各司其职的三级课程管理体制，坚持国家、地方、学校共同建设课程。

2. 构建了较为完备的课程审定制度

长期以来，我国义务教育学校的课程都是由国家统一规定，实行全国统一的课程制度。随着课程与教学改革的不断深入，统编教材的方式已然难以适应我国社会、经济、文化的发展。为此，我国先后颁布多项政策规定，如《全国中小学教材审定委员会工作章程》《国务院关于基础教育课程改革与发展的决定》《基础教育课程改革纲要（试行）》《中小学教材编写审定管理暂行办法》等，对教材的编写资格与条件、立项与核准、初审与试验，以及教材审定等方面都作出了规定。2016 年 10 月，国务院办公厅印发了《关于加强和改进新形势下大中小学教材建设的意见》，对推动大中小学教材建设作出了全面部署，成为中华人民共和国成立以来第一个关于整体推进教材建设的中央文件。2017 年7 月，国家教材委员会正式成立，负责指导和统筹全国教材工作；设立了教材局、组建了课程教材研究所，建设了大中小学教材编审专家库。以国家教材委员会为统领，专家委员会、教材局、课程教材研究所等各司其职、紧密配合的"多位一体"教材工作组织体系已然成形，我国课程教材建设不断规范与完善。

通过对现有政策的分析发现，国家对新课程教材管理实行两种制度，即教科书立项核准制度和教科书国家审定制度。而对于义务教育课程教材的审定则是按照审定办受理送审教科书—审查专家审读教科书—教育部组织审查会议—确认教科书审查结果—报主管部长批准—下发审查结果通知的程序进行。新课程改革实施后，"一纲多本"新的审定制度初步形成，基本保证了义务教育新课程教材的质量，进而为义务教育人才培养质量的提升提供了保障。

3. 建立并完善课程评价体制机制

随着新课程改革的推进，课程评价改革初步建立起较为规范的评价体系，有效地保障了新课程稳步推行。新课程评价的范畴不仅包括对学生和教师的评价，还包括对课程实施的评价和考试改革的评价。在学生评价方面，其突破过去重视学科知识特别是文本知识本身的考察，而是将更多的关注放在学生认知与非认知素质的平衡性上，涵盖对学生道德品质、学习能力、实践能力、情意品质等方面的评价。在教师评价方面，其打破过去以"成绩论业绩"的做法，建立了一套包含教师职业道德素养、教育能力素养、交往能力与心理素养在内的综合评价指标体系。课程实施评价有两方面，一是课程自身的发展，二是学校评价制度的完善。在考试改革方面，其将考试内容更紧密地与社会现实和学生实际结合起来；给予学生多次考试机会，实行多样化的考试方式；分类指导考试结果；摒弃"分数中心"的录取和招生取向，关注学生综合素质发展。

4. 建立较为完善的教师培训制度

实施新课程改革，教师是关键和核心力量。为保障新课程改革所需的合格师资，国家先后出台多项政策规定，如《关于开展基础教育新课程师资培训的意见》《关于第二期基础教育新课程骨干培训者国家级研修工作的指导意见》《2003—2007 年教育振兴行动计划》《关于进一步加强基础教育新课程师资培训工作的意见》等，根据新课程实施计划循序渐进启动了从上至下的师资培训。新课程改革的师资培训主要采取以基本理念、学科标准、教材教法为主要形式的"三级培训"（即通识培训、课标培训和教材培训）[①]，培训主体包括国家、省、市、县等不同级别：首先，由国家对省、市级教育部门及国家级实验区的骨干进行的培训；其次，由各省级教育行政主管部门对各自省（自治区、直辖市）实施新课程的骨干人员的培训；最后，由各实验区对参加新课程的校长和教师的培训。

三级培训加强了义务教育课程改革，义务教育与高等院校、科研院所及其他社会力量之间的联系，并且有效推动了教师专业发展，以及课程培训、文本课程资源的建设。

（三）反思与建议

义务教育课程改革虽然取得了相当的成绩，但需要正视的是，无论是从理论还是实践角度来看，义务教育课程改革的效果，尤其是实践效果仍然不甚理想，仍未达到改变沉闷、僵化、封闭、单一的课堂教学现状的课程改革目

---

① 张绍军. 我国新世纪基础教育课程改革"从课程到课堂"走向研究. 湖南师范大学博士学位论文，2016：59.

的。有学者[①]提出，当前义务教育课程改革存在以下主要矛盾：①重课程轻课堂，重教学轻教师，重学科轻学生；②重理论课程、制度课程、文本课程，轻实践课程、学校课程、行为课程；③重客体轻主体，重知识轻师生；④重应然课程轻实然课程、或然课程等。也有学者[②]认为新课程改革的问题不容忽视：一是迫切需要寻找课程改革的合理基础；二是课程改革与教师教育的问题；三是教学评价难以开展；四是新课程自身的问题。

还有学者[③]指出，新课程改革在改革实践中存在的问题亦相当明显：其一，知识、技能目标，该实的不实；过程、方法目标方面，出现了游离现象；情感、态度、价值观目标，出现了"贴标签"的现象。其二，在实施层面出现了教学内容泛化的现象，具体表现在教材受到了冷落；为了情景化而设置情景；联系实际变成了一种装饰；搜集和处理信息的形式主义。其三，在学生主体性的发挥方面，强调学生的独特见解，却忽视了对文本的尊重；强调学生的自主性，却忽视了教师的引导性；强调对学生的尊重和赏识，却忽视了对学生的正面教育。其四，教学形式多样的背后透露出浮躁、盲从和形式化倾向，表现为"对话"变成"问答"；有活动却没体验；合作有形式却无实质；课堂有温度却无深度；有探究之形，却无探究之实等。

实现义务教育减负提质，课程改革是关键。鉴于以上问题，为更好地推进课程改革，我们应当从以下几个方面着手。

1. 确立"三个本位"理念，将课改落到实处

未来义务教育课程改革实行从课程到课堂，从理念课程、文本课程、制度课程到实践课程、行为课程、活动课程，需要恰当的、合适的理念作为导引。

1）应当树立课堂本位的改革理念。课堂不再是单纯的教学活动的场所或环境，课堂已成为课程与教学活动的综合体。离开了课堂这一特殊场域，新课程就失去了绽放风景的土壤。认识课堂、理解课堂、尊重课堂，聚焦课堂，以课堂作为基础教育课程改革的重心，是新课程走进课堂的必然路径。只有研究

---

① 张传燧. 课程改革在路上：历史、现状与未来. 课程·教材·教法, 2015, 35（8）：3-9.
② 靳玉乐, 张丽. 我国基础教育新课程改革的回顾与反思. 课程·教材·教法, 2004（10）：9-14.
③ 余文森. 新课程教学改革的成绩与问题反思. 课程·教材·教法, 2005（5）：3-9.

课堂、走近并走进课堂才能解决理论在实践中的困惑，也只有蹚过课堂这片教学改革的"深水区"，新课程改革才能迎来更加美好的未来。

2）要确立师生本位的理念。师生本位理念的实质就是人本位，即以人为本，以学生为本、以教师为本。这就要求：一方面，要重视师生的主体地位，依靠师生，以师生的学习和发展为中心，实现教学方式和学习方式的转变，提高教师的教学效率和学生学习的质量，全面促进教师专业发展和学生的知识、能力与素养的提高；依靠师生，充分发展师生的智慧、才华和主观能动性，让师生肩负起属于自己的责任，完成属于自己的目标。另一方面，要充分发挥师生的主体作用，重视教师专业发展和学生潜能发挥，尊重教师的教学个性与学生的学习个性，重视师生在课堂教学中的自主地位、自我价值、自我体验、自我发展和自我实现。

3）要确立教学本位理念。一方面，通过师生的课堂教学实践，能够有效明确哪些课程理念是合适的、哪些要求是必要的、哪些内容是正确的，哪些是不合适的、不必要的、不正确的，如此，课程才能得到真正的检验。另一方面，通过课堂教学实践推动课程发展。课程在教学中发展，教学中的人也在发展；课堂中的教师和学生在发展着课程，又借助课程发展着自己。师生的课堂"交互"活动赋予了课程的实践性，并促进课程的发展。

2. 促进教师专业发展，充分发挥教师主导作用

尽管近年来，我国课程改革不断推进，然而教师的课堂教学行为却并没有因此而发生根本变革，教师仍是课程的执行者，是新课程与学生之间的"中介"和"桥梁"，教师主导地位未得到应有的发挥，教师的作用与功能在新课改前后亦未发生质的变化。显然，教师主导地位不受重视、教师课程权利未得到应有落实，是导致当前困局的一个关键因素。为此，未来义务教育课程改革应当对教师给予更多教育关切，加强教师培训，努力建设一支师德高尚、业务精湛、结构合理、充满活力的高素质专业化师资队伍。新课程改革以来，我国采取多层次、多途径、多形式加强了教师培训，极大地促进了义务教育阶段教师的专业发展。教师培训的层次由国培、省培、县培、校培组成，培训的途径有大学培训、社会培训、网络培训、校本培训等，形式有脱产与不脱产、自主与合作等。其中最有效的是基于中小学教改需要、以中小学自身力量为主、在学校范围内进行的注重教师个人反思、同伴互助合作、专家专业引领的校本培训。实践证明，校本培训是促进义务教育阶段教师专业发展、提高教师质量和教学水平的有效形式和途径。但校本培训须力戒关起门来封闭地进行低水平恶性循环式培训的现象，而应采取引进校外优质资源，以弥补自身培训力量不足的开放式培训方式。

3. 改革相关配套制度，为课改创造良好的社会制度环境

1）改革义务教育阶段评价制度。应当彻底改变以考试分数、升学率为标准来衡量学生学习效果好坏、教师教学水平高低和学校办学水平优劣的单一评价制度，引入多元、全面质量监控与评价制度体系，使评价成为引导学生全面成长、教师专业发展的助推器。

2）改革考试招生制度。高考关系到每个中学生的前途，牵涉千千万万父母的心，也制约着义务教育阶段的课程教学活动。2014年9月，国家公布了新的高考改革方案，这次改革力度最大也最彻底，其核心精神是强调"全面实施素质教育，增加学生的选择性，分散学生的考试压力，促进学生全面而有个性的发展"。针对社会反映强烈的诸如唯分数论、一考定终身、区域和城乡入学机会不平等、中小学择校现象突出、加分造假、违规招生等现象和问题，课题组提出要建立"分类考试、综合评价、多元录取"的考试招生模式，健全促进教育公平、科学选才、监督有力的体制机制，构建衔接沟通各级各类教育、认可多种学习成果的终身学习"立交桥"。当然，还有各种"小升初""中考"等教育考试制度也应同步配套进行。只有这样，才能为基础教育课程改革的顺利展开扫清考试制度的障碍。

4. 加强宣传，全面参与，上下联动

义务教育课程改革是一项庞大的全面、全民、全局性系统工程，涉及范围极其广泛，各种情形复杂多变，牵一发而动全身，离开了各个部门的协调配合，离开了全体学生和教师的积极参与，离开了全体家长和社会大众的大力支持，都很难取得预期的成效。这是历次课程改革留给我们的经验和教训。因此，为保证课改取得成功，应当加大宣传力度，让课程的政策、理念深入人心，只有全面发动课改利益相关者，社会参与，上下联动，才能形成课改合力，有效推动课改的进行。

三、义务教育质量监测

在新的时代和社会文化背景下，教育发展已进入以提高质量和优化结构为核心的内涵发展新阶段。[①]教育质量指教育产品或服务的供给满足学生及其他相关主体需求和期望的特性的总和，既涵盖着教育质量内部诸多错综复杂的要素特性，同时又蕴含着教育质量观的价值取向这一外部属性。[②]自20世纪八九十年代以来，教育质量观经历了从单一维度向多维度取向逐步发展的过程。[③]综合不同取向的质量观可以发现：①教育质量受到多种因素的影响，这些因素以不同的形式作用于教育过程，影响教育结果；②对教育质量的最终衡量标准主要反映在培养对象的质量上，落脚在学生学业质量和核心素养发展水平上[④]；③教育质量是一个动态观念，根据时间、地点、环境及主体需求的不同，教育质量观和评价标准亦不相同，教育测评和督导的方法模式亦不同。[⑤]从教育质量测评的视角来看，国内和国际较为通用的做法是将教育质量的核心聚焦于学生学业质量的测评，将过程性和条件性质量作为影响因素进行监测。[⑥]而综合不同政策与学者们的观点立场，学生学业质量较为共性的指标包含了身心健康、道德品质、学业成就、学习兴趣与动机、课业负担等。"互联网+"、人工智能等先进技术使得诸多传统意义上难以定量刻画、难以采集数据的非结构化教育要素（如社会情感与心理、实践能力等）的数据变得易于获得和挖掘[⑦]，这从一定程度上推进了义务教育质量观由结果观向更加多维的综合素质观的转型和操作的实现。

有关义务教育质量测评的文献，许多学者围绕国际、国家及特定区域层

---

① 钟秉林. 关于"十三五"期间教育发展的建议. 教育与职业，2016（8）：5.

② 彭波. 教育质量：概念、特性及保障. 当代教育论坛，2010（8）：40-43.

③ 程凤春. 教育质量特性的表现形式和内容——教育质量内涵新解. 教育研究，2005（2）：45-49.

④ 辛涛，姜宇，林崇德，等. 论学生发展核心素养的内涵特征及框架定位. 中国教育学刊，2016（6）：3-7.

⑤ 中国教科院教育质量标准研究课题组，袁振国，苏红. 教育质量国家标准及其制定. 教育研究，2013，34（6）：4-16.

⑥ 李勉，张平平，罗良. 中国义务教育质量关键影响因素监测框架——构建过程中应考虑的若干问题. 北京师范大学学报（社会科学版），2017（2）：37-44.

⑦ 张岩. "互联网+教育"理念及模式探析. 中国高教研究，2016（2）：70-73.

面的教育质量测评体系构建思路和运行机制[①]、测评指标体系[②]、测评标准[③]、测评方法与技术[④]等进行研究。其中，2007年成立的教育部基础教育质量监测中心，2014年正式成立的国家基础教育质量监测与协同创新中心，以及中国教育科学研究院（国际教育质量标准研究项目等）、上海教育科学研究院（"绿色指标"项目、上海教育质量评价体系研究项目等）等为代表的科研机构在我国基础教育，尤其是义务教育阶段质量测评体系的理论构建与实践探索方面作出了卓越的贡献，正在引领我国教育管理和决策的科学化，引导全社会树立和践行科学的教育质量观；推动我国基础教育质量水平不断提升，促进亿万儿童、青少年的全面、个性发展。

（一）背景

尽管《国家中长期教育改革和发展规划纲要（2010—2020年）》就明确指出"要制定教育质量国家标准，建立健全教育质量保障体系"，但具体到义务教育阶段，国家从2015年5月才开始真正实施全国层面的义务教育质量监测工作，所以本部分在回顾义务教育质量监测的政策背景时很难找到充足的政策文本进行解读，只能尝试从国内外研究文献进行梳理。

实际上，对质量内涵的界定和基础教育质量观的梳理与定位决定着基础教育质量测评的方向。"质量"指对事物本体的优劣程度的度量。依据国际标准ISO9000质量管理体系，质量指一组固有特性满足要求的程度，是实体（有形或无形产品或服务）内部客观属性和外部价值属性的统一。据此，教育质量即指教育产品或服务的供给满足学生及其他相关主体需求和期望的特性的总和，既涵盖着教育质量内部诸多错综复杂的要素特性，又蕴含着教育质量观的

① 王璐. 学生教育质量评价问题初探. 外国教育动态，1987（3）：38-43；张启航. 建立农村基础教育质量和效益目标模式的理论构思. 中国教育学刊，1990（6）：54-57；周家荣. 基础教育质量监测的基本框架. 上海教育评估研究，2015，4（1）：11-15；周家荣. 基础教育质量监测的机制及体系构建. 上海教育评估研究，2016，5（5）：1-7；许海莹. 我国基础教育监测的现状考察及政策建议. 教育测量与评价（理论版），2016（3）：12-18.

② 《上海教育质量评价体系研究》课题组，唐晓杰，刘耀明. 上海教育质量评价体系研究. 教育发展研究，2007（4）：30-34.

③ 王晓燕. 美国教育质量标准评述. 中国教育政策评论，2010（0）：239-256.

④ 辛涛，乐美玲，张佳慧. 教育测量理论新进展及发展趋势. 中国考试，2012（5）：3-11.

价值取向这一外部属性。[1] 自 20 世纪八九十年代以来，教育质量观经历了从单一维度向多维度逐步发展的过程。[2] 秦玉友总结了 20 世纪 90 年代以来的三种教育质量观取向，即结果取向、权利取向和多维取向。[3] 其中，结果取向的教育质量观占据主流，认为教育质量就是教育水平高低和效果优劣的程度，其衡量标准是教育目的和各级各类教育的培养目标，教育质量的核心即作为"教育产品"的受教育者培养质量，其落脚点在于学生的全面发展。[4] 进入 21 世纪以来，国际社会转向更加多维取向的教育质量观概念，认为不能单维度地理解教育质量，而需要把教育质量看成一个由多维度构成且多维度间相互影响的整体，不能忽视对教育资源质量/条件质量（如教育设施和资料、教师等）、教育过程质量（如教学与实践活动、课程等）维度的关注，以及学生、家长、政府、社会等多元利益相关者对教育质量的不同要求的关注。[5] 结合质量的多维视角和可操作性原则，唐晓杰和刘耀明[6] 将教育质量的内涵界定为学习者特征、背景、投入、教与学和结果五大维度。质量概念具有动态发展变化的特质和适用性特征[7]，并随着社会的发展、人类发展需要的变化、技术的进步而不断更新和丰富。[8] 在新的时代和社会文化背景下，教育发展已进入以提高质量和优化结构为核心的内涵发展新阶段[9]，教育质量观也体现了一定的文化规定性和时代意蕴。在当前国内、国际形势下，以推动学生发展核心素养和关键能力为导向，各国对教育质量的追溯逐渐回归人本主义的立场，形成以学生全面发展为本、以人民满意度为宗旨、以促进公平为方针的教育质量观趋向。

教育测量是开展教育评价不可或缺的环节，是教育评价获得评价信息的

① 彭波. 教学研究：教师成长与教育质量保障的重要途径. 当代教育论坛（教学版），2010（1）：1；程凤春. 教育质量特性的表现形式和内容——教育质量内涵新解. 中国教育政策评论，2010（0）：54-63.

② 程凤春. 教育质量特性的表现形式和内容——教育质量内涵新解. 教育研究，2005（2）：45-49.

③ 秦玉友. 教育质量的概念取向与分析框架——联合国相关组织的研究与启示. 外国教育研究，2008（3）：20-23.

④ 张万波，袁桂林. 影响教育质量因素的分析. 教学与管理，1999（10）：3-4；中国教科院教育质量标准研究课题组，袁振国，苏红. 教育质量国家标准及其制定. 教育研究，2013，34（6）：4-16.

⑤ 程凤春. 教育质量特性的表现形式和内容——教育质量内涵新解. 中国教育政策评论，2010（0）：54-63.

⑥ 唐晓杰，刘耀明. 上海市教育质量评价指标体系概述. 中国教育政策评论. 2010（0）：120-129.

⑦ 袁振国. 以提高质量为核心 促进教育协调发展. 中国教育报，2010-03-04（3）.

⑧ 中国教科院教育质量标准研究课题组，袁振国，苏红. 教育质量国家标准及其制定. 教育研究，2013，34（6）：4-16.

⑨ 钟秉林. 深化综合改革坚持依法治教提高教育质量. 教育研究，2016，37（2）：30-36.

必要手段和有力工具，依据测量所得的数据，借助教育统计对数据的整理分析、描述与推断，教育评价才能作出科学、客观、准确的价值判断。基础教育质量测评指的是基于研究者对义务教育、高中教育等阶段教育质量观的诠释与定位，为科学客观地度量基础教育服务满足学生身心全面发展及其相关主体需求与期望的程度，采用科学测量手段获取客观原始数据并进行价值判断的过程。有关基础教育测评理论的文献中，一些学者围绕概化理论、认知诊断理论、项目反应理论（item response theory，IRT）、增值评价等经典与现代心理与教育测量理论及其新进展和应用问题进行探讨①；一些学者围绕教育评价理论、模式、模型、方法及其进展和应用进行研究②。有关基础教育质量测评实践的文献中，许多学者围绕国际、国家及特定区域层面的教育质量测评体系构建和实践进行探讨。其一，大量文献是基于 PISA、第三次国际数学和科学评测（third international mathematics and science study，TIMSS）等代表性国际测评体系及其测评技术和结果的比较分析来借鉴经验。③ 其二，一些学者对欧盟教育质量指标框架④、南非东非教育质量监测联盟测评体系，以及美国⑤、加拿大⑥、英国⑦等众多国家开发建构的国家级教育质量测评体系和学校监测体系进行分析和比较研究。其三，一些国内机构和学者基于对不同省市级、区县范围、农村地区的实地考察对我国不同地区、层级基础教育质量测评体系的本土

---

① 辛涛，乐美玲，张佳慧. 教育测量理论新进展及发展趋势. 中国考试，2012（5）：3-11.

② 辛涛，李雪燕. 教育评价理论与实践的新进展. 清华大学教育研究，2005（6）：38-43；边玉芳，林志红. 增值评价：一种绿色升学率理念下的学校评价模式. 北京师范大学学报（社会科学版），2007（6）：11-18.

③ 袁建林，刘红云. 合作问题解决能力的测评：PISA2015 和 ATC21S 的测量原理透视. 外国教育研究，2016，43（12）：45-56；姜朝晖，马瑶. 国际基础教育评价新动向——以 PISA，PIRLS，TIMSS 为例. 世界教育信息，2015，28（19）：49-53；占盛丽，文剑冰，朱小虎. 全球化背景下 PISA 在美国基础教育质量评估体系中的贡献——基于美国 PISA 与 NEAP 的比较. 外国中小学教育，2010（5）：1-6；陆璟. PISA 能力水平量表的构建及其启示. 教育测量与评价（理论版），2010（9）：9-14；张华华，王纯. 美国教育进展评估带给我们什么启示. 教育测量与评价（理论版），2010（2）：4-9.

④ 李建忠. 欧盟职业教育和培训质量保障参照框架评析. 外国教育研究，2010（4）：31-36.

⑤ 王晓燕. 美国教育质量标准评述. 中国教育政策评论，2010（0）：239-256.

⑥ 赵风波. 加拿大中小学高质量教育的支持体系：特性和启示. 外国中小学教育，2014（7）：29-33.

⑦ 王小飞. 英国教育质量标准评述. 中国教育政策评论，2010（0）：273-290.

构建思路和运行机制进行了深入思考并提出对策建议。[①] 其四，还有一批学者就基础教育质量的条件性要素（如教师质量[②]、教育信息化质量[③]等）、过程性要素（如学校质量[④]、教学质量[⑤]、课程质量[⑥]等）、结果性要素（如学生学业质量[⑦]、核心素养／学科素养质量等）及其他关键影响因素[⑧]的测评体系进行了理论分析和探讨。

（二）主要成效

经过几年的研究与实践，义务教育质量监测的价值和意义被广泛接受，并逐渐成为诊断义务教育质量的新手段，质量监测内容已成为科学教育质量观的新导向，监测结果已成为各级各类政府部门及学校调整相关政策、改善义务教育学校治理的新依据。当前，我国义务教育质量监测主要取得以下成效。

1. 研制义务教育阶段六个学科领域的监测标准和工具

在中国基础教育质量监测协同创新中心的领导下，数学、语文、科学、品德、体育和艺术等六个学科领域的监测标准完成，经教育部审定确立为国家标准，是我国历史上首套系列国家学科监测标准，一定程度上解决了教育质量难以量化评估的关键技术难题，部分测评理念和方法为国际教育质量监测领域首创。该套标准能够有效刻画和区分义务教育阶段学生的发展层次和水平；并建立了与国际同类大型学业调查体系的对照关系，能做到内部的关联可比；所研制的监测标准都能达到可命题的程度，为本领域监测提供了稳定的可操作的蓝本；在国际教育质量监测领域非常少见的学生体质健康、艺术、德育监测标

---

① 王璐. 学生教育质量评价问题初探. 外国教育动态, 1987（3）: 38-43；张启航. 建立农村基础教育质量和效益目标模式的理论构思. 中国教育学刊, 1990（6）: 54-57；《上海教育质量评价体系研究》课题组, 唐晓杰, 刘耀明. 上海教育质量评价体系研究. 教育发展研究, 2007（4）: 30-34；沈南山. 基础教育质量监测: 学业评价制度分析视角. 教育科学研究, 2010（7）: 37-40.

② 丁吉念. 中小学教师教育质量标准若干问题思考. 教学与管理, 2013（4）. 18-21.

③ 刘路, 刘志民, 罗英姿. 欧洲 MOOC 教育质量评价方法及启示. 开放教育研究, 2015, 21（5）: 57-65.

④ 苏启敏, 王海涛. 从标准化到差异化: 学校质量评价目标的观念转移. 教育科学, 2016, 32（2）: 7-14.

⑤ 黄会芸. 模糊综合评判在教学质量评价中的应用. 商丘职业技术学院学报, 2016, 15（5）: 22-24.

⑥ 王华安. 多维视野下的基础教育课程质量监控机制研究. 湖南师范大学博士学位论文, 2013.

⑦ 付华安. 核心素养: 研制基础教育学业质量标准的关键. 教学与管理, 2017（3）: 119-121.

⑧ 李勉, 张平平, 罗良. 中国义务教育质量关键影响因素监测框架——构建过程中应考虑的若干问题. 北京师范大学学报（社会科学版）, 2017（2）: 37-44.

准制定上坚持自主创新，首次将国际领先的语音技术用于艺术监测，探索出以上三个领域的既符合测量学技术规范，又能立足于解决教育实际问题的监测指标与工具；所研发的标准化监测工具解决了我国各地学生发展水平不一、教材多样、难以进行学业成就比较的难题，同时采用矩阵设计，解决了测查内容多、学生测试负担重的问题，具有构想效度数据拟合优、亚群体区分度显著、变异解释力高等突出特点，在国际同类学业测验中处于领先水平。

2. 全国范围内基本构建了四级义务教育质量监测网络

当前，在我国已经初步形成涵盖教育部基础教育质量监测中心（国家级）、省级单位基础教育质量监测机构、地级市基础教育质量监测机构、区县级基础教育质量监测机构在内的四级治理监测网络。各级监测机构并不存在实际的行政隶属关系，只是业务上的指导关系。与此同时，2015 年 6 月，我国开展了历史上首次全国学生数学学习质量、体育与健康监测，共对 6476 所小学的近 20 万名学生及 5 万余名教师和校长进行了测查。此次全国监测系统测查了学生的数学学习质量、体育与健康的全国状况和区域差异状况，分析诊断了我国目前教育教学中存在的问题和薄弱环节，为政府科学决策和教育教学改进提供了重要依据，同时也有效解决了我国长期以来缺乏教育外部监督评价的问题，并为建立和落实教育问责机制、实现教育管办评分离提供了重要保障。国家监测相关工作受到了来自基层一线的充分肯定。基于监测结果的首套国家监测报告将在引导基础教育改革、推进管办评分离、帮助全社会树立素质教育质量观方面发挥重要作用。

3. 初步形成了三种地方义务教育质量监测模式

各级地方政府因地制宜陆续出台了省级、市级监测方案，逐步探索出适合当地的教育治理监测开展方式，概言之，主要有三种模式：①地方购买国家监测服务的模式。根据北京师范大学协同创新中心的调查，全国有 128 个县区采取自愿购买服务的方式参加国家监测[①]，其中广东省各个市（区、县）参与监测；安徽省合肥市包河区自 2011 年以来连续五年参加国家义务教育质量监

---

① 赵茜，辛涛，刘雨甲. 我国基础教育质量监测与评价的现状与趋势——第二届"中国基础教育质量监测与评价"学术年会综述. 教育研究，2017，38（9）：154-159.

测。实践证明，该模式有力地避免了地方监测机构专业化不足的弊端，购买国家监测服务，地方政府机构可以将工作的重点放在监测报告的分析和使用上，进而促进义务教育减负提质。②地方自主实施监测的模式。这种模式是由地方监测机构开发自己的监测工具，实施有针对性的地方监测。采用这种模式能够根据地方实际情况开展监测，有针对性地展现和解决当地问题。③委托第三方实施监测的模式。这种模式有利于推动质量监测实践的专业化，是"管、办、评"分离的教育管理方式的有效探索。

（三）反思与建议

教育质量监测对我国而言是新生事物，但世界上教育发达的国家或一些国际组织早已将质量监测作为提升本国或区域基础教育质量的通行做法。经过十多年的探索，我国义务教育质量监测领域的发展已然引起国际关注，研究上与国际接轨，多个方面实现了理论的突破与实践的进步。[1]但在实践中仍然存在诸多问题：地方质量监测机构专业性不强，职能定位模糊不清；专职监测人员数量不足，且缺乏监测专业知识和技能；监测实施过程中加重教师、学生负担，一定程度上扰乱正常教育教学秩序等。有鉴于此，在未来的发展中，我们应当从以下几个方面进一步思考和完善。

1. 开展"互联网＋质量监测"，以技术改进推进监测

在"互联网＋教育测评"领域，有学者[2]已系统分析了大数据时代学生综合素质评价的方法论、价值与实践导向，建构了大数据技术与学生综合素质评价的耦合逻辑框架。也有学者[3]采用基于大数据挖掘的学习分析技术建构了学生综合评价模型、课程综合评价参考模型、教师综合评价参考模型。腾讯教育则通过挖掘管理、教学、学习的基础数据，构建科学的学生成长模型，实现了对学生的系统动态评价；由未来教育集团研发的学生智能测评系统利用"云

---

[1] 赵茜，辛涛，刘雨甲. 我国基础教育质量监测与评价的现状与趋势——第二届"中国基础教育质量监测与评价"学术年会综述. 教育研究，2017，38（9）：154-159.

[2] 杨鸿，朱德全，宋乃庆，等. 大数据时代学生综合素质评价：方法论、价值与实践导向. 中国电化教育，2018（1）：27-34.

[3] 郑勤华，陈耀华，孙洪涛，等. 基于学习分析的在线学习测评建模与应用——学习者综合评价参考模型研究. 电化教育研究，2016，37（9）：33-40.

计算"大数据技术、移动技术等科技手段，通过测试采集数据，实现了对义务教育阶段学生的学业及综合素质动态跟踪测评，搭建了完整的教育教学评价体系。

"互联网＋"时代的测评方法与技术得到进一步更新和提升，大数据挖掘、云计算、人工智能等的发展为教育质量测评模型工具开发、测评技术和途径提供了新的机遇和可能，以信息技术为基础的监测与评价技术不断突破，改变了教育质量监测工作的方式。[①]一些学者总结了应用大数据挖掘技术进行综合建模的研究思路，包括明确评价的问题对象、确定维度、遴选指标、确定有无数据支撑、特征工程、理论建模、应用迭代等。[②]如何进一步实现测评工具与技术的丰富性和科学性，深度挖掘大数据背后的教育规律和问题，如何将数据分析结果用以促进教育质量的提升等都是大数据带给教育测评的问题与挑战。长期以来，教育质量管理数据非全面化、非动态化，监测数据非准确化、非及时化等问题制约着教育质量测评水平和管理水平的提升，"互联网＋"、大数据技术使得质量管理者可以获取全息性、动态化、结构化、及时性数据，全面的动态监管成为可能。可以预见，"互联网＋质量监测"必将为义务教育质量监测带来革命性变化，让更多学生、家长、教师和教育管理者从中受惠。

2. 明确各级各类义务教育质量监测机构职责与职能

义务教育质量监测对于义务教育质量的诊断和追踪是一项长期的系统工程，要探索建立与我国国情相符，为义务教育减负提质工作服务，为政府提供决策参考的良性运转机制，首先应当避免重复建设。这就要求：一要厘清各级各类质量监测机构的定位，明晰各自的职责与职能。对于国家层级的义务教育质量监测机构而言，应加强专业型环节（如命题、标准划定等）的建设；对于地方性监测机构而言，应提供监测工作的效率，确保监测能够落到实处。二要提高各级各类监测机构的专业性。国家层级的义务教育质量监测机构应当为地

---

① 张华华，汪文义. "互联网＋"测评：自适应学习之路. 江西师范大学学报（自然科学版），2016，40（5）：441-455；赵茜，辛涛，刘雨甲. 我国基础教育质量监测与评价的现状与趋势——第二届"中国基础教育质量监测与评价"学术年会综述. 教育研究，2017，38（9）：154-159.

② 郑勤华，陈耀华，孙洪涛，等. 基于学习分析的在线学习测评建模与应用——学习者综合评价参考模型研究. 电化教育研究，2016，37（9）：33-40；马杰，赵蔚，张洁，等. 基于学习分析技术的预测模型构建与实证研究. 现代教育技术，2014，24（11）：30-38.

区监测机构的建立及监测实践的推进提供持续的技术咨询服务，并定期组织相关活动，为地方质量监测机构部门提供相应的交流平台。

3.加强对监测实施过程的督导，形成有效的监测督导机制

在实施监测的过程中，不宜过早公布抽取的样本学校，若公布，学校的责任督学应当入校督导，规范样本学校的各种监测工作，特别是若有不正常动作发生应当及时制止，且应进行通报批评。这就要求在市或区（县）层面应当出台相关义务教育质量监测的规范要求和问责机制，明确什么可为，什么不可为，确保监测工作科学、规范、公平、有效。教育主管部门应当注意政策把控和结果全面运用，确保不增加学校负担。同时，要总结经验，树立典型。各级各类监测机构在完成质量监测工作后，应当及时出台相关监测报告，总结反思，改进不足，树立典型。例如，国家每年可评选义务教育质量监测"县级优秀组织单位"，各省（自治区、直辖市）、市（区、县）也可以参照评选"校级优秀组织单位"。对于先进的、有特色的经验应充分利各类媒体媒介进行宣传推广，引导社会、学校通过质量监测树立科学的教育质量观，进而形成各级质量监测机构、教育督导部门、教育行政主管部门、基层义务教育学校各司其职，共同规范并推进义务教育质量监测的良好格局。

第三节　义务教育减负提质的反思及建议

一、义务教育减负提质的反思

尽管义务教育减负提质取得了一定的成绩，但在发展过程中仍然面临一些新问题和不容忽视的矛盾，值得关注这一领域的管理者、研究者及其他利益相关人士进行反思。

（一）初中学校"减负"问题仍多

由于中考压力大，我国初中生课业负担仍然很重。根据"义务教育第三

方评估"课题组的调查，2014 年初中生每周课时数超过 35 节的学校比例达 72.56%，每学期统一考试超过 2 次的学校比例达 76.83%，每天在校时间超过 7 小时的学校比例达 70.17%，每天家庭作业时间超过 120 分钟的学校比例达 82.25%。不少初中学校盲目追求升学率，宣传"分分分，学生的命根""生时何必多睡，死后自然长眠""这里是地狱，但却是通往天堂的地狱""今生只为考试狂，冲击重点孝爹娘""素质好，不怕考"等错误观念，严重误导学生。①

（二）城市学校"校内减负、校外增负"现象凸显

根据义务教育第三方评估课题组的调查，东部发达地区 95% 的中小学生每学期至少参加 1 个学习辅导班，其中有 10.30% 的中小学生至少参加 4 个学习辅导班；西部地区有 40.15% 的中小学生每学期至少参加 1 个学习辅导班。②这些数字背后隐藏着这样一个怪圈：为了不让孩子输在"起跑线"上，家长将自己的"经验"嫁接在孩子身上，不断给孩子学习加码，忙于送他们上各类培训班、补习班，成绩好坏仍是衡量孩子成功与否的唯一标准。这个现象同时说明，减负是系统工程，需要树立科学的教育观，以评价方式的引导实现家庭教育、学校教育、社会教育的联动。

（三）学生近视率仍呈上升趋势

近视人群的低龄化和上升趋势堪忧，这是易被忽视的学生体质问题。根据义务教育第三方评估课题组 2010—2014 年的抽样调查，小学生近视比例从 13.74% 上升到 14.31%，初中生近视比例从 28.02% 上升到 30.55%。②虽然近年来学生健康体质状况总体向好，但近视率上升已成为义务教育阶段学生体质发展中的突出问题，主要原因是课业负担过重，看书、写字方式和姿势不正确，照明不足，假性近视过早佩戴眼镜，对学生近视率上升这一问题不够重视等。

---

① 西南大学评估组. 义务教育第三方评估情况. (2015) [2018-07-30]. http://www.moe.gov.cn/jyb_xwfb/xw_fbh/moe_2069/xwfbh_2015n/xwfb_151126/151126_sfcl/201511/t20151126_221196.html.

② 西南大学基础教育研究中心，中国基础教育质量监测协同创新中心西南大学分中心. 义务教育第三方评估报告. 内部资料. 2015.

（四）部分地区学生片面发展问题未从根本上得到解决

部分学校和家庭以素质教育之名行应试教育之实，学生片面发展问题未从根本上得到解决。调查发现，重智育轻体育、美育，机械重复的教学训练仍是乡镇学校、薄弱学校的生存法宝，不少学生学习方法单一、被动机械，学得苦、学得难的现象仍大量存在。

（五）综合应用能力相对薄弱

2015—2017 年《中国义务教育质量监测报告》的监测结果显示[①]，学生在综合应用能力方面偏弱。如在科学学科上，四年级学生科学探究能力和科学思维能力达到中等及以上水平的比例分别为 75.7%、74.9%，低于科学理解能力约 5%；八年级学生科学探究能力和科学思维能力达到中等及以上水平的比例分别为 83%、76.3%，分别低于科学理解能力 4.1% 和 10.8%。

（六）部分课程的课时设置和内容安排欠合理

2015—2017 年《中国义务教育质量监测报告》的监测结果显示，语文、数学周课时数偏多，体育、艺术周课时数偏少，如四年级语文周课时数多于 6 节的学校占比为 72%，数学周课时数多于 5 节的学校占比为 67.2%，体育周课时数少于 3 节的学校占比为 44.3%，艺术周课时数少于 3 节的学校占比为 12.9%。此外，科学课中，学生参与动手实验、实践调查的机会较少，如八年级学生在 2017 年物理课上做过 3 次及以上动手实验的比例为 38.7%，从未做过动手实验的比例为 23.8%。[②]

二、义务教育减负提质的建议

时至今日，我国义务教育已实现了全面普及，均衡发展得到了全面推进，

---

① 西南大学评估组. 义务教育第三方评估情况. (2015) [2018-07-30]. http://www.moe.gov.cn/jyb_xwfb/xw_fbh/moe_2069/xwfbh_2015n/xwfb_151126/151126_sfcl/201511/t20151126_221196.html.

② 教育部基础教育质量监测中心. 中国义务教育质量监测报告. (2018) [2018-07-17]. http://www.eachina.org.cn/shtml/4/news/201807/1749.shtml.

内涵发展取得了长足进步，一些教育热点难点问题逐步破解，义务教育减负提质已取得显著成效，已经站在了新的历史起点上，进入了新的发展阶段。未来义务教育减负提质必须以习近平新时代中国特色社会主义思想为指引，全面贯彻党的教育方针，落实立德树人根本任务，办好人民满意的教育，发展素质教育，推进教育公平，培养德智体美全面发展的社会主义建设者和接班人。具体而言，需要重点关注以下举措。

（一）改革中考评价录取制度

政府部门应科学改革中考评价录取制度，下决心积极探索德智体美劳全面评价学生发展的综合素质评价和录取办法，为整个初中学校"减负"。一方面，可借鉴山东省潍坊市的中考制度改革，坚决将初中毕业考试和高中录取权下放至区县，将高中录取指标下放到学校，彻底取消考试成绩的地区排名、学校排名、学生排名；另一方面，大胆探索德智体美劳全面评价学生发展的指标体系和录取办法，对具有特长或者道德品质、综合素质特别突出的学生可以优先录取，推广上海市构建的"中小学生学业质量绿色指标"。

（二）积极开展全国义务教育质量的监测

依托上海市教育科学研究院的教育部基础教育监测中心和北京师范大学的教育部基础教育质量监测中心对全国义务教育质量的监测，动态监测全国义务教育事业发展、县域乃至更大范围（地级市域、省域）的均衡发展、学校实施素质教育的状况，把脉语文、数学、外语、体育、品德等学科"提质"的方向和关键点。建立基于监测结果的"督政—监督—监测"一体的新型督导机制，将监测数据与结果及时上报教育部，并向省（市、区）通报，用监测结果去督导引领"减负提质"。

（三）严格把关校外教育辅导机构的审批和管理

教育部门应联合工商、安监、公安等部门加强校外教育辅导机构的审批和管理，完善和落实有关校外辅导机构管理规定，规定必要的场所、资金、辅导教师资格、收费标准等条件，明确监管部门与监管条例。相关部门制定标准，适时开展资质认证工作；携手学校、家庭推进家长委员会建设，着力培育教师、家长形成科学、理性、健康的育人观和教学观；鼓励和提倡更多培训机构加入《中小学生校外培训机构自律公约》，避免出现"学校减负、社会增负"现象，合力打造校内外协同推进减负提质的新格局。社会及学校要呼吁家长尊重孩子的天性与爱好，理性对待各种教辅、竞赛及辅导班，不要盲目相信"不要输在起跑线上"等虚假宣传。

（四）把义务教育学生体质健康测试纳入学校绩效考核范畴

各级教育行政部门应把义务教育学生体质健康（包括视力）测试纳入学校绩效考核范畴。学校严格执行"减负"规定；积极宣传正确看书姿势，科学预防近视；培养学生养成良好的用眼习惯；借鉴北京市海淀区经验，倡导家庭体育锻炼；教育学生不盲目佩戴近视眼镜。

（五）深化课程改革，提升学生创新和综合实践能力

义务教育课程在培养学生创新和综合实践能力方面具有不可替代的重要作用。要解决我国义务教育课程面临的难题，首先要将创新和综合实践能力培养纳入义务教育课程目标、课程内容及课程评价。其次，学校应开足开好综合实践课程，增加自然体验、社会参观、制作与生产等实践活动。[①] 最后，倡导以探究学习、讨论式教学为导向的课程组织方式和跨学科学习方式，将数学、科学、信息技术等学科有机地融合，拓展学生多角度思考和解决问题的能力。[①]

---

① 教育部基础教育质量监测中心. 中国义务教育质量监测报告. （2018）［2018-07-17］. http://www.eachina.org.cn/shtml/4/news/201807/1749.shtml.

第五章

义务教育教师队伍发展

百年大计，教育为本。教育大计，教师为本。本章义务教育教师队伍发展指的是坚持教师教育一体化理念，从教师生涯发展的角度关注教师的职前培养、职后培训和素养提升，重点聚焦促进教师发展的措施及其效果。义务教育教师队伍是义务教育发展的重要资源和保障，其发展具有重要现实意义：①高质量的教师队伍有助于保障义务教育的普及与发展。党的十九大报告中指出："推动城乡义务教育一体化发展，高度重视农村义务教育，办好学前教育、特殊教育和网络教育，普及高中阶段教育，努力让每个孩子都能享有公平而有质量的教育。"推动城乡义务教育一体化发展，高度重视农村义务教育，首先应保证有一支数量充足、质量合格的教师队伍。②有助于从根本上实现立德树人的教育宗旨。教育是民族振兴和社会进步的基石，要坚持教育优先发展，全面贯彻党的教育方针，坚持教育为社会主义现代化建设服务、为人民服务，把立德树人作为教育的根本任务。完成这一任务，最重要的是要践行师德育人，教师以自己的言行引领学生，感化学生，走进学生心灵，关爱每一个学生。加强教师队伍建设，更有助于实现立德树人的教育宗旨。

改革开放以来，党和国家非常重视教师队伍的建设和发展。1978年以后，党和国家开始着手教师教育体制的重建，一大批中等师范学校得以恢复和发展，当年召开了全国教育工作会议，教育部下发了《关于加强和发展师范教育的意见》，提出要大力发展师范教育，建设一支又红又专的教师队伍。1980年，教育部又专门出台了《教育部关于办好中等师范教育的意见》，同时恢复了高等师范院校的研究生教育工作，对提升教师教育质量起到了极大的促进作用。20世纪80年代中期，国家教师教育开始进行大胆的改革与探索，如1987年教育部专门召开了中等师范学校如何面向农村培养合格师资的座谈会，并加强了中等师范和高等师范院校的标准化建设，与此同时，建设了一批师资培训基地或中心。20 世纪 90 年代以后，教师教育逐步建立起开放的体系，改革进一步深化，中等师范学校逐步萎缩，高等师范院校开始综合化，中专、大专、本科的旧三级师范逐步过渡到专科、本科、研究生的新三级师范，在培养主体、培养模式等方面均进行了大胆的探索。进入新时代，《中共中央、国务院关于全面深化新时代教师队伍建设改革的意见》《教师教育振兴行动计划（2018—2022 年）》进一步指明了新时代教师教育改革的方向和具体路径，义务教育教师队伍发展掀开了新的篇章。

第一节　义务教育教师队伍发展的成就与经验

改革开放 40 年来，义务教育教师队伍发展取得了显著成效，成就喜人，同时也积累了宝贵的经验。

一、义务教育教师队伍发展的主要成就

（一）建成一支数量充足、学历达标的义务教育教师队伍

1）教师数量基本充足。有关资料显示，1977 年，全国小学师资缺额达到 60 余万，中学教师缺额高达 240 余万。[①] 而截至 2017 年 12 月，全国小学教职工 564.53 万人，专任教师 594.49 万人，小学阶段生师比为 16.98：1。初中教职工（含九年一贯制学校，不含完全中学、十二年一贯制学校初中段）407.81 万人，专任教师 354.87 万人，初中阶段生师比为 12.52：1[②]，低于国家规定的小学 19：1 和初中 13.5：1 的要求，教师总体数量充足，能够保障正常教育教学活动的开展。

---

① 何东昌. 中华人民共和国重要教育文献（1976—1990）. 海口：海南出版社，1998：1649.

② 中华人民共和国教育部. 2017 年全国教育事业发展统计公报.（2018）[2018-07-20]. http://www.moe.gov.cn/jyb_sjzl/sjzl_fztjgb/201807/t20180719_343508.html.

2）教师学历达标成效明显。1973 年，小学教师学历达到中等师范学校毕业及以上的仅为 28%；1977 年，初中教师学历达到高等学校专科毕业以上的仅为 14.3%。中学学历水平教中学，小学学历水平教小学的情况极为普遍。①经过 40 年的改革探索，这一局面发生了翻天覆地的变化，教师素质得到提高，高学历教师比例增加。据统计，截至 2017 年底，全国小学、初中教师的学历合格率分别达到 99.96%、99.83%。②这得益于 2014 年《中央编办、教育部、财政部关于统一城乡中小学教职工编制标准的通知》的发布，以及诸多重点重大项目的实施，如免费师范生计划、乡村教师支持计划、卓越教师计划项目等，通过这些计划的实施，教师的学历层次得到显著提升。目前，全国多数省（自治区、直辖市）的中小学教职工的整体配备情况已经达到了城市标准。城乡统一的中小学教职工编制标准的落实，解决了社会反映较多的城乡中小学编制标准倒挂问题，对大力促进教育公平，统筹城乡教师资源均衡配置，推动城乡教育一体化改革发展具有重要意义。

（二）建立健全了四级教师培养培训体系

改革开放之初，义务教育教师职前培养体系处在全面恢复当中，40 年来在学历层次方面逐渐形成了中专、大专、本科、研究生四级体系。但随着改革的不断深化，四级体系逐渐向三级转化，中专层次逐步萎缩，本科和研究生学历师资培养逐渐成为主体。目前，全国培养师资的教师教育院校达 550 所，共计 4000 余个师范类专业。教育部于 2017 年出台了《普通高等学校师范类专业认证实施办法（暂行）》，全国启动实施师范类专业认证。

与此同时，随着整个国家对教师培训的重视，我国基本建立了国家级、省级、县（市、区）级、校级培训体系，实现分类分层按需施训，提升培训实效性。事实上国家一直非常重视教师培训工作。1977 年，教育部在北京召开了全国中小学师资培训座谈会，会议要求采取多种形式提高现有教师水平，并下发了《教育部关于加强中小学在职教师培训工作的意见》，要求要尽快建立和健全省、地、县、社和学校的师资培训网。①这是四级培训网络的雏形。1986 年，国家教委又修订了中小学在职教师培训规划，试行培训合格证书制

---

① 曾煜. 中国教师教育史. 北京：商务印书馆，2016：357.

度。进入 20 世纪 90 年代，教育部开始重视新教师培训工作，1999 年颁布了《中小学教师继续教育规定》，使义务教育教师继续教育制度化、常态化。进入 21 世纪，国家进一步重视教师培训工作，尤其是实施了"国培计划"。如 2007—2009 年，中央财政投入 9000 万元组织实施"国培计划"项目，之后逐年增加；2012—2016 年，"国培计划"示范性项目、中西部项目和幼师国培项目共投入资金 93.5 亿元，培训中小学、幼儿园教师校长 957 万人次。[①] 各省（自治区、直辖市）、县（市、区）、学校的教师培训体制、机制也逐步完善，四级培训网络体系建成并良好运行。

（三）建立了一套较为完善的教师管理制度体系

1）建立了中小学教师资格考试和定期注册制度。教育部官方网站数据显示，截至 2016 年底，全国 28 个省（自治区、直辖市）参加了改革试点。在资格考试方面，全国教师资格考试共组织了 11 次，累计参加笔试考试人数 515.8 万人，通过考试 180.8 万人；累计参加面试人数 192.1 万人，通过面试 134.2 万人。在定期注册方面，累计有 33 万所中小学校的 505 万名教师申请了首次注册，注册合格 499 万人，通过率 98.8%，不予注册或暂缓注册了 5.8 万余名教师。[②] 改革试点工作对于严把教师队伍入口关，加强中小学教师队伍建设产生了积极作用。

2）建立了校长教师交流轮岗制度。为促进城乡教育均衡发展，国家一直在探索如何优化农村教师队伍的问题，从最初的城市教师到农村支教，到探索城乡交流，直至出台《教育部 财政部 人力资源和社会保障部关于推进县（区）域内义务教育学校校长教师交流轮岗的意见》，提出用 3 至 5 年时间实现县（区）域内校长教师交流轮岗的制度化常态化的工作目标，鼓励支持各地推进"县（区）管校聘"管理改革。截至 2016 年 12 月，全国已有 30 个省（自治区、直辖市）出台专门的政策文件。福建等省（自治区、直辖市）各县（市、区）已全面启动交流轮岗工作，先行试点县（区）已逐步进入常态化。2014 年，首

---

① 许涛. 转型中谱写新篇——教师教育改革发展十年巡礼. 人民教育，2012（17）：6-9.
② 中华人民共和国教育部. 党的十八大以来教师队伍建设进展成效.（2017）[2018-06-21]. http://www.moe.gov.cn/jyb_xwfb/xw_fbh/moe_2069/xwfbh_2017n/xwfb_20170901/sfcl_20170901/201709/t20170901_312866.html.

批义务教育教师队伍"县（区）管校聘"管理改革示范区建设工作启动，北京市东城区等 19 个申报单位入选首批义务教育教师队伍"县（区）管校聘"管理理改革示范区。2017 年，第二批示范区建设开展，遴选了 30 家单位。校长教师交流轮岗实现制度化。

3）完善了中小学校领导人员管理体制。一所好的学校首先应有好校长。国家十分重视中小学校领导队伍的建设与管理：一方面，出台《中小学校领导人员管理暂行办法》，围绕任职资格条件、选拔方式、聘任管理、任期目标、考核评价、职业发展和监督约束等方面，有针对性地提出管理措施；另一方面，试行校长职级制，指导上海、苏州、潍坊、青岛、北京、天津等地试行校长职级制，取消校长的行政级别，促使校长集中精力抓教育教学和学校管理，鼓励校长向学者型、专家型校长转变。

4）深化中小学教师职称制度改革。原有的职称制度体系不能很好地调动中小学教师的积极性，为适应时代发展需要，2015 年，国家印发《人力资源和社会保障部、教育部关于深化中小学教师职称制度改革的指导意见》。各地结合实际陆续制定了具体实施方案，2016 年 32 个省（自治区、直辖市）已全部完成改革后的首次评审工作。中小学教师职称制度改革首次设立了正高级职称，2016 年共评出近 3000 人，打通了教师职业发展通道，受到中小学教师的普遍认可和欢迎，充分调动了广大中小学教师的积极性，对优化配置资源，加强基础教育师资保障起到了重要作用。

（四）改善了教师成长和发展环境

教师的成长和发展离不开外在环境的支持，国家对贫困地区和乡村教师发展采取了一系列措施。

1）落实了乡村教师生活补助制度，稳定乡村教师队伍，支持和鼓励、吸引人才到乡村从教。2013—2016 年，中央财政核拨综合奖补资金 112 亿元，覆盖 22 个省（自治区、直辖市）的所有集中连片特困地区县，覆盖率达100%，惠及 130 多万人，最高人均月补助标准达到 2000 元。乡村教师职业吸引力显著增强，并助推标准较高地区出现了城镇教师争相到乡村学校任教的可喜局面，有力促进了城乡教师资源均衡配置。

2）提高了乡村教师生活待遇。国家通过政策宣传、经验交流、调研推动、督导检查等多种方式，指导督促地方依法改善教师待遇：依法保证教师平均工资水平不低于或者高于当地公务员的平均工资水平；落实和完善教师医疗养老等社会保障政策。据悉，教育行业国有单位在岗职工的年平均工资水平已由 2010 年的 3.98 万元提高到 2016 年的 7.75 万元。①

3）建立了乡村教师荣誉制度。2016 年 4 月，教育部、人力资源和社会保障部联合印发《教育部 人力资源社会保障部关于做好乡村学校从教 30 年教师荣誉证书颁发工作的通知》，全面部署乡村学校从教 30 年教师荣誉证书颁发工作，为纳入颁发范围的 400 万名在岗和离退休教师颁发"乡村学校从教 30 年教师荣誉证书"，以后将每隔两三年对新增从教达到 30 年的乡村教师颁发一次。

二、义务教育教师队伍发展的典型经验

改革开放 40 年来教师队伍发展取得的巨大成就，主要得益于以下方面的经验。

（一）高度重视：将教师教育作为国家事业

40 年来我国教师教育的经验表明，教师教育是国家的事业，政府是第一责任人。义务教育的公共性决定了师范教育的公共性，教师专业能力和资格的养成是通过公共教育来实现的。作为公共教育的教师教育是由国家直接控制和干预的。《中华人民共和国教师法》规定："各级人民政府和有关部门应当办好师范教育，并采取措施，鼓励优秀青年进入各级师范学校学习。"在各个历史阶段，教师教育是整个教育事业，乃至国家发展的基础，相应地教师教育也是国家的事业。我国教师教育的变革发展都是在国家政策指导和支持下进行的，只有国家重视和支持，教师教育才能获得更好更快的发展。2012 年，国务院出台《国务院关于加强教师队伍建设的意见》，指出："到 2020 年，形成一支师德高尚、业务精湛、结构合理、充满活力的高素质专业化教师队伍。专任教

---

① 中华人民共和国教育部. 党的十八大以来教师队伍建设进展成效. （2017）［2018-06-21］. http://www.moe.gov.cn/jyb_xwfb/xw_fbh/moe_2069/xwfbh_2017n/xwfb_20170901/sfcl_20170901/201709/t20170901_312866.html.

师数量满足各级各类教育发展需要；教师队伍整体素质大幅提高，普遍具有良好的职业道德素养、先进的教育理念、扎实的专业知识基础和较强的教育教学能力；教师队伍的年龄、学历、职务（职称）、学科结构以及学段、城乡分布结构与教育事业发展相协调；教师地位待遇不断提高，农村教师职业吸引力明显增强；教师管理制度科学规范，形成富有效率、更加开放的教师工作体制机制。"[1] 2018 年，《中共中央、国务院关于全面深化新时代教师队伍建设改革的意见》提出，"经过 5 年左右努力，教师培养培训体系基本健全，职业发展通道比较畅通，事权人权财权相统一的教师管理体制普遍建立，待遇提升保障机制更加完善，教师职业吸引力明显增强。教师队伍规模、结构、素质能力基本满足各级各类教育发展需要"，"到 2035 年，教师综合素质、专业化水平和创新能力大幅提升，培养造就数以百万计的骨干教师、数以十万计的卓越教师、数以万计的教育家型教师。教师管理体制机制科学高效，实现教师队伍治理体系和治理能力现代化。教师主动适应信息化、人工智能等新技术变革，积极有效开展教育教学。尊师重教蔚然成风，广大教师在岗位上有幸福感、事业上有成就感、社会上有荣誉感，教师成为让人羡慕的职业"[2]。教育部等部门适时出台了《教师教育振兴行动计划（2018—2022 年）》，提出："经过 5 年左右努力，办好一批高水平、有特色的教师教育院校和师范类专业，教师培养培训体系基本健全，为我国教师教育的长期可持续发展奠定坚实基础。师德教育显著加强，教师培养培训的内容方式不断优化，教师综合素质、专业化水平和创新能力显著提升，为发展更高质量更加公平的教育提供强有力的师资保障和人才支撑。"[3] 可见，党和国家十分重视教师队伍的建设和发展。

（二）开放体系：综合大学与师范院校共同培养

开放的教师教育体系，有利于通过竞争性发展提高培养教师质量。1999 年，《中共中央国务院关于深化教育改革全面推进素质教育的决定》明确提出

① 国务院. 国务院关于加强教师队伍建设的意见. (2012) [2018-07-30]. http://www.gov.cn/zwgk/2012-09/07/content_2218778.htm.
② 新华社. 中共中央、国务院关于全面深化新时代教师队伍建设改革的意见. (2018) [2018-07-30]. http://politics.people.com.cn/n1/2018/0131/c1001-29798707.html.
③ 中华人民共和国教育部. 教师教育振兴行动计划（2018—2022 年）. (2018) [2018-07-30]. http://www.moe.gov.cn/srcsite/A10/s7034/201803/t20180323_331063.html.

调整师范学校的层次和布局，鼓励综合性高等学校和非师范类高等学校参与培养、培训中小学教师的工作，探索在有条件的综合性高等学校中试办师范学院。从培养院校类型来看，以 2007 年为例，我国共有 341 所高等院校培养本科师范生，其中师范院校 96 所，占培养本科师范生院校总数的 28.2%；有 409 所院校培养专科师范生，其中师范院校 139 所，占培养专科师范生院校总数的 34.0%；有 2198 所学校和机构培养中师生，其中中等师范学校 196 所，占培养中师生学校总数的 8.9%。从师范生培养的数量规模看，2007 年我国高等学校师范生数量达 178.6 万人，其中非高等师范院校在校生 82.1 万人，占高校全部在校师范生的 46%；中等师范生 69.1 万人，其中非中师院校在校生数 47.3 万人，占全体在校高等师范生的 68.5%。①截至 2016 年底，培养师范生的院校达 550 所，其中综合院校规模进一步扩大。目前从教育部到各地，都积极重视发挥师范院校的主体作用，并积极探索多样化的教师培养模式。如广东省教育厅出台了《广东"新师范"建设实施方案》，其中明确指出："坚持教师教育以师范院校为主，师范院校以培养教师为主的原则，引导师范院校合理定位。结合'粤东西北高校振兴计划'，统筹资源加强粤东西北地区师范院校建设。鼓励师范院校整合职前培养和职后培训资源组建实体化的教师教育学院。鼓励高职院校扩大学前教育招生规模，引导本科师范院校开设特殊教育专业。支持广东第二师范学院、岭南师范学院、韩山师范学院、肇庆学院、韶关学院、嘉应学院等院校主要面向本区域培养义务教育阶段学校教师，重点加大音乐、体育、美术等紧缺学科教师培养。探索师范院校与职业院校、综合性大学、理工科院校合作培养职教师资模式。鼓励有教育硕士授权点的高校与省内师范类院校开展教育硕士的联合培养工作，逐年加大教育硕士的培养规模。"②

（三）资格制度：建立准入制度，定期注册

1993 年，《中华人民共和国教师法》规定实行教师资格制度。1995 年国务院颁布《中华人民共和国教师资格条例》，1996 年开始试点，于 2000 年进入全面实施阶段。教师资格制度是现代教师教育制度的核心，实施教师资格制

---

① 管培俊. 我国教师教育改革开放三十年的历程、成就与基本经验. 中国高教研究，2009（2）：3-11.
② 广东省教育厅. 广东出台"新师范"建设实施方案.（2018）[2018-06-15]. http://www.gdhed.edu.cn/business/htmlfiles/gdjyt/xwfb/201802/516375.html.

度是提升教师专业化水平，实行开放的教师教育体系的重要基础。截至 2006 年底，全国共有 1800 余万人取得教师资格。[①] 教育部积极开展中小学教师资格考试和定期注册制度改革，截至 2017 年 12 月，试点范围扩大到 28 个省（自治区、直辖市），更多人通过教师资格考试，获得准入资格。党的十九大以来，党和国家对教师准入提出了更高的要求，提出进一步完善教师资格考试政策，新入职教师必须取得教师资格；提高入职标准，分区域规划，分类别指导，逐步将幼儿园教师学历提升至专科，小学教师学历提升至师范专业专科和非师范专业本科，初中教师学历提升至本科。2013 年，教育部正式印发《中小学教师资格考试暂行办法》和《中小学教师资格定期注册暂行办法》。实施教师资格制度，是我国教师队伍建设的一个里程碑，对于形成教师准入机制，拓宽教师来源，提高教师整体素质发挥了重要作用。全国各地都相应出台了相关的实施细则，提高各地师资队伍的整体水平。如河南省对教师资格考试和定期注册制度进行了明确规定，"通过开展中小学教师资格考试和实行教师资格定期注册制度改革，提高中小学教师资格准入标准，强化对申请认定人员的教师职业道德素质、教育教学能力和教师专业发展潜质的考察，确保教师质量，引导教育改革；完善教师资格认定办法，创新教师准入后管理机制，规范教师行为，提高教师教书育人本领和教育教学质量；统筹教师队伍管理，逐步形成和建立'国标、省考、县聘、校用'的教师职业准入和管理制度"，"申请认定初级中学教师资格的人员，应当具备大学本科及以上学历；申请认定小学教师资格的人员，应当具备大学专科及以上学历；申请认定幼儿园教师资格的人员，应当具备幼儿师范学校毕业及以上学历，2019 年起提高到大学专科及以上学历"，"中小学教师资格注册有效期为 5 年。首次注册合格后，每 5 年定期注册一次。定期注册不合格或无故逾期不申请定期注册的人员，不得从事教育教学工作"。[②]

（四）持续发展：搭建平台，全员培训

为更好地促进教师专业发展，国家在恢复教师教育体系的同时十分注重

---

① 吴晶，崔静. 我国目前有 1800 多万人取得教师资格. (2007)［2018-11-04］. http://www.edu.cn/jiao_shi_pin_dao/jiao_yu_ren_cai_zi_xun/200708/t20070828_250963.shtml.

② 河南省教育厅. 河南省中小学教师资格考试和定期注册制度改革实施方案（试行）. (2015)［2018-06-15］. http://jszg.haedu.gov.cn/2015/12/02/1449048891767.html.

教师培训工作。1977 年，教育部出台了《教育部关于加强中小学在职教师培训工作的意见》，重点进行教材教法的过关培训，同时注重学历补偿培训等。1986 年，国家教委出台《关于加强在职中小学教师培训工作的意见》，强调培训工作的重点从教材教法过关过渡到学历合格，并施行中小学教师继续教育制度。1990 年 10 月，国家教委召开了全国中小学教师继续教育工作座谈会，会后形成的纪要强调继续教育要面向全体教师，教师接受全员培训的时代开始拉开帷幕。进入 20 世纪 90 年代中期，教师培训层次类型更加多样，分中学、小学学段，有骨干教师培训、班主任技能培训、信息技术能力培训等。进入 21 世纪，"国培计划"的实施，使教师培训工作的重要价值得以更加完美地彰显。在"国培计划"的带领和辐射影响下，全国各地积极搭建省、市、县、校各级层面的培训平台，做到教师全员参与培训，促进教师专业发展。在培训的过程中，各地也积累了丰富的典型经验。如湖北省长阳土家族自治县借助国培，打造校本研修升级版，"长阳以'自修-反思'为特色的校本培训，一度走在全省前列。但往前走，便陷入小校本'封闭式困境'：自修缺资源，反思缺引领，亟待探索创新、升级提质。我们借力国培，以'互联网＋校本研修'创新思路，与中国教师研修网通力合作，聚焦校本常态，整合送教下乡和网络研修，打造出校本研修升级版。校本研修活力增强了，实效提高了"。长阳主要采取立足常态备课、开展联片研修，立足主题整合、开展混合研修，立足校本需求、开展按需送教的做法，使教师教学方法、教研组教研方式和学校整体教育教学质量与水平发生了显著变化。①

第二节　义务教育教师队伍发展的专题研究

本节专题研究主要聚焦义务教育教师队伍发展的重要举措，选取免费师范生教育、乡村教师支持计划、"国培计划"和绩效评价制度四个主题，贯彻教师的职前培养和职后培训及素养提升。

---

① 长阳土家族自治县教师发展中心. 借力国培，打造校本研修升级版. (2017)［2018-07-10］. http://www.moe.gov.cn/jyb_xwfb/gzdt_gzdt/s5987/201709/W020170901310436228264.pdf.

一、免费师范生教育

我国师范教育经历了从免费到收费，以及目前免费与收费并存的发展过程。事实上，自中国师范教育体系建立以来，国家一直对师范生给予优惠待遇。[①] 20 世纪 90 年代，高等教育开始收费，但师范教育依然享受免费待遇。1997 年，由于高等教育转型发展，师范院校也开始进行收费试点。2000—2006 年师范教育进入全面收费阶段，免费的师范教育逐渐退出舞台。2007 年，为解决教师队伍发展存在的突出问题，国家又开始在六所教育部直属的师范大学实施免费师范生教育试点。免费师范生教育主要是指师范生在校学习期间免除学费，免缴住宿费，并补助生活费，旨在增强教师职业的吸引力，吸纳更多优秀人才从教。在部属师范大学实施免费师范生教育政策的基础上，部分省属师范大学也参照实施了地方的免费师范生教育。当前，国家已经把"免费师范生"统一改称为"公费师范生"。免费师范生教育的实施有助于吸引优秀人才从教，从而促进教育公平，尤其是对建设社会主义新农村具有重要促进作用。

（一）背景

我国免费师范生教育政策源远流长，自有师范教育以来基本采取的都是免费政策，只是中途出现过短暂收费情况。此处所谈政策背景主要指 2007 年《教育部直属师范大学师范生免费教育实施办法（试行）》的出台背景。

1.师范院校转型使师范教育吸引力减弱

在师范教育实行收费试点之后，师范生和其他类型大学毕业生一样，在就业上"双向选择、自主择业"，不再按照国家统包分配的模式进行。这使得师范教育的吸引力显著减弱，一大批优秀学子不再选择报考师范院校。另外，由于师范生毕业后可不受限制自由就业，一部分优秀的师范毕业生也不愿从事教育工作，造成大量的优秀教育人才资源的流失，师范教育影响力减弱。

2.城乡教育的二元分化现象

随着经济和社会的发展，由于各种因素的影响，东部地区与中西部地区、

---

① 曲铁华，袁媛. 我国师范生免费教育政策的百年历史考察. 社会科学战线，2010（1）：213-219.

城市和农村出现二元分化现象，在教育领域也表现得尤为明显，尤其是中西部地区教育资源不足，师资力量缺乏的现象较为严重。因此，为破解这一局面，必须采取措施引导师范生到中西部地区和农村地区从教，促进教师资源的优化。

3. 农村教师资源匮乏

由于自然条件、历史等原因，农村尤其是边远山区教师缺口大，不少地区临聘教师比例较高，教师学历合格率较低，师资质量无法保障。同时，农村教师队伍稳定性不高，教师流动性强，环境、待遇等难以留住优秀教师。[①] 农村教师的数量缺乏、质量不高、稳定性差等问题严重制约农村教育教学质量的提高。

正是基于以上背景，2007 年 3 月，国务院总理温家宝在《政府工作报告》中指出，将在 6 所教育部直属的师范大学中实行师范专业免费教育。2007 年 5 月，《教育部直属师范大学师范生免费教育实施办法（试行）》在国务院常务会议上讨论并原则通过。国务院办公厅转发了教育部、财政部、中央编办、人事部等部门关于《教育部直属师范大学师范生免费教育实施办法（试行）》的通知。2007 年 5 月 14 日，中央人民政府门户网站正式发布《教育部直属师范大学师范生免费教育实施办法（试行）》。2007 年 5 月 15 日，教育部召开师范生免费教育政策实施工作会议，研究并部署了 6 所师范大学师范专业学生免费教育实施工作的细节。实施免费师范生教育进一步形成了尊师重教的浓厚氛围，让教育成为全社会最受尊重的事业。同时，这一办法将会培养大批优秀的教师，实现让教育家办学，鼓励更多的优秀青年终身做教育工作者。

（二）主要成效

免费师范生教育的实施，产生了良好的社会影响和实践效果。

1. 推动了教育公平发展

免费师范生教育政策实施的出发点是吸引更多优秀人才从教，促进教育公平发展，因此本质上赋予教师教育促进社会公平的使命，这有助于提升教师

[①] 阿艳芳，向钤. 我国免费师范生政策述论. 贵州师范学院学报，2012（8）：81-84.

的社会地位。一方面，免费师范生教育实施的重点是中西部地区，中西部地区经济发展相对落后，通过这一政策的实施能够吸引更多优秀青年从教；另一方面，这些优秀学子学成之后回到生源地从教，发挥反哺功能，对中西部地区的发展具有重要影响。因此，免费师范生教育促进社会公平的意义尤为凸显。

2. 促进了师范教育的改革

免费师范生教育由国家和地方提供了财政、就业等相关配套措施，使得师范大学有更多的时间和精力聚焦师范教育的改革：首先，优化了生源选拔，提升了生源质量。免费师范生一般在各地都是提前批次录取，使得师范大学有更多的生源选择余地。其次，优化了过程培养，一些部属师范大学探索了导师制的培养模式，同时全国师范教育逐渐形成了地方政府、大学、中小学学校三位一体的培养模式。

3. 提升了中西部地区教师队伍水平

2011年首批免费师范生毕业从教。据统计，截至2011年5月31日，"10 597名首届免费师范毕业生已签约10 488人，签约率99%。已签约的毕业生中，9571名毕业生到中西部地区中小学任教，占签约人数的91%；4067名毕业生到县镇及以下中小学任教，占签约人数的39%。尚未签约的极少数免费师范生毕业前由各地安排到师资紧缺地区中小学任教"[1]。"教育部直属6所师范大学培养出的教师总体质量是不容置疑的，这的确可称为为中西部输送优秀教师的可持续发展政策，有利于保证经济欠发达地区和农村地区中小学教师队伍的优化，为缩小地区间师资力量和水平之间的差距迈出了实质性的一步。"[2]可见，免费师范生对中小学教师队伍整体水平的提升有着重要的促进作用。

（三）反思与建议

免费师范生教育的实施取得了可喜的成效，但不可避免地也存在一些发展中的问题，值得关注。

---

[1] 刘华蓉. 首届免费师范生全部到中小学任教. 中国教育报，2011-06-18（1）.
[2] 陈凤娟. 关于师范生免费政策促进实现教育平等刍议. 河北师范大学学报（教育科学版），2008（11）：61-65.

1. 反思

（1）部分免费师范生教师职业认同度不高

一项调查显示，北京师范大学 2007 级、2008 级、2009 级免费师范生的职业认同度分别为 33.8%、29.3% 和 38.1%。学生之所以最开始选择免费师范生，主要是由于家庭经济拮据。[①] 可见，部分师范生的职业认同度较低。

（2）免费师范生退出机制尚不完善

一方面，学生入学后即签订相关协议，但学生本人对是否能够成长为合格的教师并不清楚，即使不太合格也只能被动地成长为教师去履职。另一方面，没有退出机制导致部分学生学习动力不足。

（3）免费师范生相关配套制度不健全

免费师范生的实施牵一发而动全身，它虽然是一项师资政策，但却涉及教育制度设计的方方面面，目前部分地区相关的配套制度建设还未跟上。比如，按照国家的政策设计，免费师范生主要到农村从教，而据统计免费师范生签约乡镇、农村学校的比例非常低。[②] 另一项调查显示："五届学生中有 68% 以上的人签约到了城市，且比例逐年上升，近三年已达 82% 以上；签约到乡镇及以下的学生在 32% 以下，且比例逐年下降。在就业学校方面，五届学生有 57% 以上的人签约到了省市级示范或重点学校，有 72% 以上的学生签约到了县级及以上重点学校。"[③] 此外，免费师范生的编制等其他配套政策有些地区也落实不到位。

2. 建议

免费师范生教育政策对义务教育教师队伍发展意义重大，在振兴教师教育计划的宏大背景下，免费师范生已经统称为公费师范生，从教年限也进行了调整，为更好地实施，建议仍可进行以下探索。

（1）优化免费师范生培养课程体系

免费师范生主要面向中西部地区、农村地区从教，因此在课程设置上应

[①] 方增泉，戚家勇. 推进和完善师范生免费教育制度——基于北京师范大学 2007—2009 级免费师范生的调查. 教师教育研究，2011（1）：63-68.

[②] 潘小春. 首届免费师范生就业政策实施情况研究. 教育理论与实践，2014（1）：26-29.

[③] 商应美. 免费师范生就业政策实施 10 周年追踪研究——以东北师范大学五届免费师范生为例. 教育研究，2017（12）：141-146.

更注重地域性和差异性，实行有针对性的培养。同时，免费师范生一般能够在职攻读硕士研究生，因此要注重分阶段培养，对免费师范生培养课程体系进行一体化设置，体现本科教育与研究生教育的差异，在追求学术性的同时不要忽略师范性，在追求专业性的同时不要忽略教师的职业性。

（2）设计合理的准入和退出机制

目前，免费师范生主要依据高考成绩进行录取，但一位优秀的教师，除了自身的学习能力以外，还应考虑职业兴趣、意志品质等，因此更为科学的是在本科阶段培养过程中进行选拔，选择确实热爱教育事业，志愿到农村从教的学生进行培养。同时也可以采取毕业从教退费或奖励的方式吸引优秀学生从教。此外，在培养过程中，要建立合理的筛选和退出机制，对不适合和不合格的师范生进行淘汰。

（3）进一步制定并落实配套政策

一些调查显示，免费师范生教育的相关政策在各地落实存在差异，有些省份个别地方甚至连教师编制都不能得到很好的保障。同时在就业政策制定方面，应引导免费师范生到基层就业，真正发挥免费师范生的重要价值。此外，地方可参照国家免费师范生教育政策，实施本地区的免费师范生教育，实现免费师范生教育的多种层次、类型，满足差异化需求。

二、乡村教师支持计划

为更好地解决当前乡村教师队伍建设领域存在的突出问题，吸引优秀人才到乡村学校任教，稳定乡村教师队伍，带动和促进教师队伍整体水平提高，国家专门出台了乡村教师支持计划，从职前培养到职后培训、发展等方面进行了系统设计。2015年6月8日，国务院办公厅印发《乡村教师支持计划（2015—2020年）》。其主要内涵是聚焦乡村教师队伍建设，力争到2020年，造就一支素质优良、甘于奉献、扎根乡村的教师队伍，重点解决"下不去、留不住、教不好"三个问题。这一计划，对于促进教育公平、推动城乡一体化建设、推进社会主义新农村建设、实现中华民族伟大复兴的中国梦具有十分重要的意义。全国各地也针对地方实际情况出台了地方的乡村教师支持计划实施方案。

（一）背景

乡村教师队伍发展的结构、水平和稳定性等方面面临的瓶颈问题，催生了《乡村教师支持计划（2015—2020年）》的出台。

1. 乡村教师队伍结构失衡

乡村教师队伍发展存在数量结构失衡问题，数量不足矛盾显现。同时还存在年龄结构问题，乡村教师年龄普遍过大，以中老年教师为主。此外，学科结构失衡严重，语文、数学学科教师相对富足，而音乐、体育、美术、英语、信息技术等学科教师则严重短缺。

2. 乡村教师队伍整体水平不高

由于历史原因，乡村教师的第一学历一般不高，虽然后来通过其他途径提升了学历，但其知识结构等方面仍然存在缺陷。有调查显示，乡村教师的知识结构中，教育知识、通识性知识、实践性知识、信息技术知识匮乏，整体水平不高，且参差不齐。[1]这些严重制约了农村教育教学水平的发展。

3. 乡村教师队伍流失严重

由于自然条件、城乡二元发展结构等影响，乡村教师的收入水平、职称评聘、工作环境等方面均落后于城市教师。这造成了乡村教师岗位缺乏吸引力、稳定性差、流失率高等问题。《中国农村教育发展报告（2013—2014）》的调查显示，近年乡村教师流失率高，乡村教师流动意愿强烈，有流动意愿的教师占到71.12%。[2]

正是基于上述诸多因素，国家适时出台了《乡村教师支持计划（2015—2020年）》，尽快扭转这一局面。

（二）主要成效

自《乡村教师支持计划（2015—2020年）》实施以来，虽然时间不算太长，但成效初显。

---

① 肖正德. 农村教师队伍结构的失衡问题与优化策略. 课程·教材·教法, 2012（4）：104-108.
② 邬志辉，秦玉友. 中国农村教育发展报告2013—2014. 北京：北京师范大学出版社, 2015：342.

1. 乡村教师来源渠道拓宽

为了落实国家《乡村教师支持计划（2015—2020 年）》，各地纷纷出台了地方《乡村教师支持计划（2015—2020 年）》的实施方案，对乡村教师的来源渠道进行了顶层设计，拓宽了来源渠道。一份对全国《乡村教师支持计划（2015—2020 年）》的文本分析显示，"除去传统教师招聘，这些拓宽渠道大致可以归为三个方面：吸引鼓励（特岗、免偿、补助）、流动（退休教师、骨干教师和校长流动，县城教师轮岗）、培养（定向培养'一专多能'或'全科'免费师范生）。具体有五大内容：特岗教师、定向培养、学费补偿、退休支教、教师流动"[①]。基本上所有省（自治区、直辖市）都采取了其中的 4～5 种形式补充乡村教师队伍，乡村教师队伍来源渠道大大拓宽。如湖北省提出"退一补一"政策，乡村学校新进教师落实"国标、省考、县管、校用"制度，按照"总量平衡、退一补一"原则，实行乡村教师省级统筹。据统计，近 4 年来，湖北全省累计为农村义务教育学校补充英语教师 57 000 人，音乐、体育、美术及信息技术教师 5200 人，一定程度上满足了紧缺学科对专业教师的需求。

2. 乡村教师工作生活待遇有所改善

各地出台的《乡村教师支持计划（2015—2020 年）》实施方案对改善教师生活待遇提出了具体的措施，如依法为教师缴纳住房公积金和各项社会保险费，做好乡村教师重大疾病救助工作和周转宿舍建设，将符合条件的乡村教师住房纳入当地住房保障范围统筹予以解决；全面落实乡村教师生活补助政策，依据学校艰苦边远程度实行差别化的补助标准，有些省（自治区、直辖市）甚至规定了具体的补贴标准。如云南省寻甸回族彝族自治县（简称寻甸县）乡村教师生活补助发放标准每月为 500～1500 元，根据学校环境、地理区位、交通条件、边远艰苦程度等情况，同时依据与"两个中心"（即"县城区中心"和"乡镇政府所在地中心"）的远近，按照公平化、差别化原则和向村小、教学点及艰苦边远地区学校倾斜的原则，划分 10 个档次，其中少数民族教师在所在学校执行标准基础上提高 2000 元，双语教师提高 3000 元。寻甸县的乡村教师还享受自治县补贴每月 800 元、乡镇工作补贴每月 500 元，寻甸县乡村教

① 刘佳. "乡村教师支持计划"实施方案研究——基于 31 个省（区、市）"乡村教师支持计划"实施办法的内容分析. 教师教育研究，2017（3）：100-107.

师每月新增收入 1800～2800 元。[①]

3.乡村教师职称评聘条件优化

各地在乡村教师职称评聘方面均予以倾斜，各地普遍细化了《乡村教师支持计划（2015—2020 年）》所规定的内容并有所突破：一方面，规定乡村学校任教累计满 25 年且仍在乡村学校任教的教师，聘任专业技术岗位时不受岗位职数的限制；另一方面，调整乡村学校教师岗位结构比例，中级增加 5%，高级增加 3%。这些举措的实施，提高了乡村教师工作的积极性。

4.城乡教师资源配置更加合理

《乡村教师支持计划（2015—2020 年）》中的一项重要举措就是促进城乡教师交流，优化资源配置，各地出台的乡村教师支持计划实施方案中均有相关的支持措施，如对于城市中小学教师评高级职称，74.2% 的省（自治区、直辖市）沿用了《乡村教师支持计划（2015—2020 年）》中需在乡村学校或薄弱学校任教 1 年以上的规定；19.4% 的省（自治区、直辖市）规定为 2 年以上，6.5%的省（自治区、直辖市）规定为 3 年以上。[②]这一举措成为缩小城乡教育差距，促进师资力量在城乡间公平合理配置的有效手段，并初显成效。如陕西省商州区和云南省广南县都积极探索乡村教师实施区域内"小学区制"管理，相邻的几个乡镇同属一个学区，由乡镇中心学校统一管理，包括教师交流，两县（区）遵循"严控总量、城乡统筹、按需配备、结构优化、动态管理"的原则，重点引导优秀校长和骨干教师由超编校向缺编校、优质校向薄弱校、城镇校向农村校合理流动，有效促进了城乡教师资源优化配置，有利于县域义务教育优质均衡发展。

5.乡村教师职业幸福感提升

各地均积极落实乡村教师荣誉制度，乡村教师的辛勤劳动得到了充分肯定，一些地方还在乡村教师荣誉制度方面进行了大胆创新，如四川省蓬安县除了给从教 30 年的教师发放荣誉证书，还规定在农村地区从教 30 年，符合职称

---

① 付卫东，范先佐.《乡村教师支持计划》实施的成效、问题及对策——基于中西部 6 省 12 县（区）120 余所农村中小学的调查. 华中师范大学学报（人文社会科学版），2018（1）：163-173.

② 刘佳. "乡村教师支持计划"实施方案研究——基于 31 个省（区、市）"乡村教师支持计划"实施办法的内容分析. 教师教育研究，2017（3）：100-107.

评定基本条件且表现突出的，可以直接推荐评高级职称；从教 10 年、20 年的，工资不受职称限制，直接享受该职称的最高档位工资。北京、甘肃还出台了优待乡村教师子女的相关措施。

6. 乡村教师能力素质得到提升

各地均对乡村教师的成长发展提出了有效的对策措施，在经费投入、课程设计、组织实施等方面均提出了具体的方案。如培训学时方面，海南规定市县组织教师培训要达到 72 个学时，天津规定为 480 个学时，辽宁等地规定 2017 年底前乡村教师参加信息技术培训必须达到 50 个学时；在培训内容方面，师德培训、信息技术能力培训、教育教学技能培训成为乡村教师培训的必修课程。通过制度化的举措，乡村教师能力得到显著提升。

（三）反思与建议

《乡村教师支持计划（2015—2020 年）》实施已初见成效，为更好地取得积极的效果，部分政策的落实值得进一步优化。

1. 反思

（1）乡村教师的补充仍不能满足现实需要

乡村教师的数量和结构问题由来已久，短时间内不能有效解决。相关调查显示，《乡村教师支持计划（2015—2020 年）》实施以后，各地采取多种措施吸引人才到乡村任教，但存在一些专业不对口的现象，且新任乡村教师多为青年教师，流动性特别强，导致教师更换变动频繁。

（2）乡村教师的相对幸福指数不高

《乡村教师支持计划（2015—2020 年）》的实施，使得教师的经济待遇得到显著提高，部分地区甚至超过了城市地区。但"社会学相对剥削理论认为，人们如何评估他们所处的环境，取决于他们拿自己与什么人相比。因此，剥夺感与个体所体验到的物质贫困水平并不直接对应。对于乡村教师而言，所任教地区农民以及同地区县城中小学教师，往往容易成为他们的比较对象。随着各地农村经济的发展，农民收入水平提高，这容易让乡村教师产生相对剥夺感，进而影响他们的从教意愿与从教心态"①。

（3）乡村教师职业发展环境亟待优化

《乡村教师支持计划（2015—2020年）》的实施对教师的职称评聘给予了很多优惠政策，但由于历史欠账问题，很多老教师的职称问题没有得到有效解决，新教师的职称评聘问题也不得不被耽搁，使新教师产生挫败感和倦怠感。另外，新教师的职业成长缺乏有效的支持环境，乡村学校缺乏有效的教研组织和传帮带的制度措施，使得年轻教师发展得不到有效指导和帮扶。

2. 建议

《乡村教师支持计划（2015—2020年）》的实施，需进一步优化相关措施，增加乡村教师职业的吸引力。

（1）进一步拓宽乡村教师补充渠道

各地出台了《乡村教师支持计划（2015—2020年）》实施方案，也列举了相关的乡村教师补充渠道，但还需进一步落实、精准实施相关政策。如切实实施定向培养计划，补充乡村教师队伍，采取定向招生、定向培养、定向就业的模式培养具有乡土情怀的教师。在特岗教师计划实施方面，切实招录特别紧缺学科的教师，破解乡村教师结构性失衡问题。

（2）进一步提高乡村教师的职业幸福感

继续全面提升乡村教师待遇，增强乡村教师职业的吸引力，实现待遇留人。如湖南省泸溪县一方面用足上级政府政策，包括中央实施的集中连片特困地区乡村教师生活补助政策、湖南省实施的武陵山片区农村人才津贴政策；另一方面主动作为，全面提高教师的待遇，增强教师的职业幸福感。此外，还应关注乡村教师的情感发展，注重培养乡村教师的乡土情怀，培养认同感。

（3）进一步夯实乡村教师专业发展通道

教师自身需要不断发展提升上升空间，因此首先必须营造良好环境，确保按照生师比和班师比相结合的方式核定乡村学校编制。同时实现教师由"单位人"向"系统人"转变，推进"县管校聘改革"，增强教师评聘和使用的灵活性，激发教师工作积极性。此外，还应优化教师的培训环境，增强培训的针对性。

---

① 刘佳. "乡村教师支持计划"实施方案研究——基于31个省（区、市）"乡村教师支持计划"实施办法的内容分析. 教师教育研究，2017（3）：100-107.

三、"国培计划"

为加强教师继续教育，提升培训质量，国家实施"国家级教师培训计划"。其实一直以来国家都十分重视教师的培训工作，并在 21 世纪进一步提升其重要性和高度。2010 年，教育部、财政部联合发布《教育部、财政部关于实施"中小学教师国家级培训计划"的通知》，决定实施"国培计划"。"国培计划"是加强中小学教师特别是农村教师队伍建设的一项重要示范性举措，包括"中小学教师示范性培训"和"中西部农村骨干教师培训"两项内容。"中小学教师示范性培训"主要包括中小学骨干教师培训、中小学教师远程培训、班主任教师培训、中小学紧缺薄弱学科教师培训等示范性项目，由中央本级财政支持实施，每年 5000 万元。"中西部农村骨干教师培训"项目以农村中小学教师置换脱产研修、教师短期集中培训、教师远程培训为重点，2010 年中央财政安排专项资金 5 亿元，支持中西部地区按照"国培计划"总体要求，对农村义务教育骨干教师进行有针对性的专业培训。

（一）背景

"国培计划"的实施主要是基于以下背景。

1. 教师培训类型多样，缺乏引领

国家一直重视教师的培训工作，因此各地都建立了较为系统的教师培训网络，但由于培训牵头单位过多，类型多样，造成培训管理不统一等问题。为进一步提升培训的重要性，树立标杆，提供范例，"国培计划"适时推出。

2. 骨干教师引领作用未很好发挥

在实施"国培计划"之前，各地也具有骨干教师培训计划，但各地对骨干的要求和标准不一，不利于师资的均衡发展。实施"国培计划"，开展示范培训和骨干教师培训，有利于培训一批"种子"教师，使他们在推进素质教育和教师培训方面发挥骨干示范作用。

3. 中西部教师培训资源短缺

中西部地区由于经济发展等因素的影响，在教师培训经费、资源等方面

存在不足，为有效促进中西部地区教育均衡发展，实施"国培计划"能够起到"雪中送炭"的作用，重点支持中西部农村教师培训，引导和鼓励地方完善教师培训体系，加大农村教师培训力度，显著提高农村教师队伍素质。

4. 教师培训资源和形式不够丰富

以往的培训更多的是各地各自为战，不能有效地发挥高等院校和相关研究培训机构的辐射作用，造成优质培训资源的闲置。同时，尤其是高等师范院校不能有效地面向基础教育，参与教师的专业发展，服务基础教育。

（二）主要成效

"国培计划"实施以来，在教育部相关部门的精心组织下，各地认真实施，取得了显著效果，为教师队伍建设注入了新的活力与动力，具体成效如下。

1. 教师受益面广，满意度高

"国培计划"虽然重在培养"种子"教师，但是还是十分注重覆盖面的问题，如"2010 年，共计培训中小学教师 115 万人，其中农村教师 110 万名，占参训教师总数的 95.60%，多数教师是第一次参加国家级培训。'国培计划—示范性项目'培训 33.4 万人，其中，集中培训骨干教师 9000 名，远程培训 32.5 万人，覆盖全国 32 个省份 600 多个县。'国培计划—中西部项目'培训 81.6 万人，其中，置换脱产研修 1.8 万人，短期集中培训 9.4 万人，远程培训 70.4 万人，覆盖 23 个中西部省份的 25 万余所农村中小学校，基本实现了农村义务教育学校全覆盖"[①]；2015—2016 年，共培训乡村教师、校园长 380 余万人次。研究者对教师培训进行了调查，以海南省为例，2013—2017 年接受省级及以上培训达 3 次以上的教师比例超过了 50%（图 5-1），且大多数教师对培训的课程设置、培训管理等都较为满意。

2. 培训主体深度参与，积极性高

"国培计划"的实施激发了两个团队的积极性：一是激发了各地师资培训机构的积极性。曾经由于教师教育机构的发展转型，许多地区的教师进修学校

---

① 中华人民共和国教育部. 中小学教师国家级培训计划取得显著成效. （2011）[2018-07-15]. http://old.moe.gov.cn/publicfiles/business/htmlfiles/moe/s4645/201105/120285.html.

或机构被撤销或兼并，不被重视，在"国培计划"的带动下，各地教师培训相关机构被重视起来，其主体性被充分激发，甚至各地采取多种手段加强地方研训机构队伍的建设，增加力量。二是激发了高校师资团队的积极性。过去高等学校教师较少参与基础教育的培训工作，通过参与"国培计划"，高校教师的职业生涯打开了一道新的窗口，同时有助于加强理论与实践的沟通，促进高校教师的专业发展。

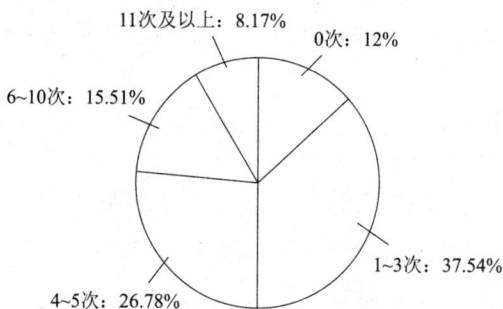

图 5-1　2013—2017 年教师参加省级及以上培训的次数情况

3. 创新了教师培训模式和资源

"国培计划"的实施，各方主体积极参与，极大地调动了各方的积极性和主动性，以及创造性。在具体的培训实践中，各地培训模式不断创新，教育部教师教育司还专门编写了《"国培计划"典型案例集》介绍各地经验，如湖北的"天地一体"本地化远程培训模式，宁夏的"双线四级管理模式"等。同时，在培训过程中，各地积累了丰富的课程资源，既有传统的纸质资源，又有在线网络课程资源，极大地丰富了教师培训资源，为教师的反复学习、在线学习等提供了十分便捷的条件。

总之，"国培计划"的实施取得了显著成效，有效地发挥了"种子"作用和"雪中送炭"的作用。

（三）反思与建议

"国培计划"实施取得显著成效的同时，也存在一些发展中的问题，值得关注。

1. 反思

（1）部分教师参训积极性不高

部分教师存在轻视培训的观念，缺乏主动性和内在学习动力。特别是部分农村中小学教师普遍工作繁重，多数教师兼任一门或多门其他科目，使得教师们从繁重的工作中解脱出来得到休息成为本能愿望，参训不是为了学习，而是为了休息。另外，部分教师对教育理论存在认识偏差，导致对参加"国培计划"积极性不高。

（2）培训针对性和实效性不强

培训内容与教师需求之间还存在一定差距。一些调查中教师反映，很多培训理论讲授课程过多，缺乏一线名师的现场示范和指导，培训所学很难迁移到教学实践中。此外，各级培训承担机构缺乏规划和衔接，存在重复现象。当授课教师讲授的知识让受训教师觉得乏味，缺乏"实践性"与"可操作性"时，当受训教师认为培训脱离农村实际，对自己没有很大帮助时，内在的参培热情就会慢慢消失，转而采取消极或者抵制态度。[1]这导致部分参与培训的中小学教师在培训过程中混日子，降低了"国培计划"的实效性。

（3）培训系统性和持续性不足

当前的"国培计划"更多地强调示范性和骨干教师的培养，而对教师的整体生涯发展考虑不够。如各地在对新教师的培养方面缺乏系统的课程设计，部分新任教师"没有经过系统培训，匆匆上岗，容易导致不会备课、不会上课、不会批改作业、不会当班主任的现象，影响了教学效果，打击了其教学自信心"[2]。同时，各种培训存在一次终结的现象，缺乏持续有效的后期跟踪指导。

2. 建议

为更好地发挥"国培计划"的作用和价值，建议在以下方面进一步努力。

（1）把关参训人员选拔，提高参训者培训热情

做好参培教师的遴选工作，选拔真正有培训需求的合适教师参培，是保

---

[1] 曾水兵，聂雯嫔. 关于农村教师培训需求的调查与思考——以中部某省"国培计划"参培学员为调查对象. 中国教师，2012（6）：55-58.

[2] 王炳明. 乡村教师队伍建设的政策分析——基于湖南省泸溪县落实《乡村教师支持计划》的案例研究. 中国教育学刊，2017（2）：35-40.

证培训质量和维护教育公平的一个重要环节。[①]学校及有关部门应该建立一套科学的选拔制度，保证参加"国培计划"培训的都是最合适、最有代表性的骨干教师，达到"种子教师"的引领作用，杜绝因其他主观因素影响参训教师的质量和标准，禁止盲目"替培"。此外，可对参培教师进行训前动员，更正他们对教师培训的错误认识，引导其对教学专业理论的深层理解，激发其继续发展的意识和热情。

（2）大力实施实践型课程，解决教师实际需求

合理设置课程是转变教师培训方式、提高教师培训工作的专业水准、实施高效培训的关键要素。[②]"国培计划"的根本目的在于通过培训课程解决农村中小学教师在实际教学过程中的问题，以解决他们的实际需求为主。相关调查发现，参训教师大多对实践性强的课程比较感兴趣，在课程设置方面，可以有意识地加强课程的可操作性，使之更符合参训教师的内在需求和兴趣。为实现这个目标，可以尝试让中小学优秀教师这一优质资源参与到课程设计中来。

（3）强化培训监控与评价，增强培训的系统性

"国培计划"实施目前虽有学员满意度的调查，但仍然显得较为单一，建议相关管理部门采取第三方独立评估的方式对承担培训项目的全过程进行评估，对培训过程、培训管理、跟踪服务等进行切实有效的评价。同时，建议各地设置"国培计划"统一管理机构，改变目前培训过多、重复等乱象，设计更为系统、全面的课程体系，着眼于教师长远发展和专业发展，尤其注意运用"互联网＋"的手段做好跟踪指导。

四、绩效评价制度

教师绩效评价制度主要指在义务教育阶段实施绩效考核制度，以此作为教师人力资源管理的重要手段。教师绩效考核主要是指教师履行《中华人民共和国义务教育法》《中华人民共和国教师法》《中华人民共和国教育法》等法律法规规定的教师法定职责，以及完成学校规定的岗位职责和工作任务的实绩，

---

① 韩素兰，王贞如. 责任重于泰山——对2010年"国培计划"推荐参训教师的思考. 中小学教师培训，2011（9）：5-6.

② 高闰青. "国培计划"置换脱产研修项目培训体系的构建. 西北师范大学报（社会科学版），2011（3）：69-73.

包括师德和教育教学、从事班主任工作等方面的实绩。师德主要考核教师遵守《中小学教师职业道德规范》的情况，特别是为人师表、爱岗敬业、关爱学生的情况。在考核中，要明确规定，教师不得以任何理由、任何方式有碍完成教育教学任务，不得以非法方式表达诉求、干扰正常教育教学秩序、损害学生利益，并将此作为教师绩效考核合格的必备的基本要求。教育教学主要考核教师从事德育、教学、教育教学研究、教师专业发展的情况。德育工作是每个教师应尽的责任，要结合所教学科特点，考核教师在课堂教学中实施德育的情况；教学工作重点考核教学工作量、教学准备、教学实施、教学效果，以及组织课外实践活动和参与教学管理的情况；对教学效果的考核，主要以完成国家规定的教学目标、学生达到基本教育质量要求为依据，不得把升学率作为考核指标，要引导教师关爱每个学生，特别是学习上有困难或品行上有偏差的学生。教育教学研究工作重点考核教师参与教学研究活动的情况。教师专业发展重点考核教师拓展专业知识、提高教育教学能力的情况。班主任是义务教育学校教育教学工作中的重要岗位。班主任的工作任务应作为教师教学工作量的重要组成部分，要鼓励教师尤其是优秀骨干教师积极主动承担班主任工作，使他们有热情、有时间、有精力，高质量高水平做好班主任工作，当好学生的人生导师，促进学生德智体美全面发展。要强化对班主任工作的考核，重点考核其对学生的教育引导、班级管理、组织班集体和团队活动、关注每个学生全面发展的情况。①

（一）背景

2008年，教育部下发《教育部关于做好义务教育学校教师绩效考核工作的指导意见》，加强教师队伍建设，原因在于以下两个方面。

1. 绩效考核是世界各国教师管理的通行做法

近年来，世界各国都在探索实施绩效工资制度，如美国一些公立学校在逐步推广。1999年9月30日召开的美国第三届教育首脑会议上，与会者

---

① 中华人民共和国教育部. 教育部关于做好义务教育学校教师绩效考核工作的指导意见.（2014）[2018-07-15]. http://old.moe.gov.cn/publicfiles/business/htmlfiles/moe/s7051/201412/xxgk_180682.html.

提出了要重视教学和教师队伍质量，加强绩效责任制，促进学校多样化等问题。大家经过认真激烈的讨论，在教师工资与教学成就挂钩的问题上达成了共识。①2007年6月中旬，澳大利亚教育部长朱莉·毕晓普宣布了一个顾问遴选计划，提出要为制订教师绩效工资制的具体实施方案聘请专职顾问。②此外，英国也在积极探索实施绩效工资制度。

2.义务教育阶段教师绩效工资制度已经进行探索

2006年，国家颁布《人事部　财政部关于印发事业单位工作人员收入分配制度改革方案的通知》和《事业单位工作人员收入分配制度改革实施办法》等文件，开始实施事业单位工作人员收入分配制度改革。这次改革是国家在收入分配领域里推出的又一重大举措，符合当前事业单位现状和发展需要，同时也体现了劳动价值论发展方向。③为此，2008年12月，国务院审议并通过《关于义务教育学校实施绩效工资的指导意见》，决定从2009年1月1日起，在全国义务教育学校实施绩效工资。为配合做好义务教育学校实施绩效工资工作，教育部印发了《关于做好义务教育学校教师绩效考核工作的指导意见》、《义务教育学校实施绩效工资政策宣传提纲》和《教育部关于做好义务教育学校教师绩效考核工作的指导意见》等文件。实施绩效工资制度呼唤相应的绩效考核制度。

因此，各地要从实际出发，围绕考核内容，建立健全科学完善的教师绩效考核指标体系，以便实施绩效工资制度。

（二）主要成效

自教育部颁发通知实施绩效评价制度以来，各地各校结合实际制定了相关的实施方案，取得了初步成效。

1.教师工作积极性显著提高

绩效考核制度的实施，较好地关注了公平与效率的问题，改变了过去"大

---

① 余飞. 美国实施绩效责任制的标准. 上海教育，2000（11）：63-64.
② 李茂. 美澳试水教师绩效工资制. 中国教师报，2007-06-27（4）.
③ 胡正友. 事业单位工资改革与岗位绩效工资制的实施. 安徽工业大学学报（社会科学版），2007（4）：110-112.

锅饭"干多干少一个样的弊端,激发了教师工作的积极性。绩效评价对教师取得的成绩给予充分的肯定,使教师获得物质和精神上的获得感、成就感,从而激发教师工作的积极性、主动性和创造性。与此同时,对教师教育教学工作中的不足,提出具体的改进建议,并对需要特殊帮助的教师给予专业的培训与指导,使之不断完善和改进,能够有效激发教师工作的积极性。

2.学校管理水平得到有效提升

绩效评价成为学校管理的重要手段和杠杆,各校制定了符合学校发展需要的考评指标体系,从而把学校发展的目标分解成教师个人的工作目标,把学校的发展目标与每一位教师的工作目标联系起来。实现学校发展和教师个体发展的统一,通过教师个体目标的实现,最终实现学校发展的总体目标。同时,还能通过绩效评价结果的分析,发现和纠正学校管理工作中存在的问题,进一步提高学校的绩效管理水平。[1]

3.教师待遇显著提高

绩效工资制度明确提出教师的工资不低于当地公务员的平均工资,这一具体要求较好地保障了教师的工资待遇,部分地区教师待遇显著提升。一项调查显示:在实施绩效工资前,工资水平在 2000 元以下的教师占调查总人数的 59.16%,其中 1500～2000 元的教师占调查总人数的 28.85%;3000 元以上的仅占调查总人数的 7.07%。发放 70% 的绩效工资后,以各地平均计,每月工资 2000 元以下的降至 26.39%;2000～3000 元的上升到 43.76%;3000 元以上的,则增加到 24.90%。[2] 可见,从总体上看,教师工资增加,且增幅明显。

(三)反思与建议

绩效评价制度实施以来,取得了初步的成效,但依然存在一些需要进一步优化的问题。

---

[1] 翟藏库. 教师绩效考核研究. 教学与管理,2011(4):26-27.

[2] 李晓莉. 义务教育教师绩效工资实施现状、问题与建议. 山东省农业管理干部学院学报,2011(3):170-171.

1. 反思

（1）教师绩效评价指标体系尚不完善

绩效评价指标的制定是否全面科学对绩效评价的结果影响很大。现行的指标主要依据教育部颁发的通知方案，集中于三个大的方面，略显笼统，缺乏明确具体的标准，尤其是缺乏全面评价教师教学工作绩效的指标体系，即使有量化指标体系，但由于教育活动的复杂性，其权重和比重仍然难以确定，容易挫伤教师的工作积极性。在实际工作中出现了简单的评价方案，如主要依据学生的考试成绩对教师进行绩效评价。

（2）教师绩效评价过程不科学

绩效评价本质上是为学校科学管理服务的，当前绩效评价仅仅作为绩效工资发放的重要手段，没有使绩效考核成为绩效管理的一部分。实际上，绩效管理是一个完整的过程，它包括计划、实施、评价、反馈、应用等环节。教师绩效评价中的许多环节名存实亡，教师在考核之前，对考核的内容和程度不够了解，考核之后也仅仅知道一个简单的考核结果，且通常没有重大教学事故或者师德问题，一般考核结论均为合格。绩效评价结果没有发挥应有的作用。

（3）教师绩效评价的主体较为单一

教育部门要求绩效考核工作采取教师自评与学科组评议、年级组评议、考核组评议相结合，同时适当听取学生、家长及社区的意见。然而实际考评主要由学校领导和个别教师代表组成考核小组，没有有效发挥多元主体的作用。

2. 建议

为进一步优化教师绩效评价方案，建议从以下方面进行优化。

（1）树立发展性教师绩效评价理念

明确教师绩效考评的目的，体现考评理念的发展性。考评不是为了对教师进行奖惩和工资发放，而是帮助教师发现自身的优势和不足，促进自身专业发展，从而帮助学生发展。

（2）建立科学的教师绩效评价指标体系

完善绩效考评指标体系，进一步科学化，尤其是注重吸收世界各国的先进经验。对于每个学校来说，应该制定更为符合学校特点的考评指标体系，体现学校的特色和差异，而不能一刀切。同时，注重定量和定性相结合的方式，人才培养的过程具有复杂性，单一的量化或定性都存在不足。

（3）增强教师绩效评价过程的公开和透明度

绩效评价关系教师的切身利益，应加强考评过程的公开和透明度。考评过程可吸纳教师参与指标的制定，增加教师的参与感和责任感，从而增强考评的透明度。

第三节　义务教育教师队伍发展的反思及建议

义务教育教师队伍发展虽取得了巨大的成就，但不少地区，尤其是中西部贫困地区在发展中也不可避免地存在一些问题。

一、义务教育教师队伍发展的反思

（一）部分地区教师队伍结构失衡

教师队伍结构包括年龄、学科、性别、职称等方面，从相关数据来看，这些方面均存在不同程度的问题。①年龄结构老化，小学阶段尤为突出。研究者进行的一项调查显示，海南省部分市（区、县）有些学校 10 余年未新引进教师，最长达 16 年，原有队伍平均年龄偏高，老化严重。海南省海口市秀英区 35 岁以下的教职工占 13.16%，35 ～ 49 岁的教职工占 63.16%，50 岁以上的教职工占 23.68%，教职工平均年龄约 44.5 岁。教师队伍老化极易导致青黄不接、活力不足等问题。②学科结构不合理。数据显示，由于传统教育观念和考试制度等影响，中小学语文、数学等学科教师数量充足，但其他学科存在明显不足，结构性缺员严重。小学阶段英语、美术、音乐、体育等学科师资紧缺；部分地区初中历史教师紧缺；随着新高考的到来，高中阶段通用技术、生涯规划等课程教师缺乏。③职称结构不合理，且城乡悬殊。经查阅山东、海南等省的中小学校岗位设置比例指导标准发现，普通小学和初级中学高级教师岗位结构比例一般在 5%、15% 左右，普通高级中学高级教师岗位结构比例在 25% 左右。近年来国家实施了中小学教师职称改革，增设正高级职称，但正高级教师比例少得可怜，农村地区更是少之又少，差异明显。

（二）教师流动引导不足

全国各地基本都依据国务院的文件制定了本地区的教师流动政策，采取"省级统筹、以县（市）为主"的方式。但教师流动并未形成良性机制，更多是迫于无奈。一方面流动多因职称晋升需要，大多数县（市）在校长和教师流动的政策文件中都有明确规定，晋升高级职称必须支教、流动一年，许多教师迫于这一政策压力进行流动。另一方面教师流动支持环境不力，交通、子女教育、家庭生活等问题制约教师流动。影响和制约教师流动的主要因素，如图5-2所示。

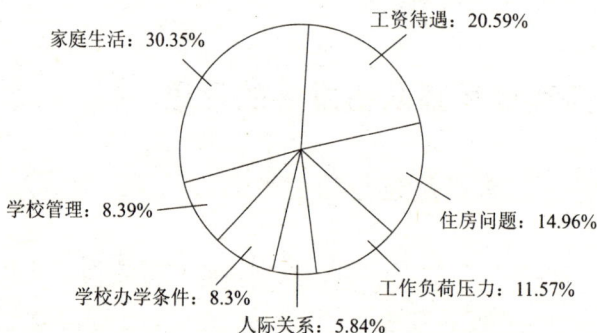

图 5-2　影响和制约教师流动的主要因素

从图 5-2 来看，家庭生活、工资待遇、工作负荷压力、住房问题等成为教师流动的主要制约因素。与此同时，教师交流轮岗存在城市教师不愿到农村任教，农村教师亦不愿进入城市任教的怪象。城区学校教师不愿意交流到农村学校任教，主要是因为交通、住房等生活成本问题。农村教师不愿意交流到城区学校是因为农村工作轻松，待遇还高，且农村教师年龄偏大，交流后给家庭和生活上造成不便，交流积极性、主动性不强，此外农村教师不适应城区学校高强度的教学任务，不适应教学需要，甚至不被学生认同，且家长意见大。

（三）教师评价流于形式

近年来教师评价主要是结合绩效工资发放进行考核，但并没有很好地体现绩效考核的本来意图。一方面评价方案虚化，尤其是师德考核缺乏具体指标，师德考核成为实际考评的重点和难点。另一方面考核评价流于形式，有些学校考核程序实施不规范，简单以投票代替考核，或者轮流享受优秀指标，一定程度上存在走过场或虚化、弱化的情况。此外，在实际的考核过程中，极少有教职工被评定为不合格等次，通常评价结果也没有得到合理运用，这些导致评价并未发挥应有价值和作用。

（四）教师队伍活力不足

教师队伍活力不足成为一个共性问题，甚至出现教师爱岗不敬业的现象。活力不足主要表现在三个方面：①青年教师进取心不强。为促进教师成长，激励教师发展，各省（自治区、直辖市）都评选了骨干教师、学科带头人、特级教师、教坛新秀、教学能手、教科研骨干等，以便让他们发挥更好的示范带动作用，但近些年具有这些称号的教师一般都承担比较繁重的培训和送教等任务，且有严格的考核和淘汰机制，但待遇方面没有特别的津贴，仅有工作补助和差旅补助（特级教师有特定津贴），其他骨干教师在月工资和奖励性绩效工资中均没有差别。因此，有些骨干教师做几年就放弃了，青年教师看到骨干教师那么辛苦又没有什么好的待遇，也不想去当骨干教师，丧失斗志。②一些教师评上高级职称后就产生懈怠情绪，因为没有上升空间，也没有淘汰、退出机制。③过程激励机制缺乏，学校调动教师积极性手段匮乏。试行绩效工资后，教师工资基本稳定，学校能够控制的奖励性绩效工资比例仅为30%，难以调动教师工作积极性。

二、义务教育教师队伍发展的建议

（一）优化义务教育教师培养、准入、退出机制

当前义务教育阶段教师队伍的年龄结构、学科结构失衡问题，许多是由历史原因造成的。笔者建议：①政府采取切实措施优化教师准入途径，除国家实施的免费师范生计划和《乡村教师支持计划（2015—2020年）》外，实施地方卓越教师培养计划，重点培养幼儿园、小学、特殊教育教师。②切实落实教

师考核办法,对于不合格师资,出台退出机制。如对工作年限满三十年的或距国家规定的退休年龄不足五年,且工作年限满二十年的教职工,因身体原因不能胜任教学工作的提前退休,不再占用编制;对因长期有病不能继续从事教学工作的人员,按照国家规定办理病退手续,退出教师岗位,为教师的调配补充置换出编制空间。建议实施提前离岗或退养政策,男57周岁,女52周岁,或男工作年限满35年,女工作年限满30年,经申请批准可以办理提前离岗或退养,办理减编手续,腾出空编招聘年轻教师补充教师队伍。③建立师范大学、教研机构、中小学联动机制,依托省属重点师范院校成立省级教师发展中心,切实完善中小学教师培养机制,促进职前、职后一体化发展,充分发挥好地方师范院校和教研机构的作用。

(二)进一步完善义务教育教师流动机制

教师流动有助于促进城乡教师交流,促进义务教育均衡发展。笔者建议:①短期内可建立教育、人力资源和社会保障、编办等部门协调机制,灵活处理教师区域内流动带来的编制、社保、工资待遇等问题。②从长远看,建议成立县域内教师管理中心,统一调配教师,采取"县管校聘"模式,确保教师县域内良性流动。③从流动形式上看,建议不急于采取城乡双向流动模式,可采取城市与城市交流、农村与农村交流、城市支援农村等多种模式,最后再逐步过渡到城乡双向交流。④在流动补偿机制上,建议参照公务员队伍,落实生活补贴、交通补贴、住房补贴等相关补偿补贴。

(三)多措并举改善义务教育教师培训和进修

教师培训和进修是教师专业成长的有效路径。笔者建议一方面建立省级教师培训和进修统筹协调中心,挂靠师范院校或研训机构,统筹设计教师培训和进修课程体系,实现菜单化学习;另一方面成立市县教师研训中心,具体实施和管理教师培训和进修,防止培训重复、不均衡现象。此外,丰富培训形式,实现专题培训和在线学习相结合,外出培训和校本学习相结合,以校本为主,同时丰富具体形式,多开展案例研习、经验交流活动。笔者进行的一项调查显示，教师较为认同的培训方式包括案例分析、经验交流和教学示范（图 5-3）。再者，应落实培训考核评价，强化考核的目标导向和评估作用，使培训有压力、有收获、有成效，以及丰富在职教师学历进修途径。

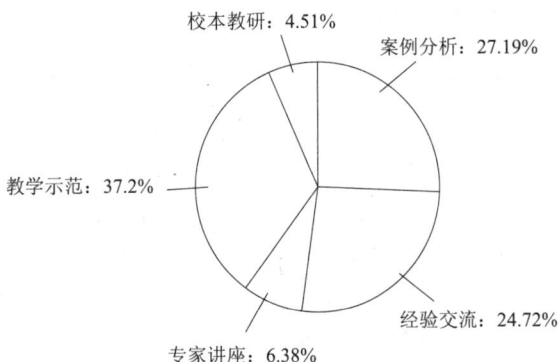

图 5-3 教师认同的培训方式

（四）多手段激发义务教育教师队伍活力

教师队伍活力直接影响教育教学质量。笔者建议一方面打破编制壁垒，实现编制教师和临聘教师同工同酬；另一方面参照高校教师管理模式，尝试建立评聘分开制度，能上能下，同时可以尝试建立教师职级制度，给教师职业成长创造更多机会。此外，还可以开展各种竞赛，营造氛围，建议举办各种层次类型的教师基本功大赛、教师技能大赛等，促进教师交流、竞争。再者，应试行新聘教师试用期考核制，激发新入职教师的工作热情与动力。新招聘教师必须有 1 ~ 2 年完整教学经历（待遇与正式教师相同），经试用学校或第三方评价机构考核合格以后，才能具备参加招聘考试和录用的资格。

第六章

义务教育经费发展

经费即经办事业支出的费用。教育经费则是指在经办教育的过程中支出的费用。这些费用包括支付人力资源的货币和支付实物资源的货币。换言之，教育经费就是发展教育所需要的所有资源的货币形式的总和。

学界对于教育经费的含义有两种观点：从狭义上讲，教育经费是国家用于发展各级教育事业的费用，包括教育事业费（各级各类学校的人员经费和公用经费）和教育基本建设投资（建筑校舍和购置大型教学设备的费用等），这种观点将教育经费的支付人界定为政府部门，具有官方属性；而从广义上讲，教育经费是国家、各级政府、社会力量及个人直接用于教育的费用，是为教育提供物质条件的货币表现，包括国家财政性教育经费、社会团体和公民个人办学经费、社会捐资经费及其他经费，它不仅肯定了国家在教育经费中的作用，同时将社会团体的各类货币资源、公民个人的教育货币资源及家庭的教育货币资源都囊括其中。

《中华人民共和国义务教育法》第四十二条明确规定，"国家将义务教育全面纳入财政保障范围，义务教育经费由国务院和地方各级人民政府依照本法规定予以保障。国务院和地方各级人民政府将义务教育经费纳入财政预算，按照教职工编制标准、工资标准和学校建设标准、学生人均公用经费标准等，及时足额拨付义务教育经费，确保学校的正常运转和校舍安全，确保教职工工资按照规定发放"。

物质条件是事物发展的基础，没有经费，则"国家举办教育"无法实现。对于义务教育来说，其强制性、全民性和普及性等特点使得国家经费对于义务教育发展的影响和意义更为凸显。

从中华人民共和国成立之初到改革开放以前，我国的基础教育发展显著，但由于国力、财力等各种原因的限制，我国并未建立起义务教育制度。随着十一届三中全会召开，我国政治经济政策的拨乱反正，我国的经济发展走上了"快车道"，全国人民在中国共产党的领导下进入了改革发展和经济建设的新的历史阶段，国家的社会、经济、政治等领域都取得了长足的发展，1986 年，《中华人民共和国义务教育法》的颁布标志着义务教育制度得以确立，义务教育经费发展也就随之展开。

第一节　义务教育经费发展的成就与经验

1949 年，我国在一穷二白、满目疮痍的"穷底子"上开始兴办教育。我国经过数十年的艰苦探索，虽然也经历了一些探索过程中的挫折，但一直砥砺前行，为基础教育的发展作出了巨大努力。特别是改革开放以后，我国的经济迅速发展，国民生产总值和经济总量在世界的排名不断上升，社会发展和经济发展取得了前所未有的巨大成就。国家经济实力的提升为义务教育的经费提供了保障。

"大河有水，小河不干。"我国多年的教育实践已经表明，只有国家富强才能保障义务教育经费的充足投入，也只有国家富强才能取得义务教育经费在筹措、投入、分配、使用等多方面的成就。我国人口基数巨大，国土面积广阔，国民教育在中华人民共和国成立之初的起点极低，这些特殊的国情和教育条件，使得我国的义务教育的经费在投入、使用和保障方面都有一定的典型性和经验性，值得梳理和总结。

一、义务教育经费发展的主要成就

我国的义务教育是典型的"穷国办大教育"，经过改革开放 40 年的奋斗，我国现在已经初步实现了从人口大国转变为人力资源大国的目标。

1986 年出台的《中华人民共和国义务教育法》确认了在经费上地方负责、分级管理的体制，由各级政府分担义务教育经费，这是现行义务教育财政体制的基础。随后在社会经济的发展过程中，我国义务教育经费的筹资渠道不断拓展，政府责任不断加强。2012 年，国家财政性教育经费首次超过 2 亿元，占GDP 的比例首次超过 4.00%，这在我国教育史上具有重要意义。在之后的发展中，财政性教育经费占 GDP 比例逐年上升。截至 2017 年，我国教育经费总投入已经达到 42 557 亿元，其中，义务教育经费总投入为 19 358 亿元，比2016 年增加了 9.96%[①]，义务教育经费在投入总量和重点保障等方面都取得了举世瞩目的成就。

（一）义务教育经费总量逐年增长

经费总量是衡量一国财政性教育支出的重要指标。通俗地说，要落实科教兴国战略和人才强国战略，支持教育改革和发展，没有足够的经费是不行的。而对于中国这样的人口大国来说，义务教育经费的总量是一个"天文数字"，必须将义务教育经费摆在公共财政的突出位置予以重点保障。改革开放40 年来，各级财政部门认真贯彻党中央、国务院关于优先发展教育的一系列重大方针政策，克服各种困难，实现了义务教育经费的逐年增长，持续不断地加大教育经费投入，实现了义务教育经费的巨量发展。

早在 20 世纪 80 年代中期，由厉以宁、陈良焜、王善迈、孟明义组成的课题组以计量回归模型探讨了同层经济发展水平（以人均 GDP 或 GDP 代表经济发展水平）下公共教育支出的国际平均水平，根据测算当人均 GDP 达到 1000 美元时，公共教育支出的国际平均水平为 4.24%。[②] 据此，1993 年中国政府发布的《中国教育改革和发展纲要》首次提出国家财政性教育经费的支出在 20 世纪末占 GDP 的比例应该达到 4% 的目标。据统计，2001—2010年，我国公共财政教育投入从约 2700 亿元增加到约 14 200 亿元，年均增长20.2%，高于同期财政收入的年均增长幅度。[③] 2009 年，我国财政性教育经费

---

① 中华人民共和国教育部. 2017 年全国教育经费统计快报. （2018）［2018-05-08］. http://www.moe.edu.cn/jyb_xwfb/gzdt_gzdt/s5987/201805/t20180508_335293.html.

② 周洪宇，雷万鹏. 中国教育黄皮书 2013 年：进一步优化教育财政投入. 武汉：湖北教育出版社，2013：111-115.

③ 中华人民共和国教育部网站. 关于《国务院关于进一步加大财政教育投入的意见》有关问题的解读.（2011）［2018-05-11］. http://www.mof.gov.cn/zhengwuxinxi/zhengcejiedu/2011zhengcejiedu/201108/t20110811_586149.html.

支出（包含预算内教育经费、各级政府征收用于教育的税费、企业办学中的企业拨款、校办产业和社会服务收入用于教育的经费）占 GDP 比例达到 3.59%。[①] 2012 年，我国财政性教育经费支出占 GDP 的比例历史性地突破了 4%，此后我国财政性教育经费支出占 GDP 的比例一直保持在 4% 以上。2013 年，我国又启动了县域义务教育均衡发展督导评估，以评促建的思路也带动了义务教育经费的发展，特别是农村地区、经济欠发达地区的经费保障。自 2013 年县域均衡督导实行以来，我国在义务教育阶段累计投入经费 2.73 万亿元。到 2017 年，我国教育经费总投入已经达到 42 557 亿元。[②]

根据《中国教育经费统计年鉴》的数据，我国财政性教育经费的支出情况如表 6-1 所示。

表 6-1　1993—2016 年我国国家财政性教育经费支出及占比情况

年份	GDP/ 亿元	国家财政性教育经费支出 / 亿元	占 GDP 比例 /%	年增长率 /%
1993	35 333.92	867.76	2.46	19.08
1994	48 197.86	1 174.74	2.44	35.38
1995	60 793.73	1 411.52	2.32	20.16
1996	71 176.59	1 671.70	2.35	18.43
1997	78 973.03	1 862.54	2.36	11.42
1998	84 402.28	2 032.45	2.41	9.12
1999	89 677.05	2 287.18	2.55	12.53
2000	99 214.55	2 562.61	2.58	12.04
2001	109 655.17	3 057.01	2.79	19.29
2002	120 332.69	3 491.40	2.90	14.21
2003	135 822.76	3 850.62	2.84	10.29
2004	159 878.34	4 465.86	2.79	15.98
2005	184 937.37	5 161.08	2.79	15.57
2006	216 314.43	6 348.36	2.93	23.00
2007	265 810.31	8 280.21	3.12	30.43
2008	314 045.43	10 449.63	3.33	26.20
2009	340 902.81	12 231.09	3.59	17.05
2010	401 512.80	14 670.07	3.65	19.94

① 教育部财务司，国家统计局社会和科技统计司. 中国教育经费统计年鉴（2009）. 北京：中国统计出版社，2010：13.
② 中华人民共和国教育部. 介绍 2017 年义务教育均衡发展督导评估有关情况. (2018)［2018-06-23］. http://www.moe.edu.cn/jyb_xwfb/xw_fbh/moe_2069/xwfbh_2018n/201802/t20180227_327984.html.

续表

年份	GDP/ 亿元	国家财政性教育经费支出 / 亿元	占 GDP 比例 /%	年增长率 /%
2011	472 882.00	18 586.70	3.93	26.70
2012	518 942.11	22 236.23	4.28	19.64
2013	568 845.20	24 488.22	4.30	10.13
2014	636 139.00	26 420.58	4.15	7.89
2015	685 505.80	29 221.45	4.26	10.60
2016	744 127.20	31 396.25	4.22	7.44

资料来源：据国家统计局网站统计数据查询版块综合。

改革开放 40 年来，我国在义务教育经费方面的努力和成效有目共睹。至 2017 年底，教育部、财政部和国家统计局联合公布的 2016 年全国教育经费执行情况统计公告显示，我国 2016 年国家财政性教育经费首次超过了 3 万亿元人民币，为 31 396.25 亿元，占 GDP 的比例为 4.22%，连续 5 年保持在 4% 以上，其中有 52.85% 的资金投入了义务教育。[1]

（二）全面免除义务教育阶段学生学杂费

学杂费是指学校向学生收取的费用。在很长一段历史时期，我国的义务教育学杂费处于一种较为尴尬的位置，甚至受到了很多抨击。作为一个底子薄、起步晚的发展中大国，普及义务教育、全面免除义务教育阶段学生学杂费绝非轻而易举的事。

虽然 1986 年公布的《中华人民共和国义务教育法》明确规定国家实行九年制义务教育，对接受义务教育的学生免收学费。但在义务教育制度确定以后的很长一段时间之内，义务教育学校仍然向学生收取了杂费，这是由我国当时国情和经济实力所决定的。

从 2007 年春季学期开始，全国农村义务教育阶段学生全部免除学杂费[2]，国家为贫困家庭学生免费提供教科书并补助寄宿生生活费。根据《国务院关于深化农村义务教育经费保障机制改革的通知》的规定，免学杂费资金由中央和地方按比例分担，西部地区为 8∶2，中部地区为 6∶4，东部地区除直

---

[1] 杨三喜. 教育投入首次超三万亿元，下一步是把钱用好. 中国青年报，2017-11-02（2）.

[2] 中华人民共和国教育部. 全国农村义务教育阶段学生全部免除学杂费.（2007）[2018-04-15]. http://www.moe.gov.cn/jyb_sjzl/moe_364/moe_2732/moe_2733/tnull_47600.html.

辖市外，按照财力状况分省确定。免费提供教科书资金，中西部地区由中央全额承担，东部地区由地方自行承担。补助寄宿生生活费资金由地方承担，补助对象、标准及方式由地方人民政府确定。[①] 免除学杂费后，平均每个小学生年减负 140 元，初中生年减负 180 元，贫困寄宿生可减负 500 元，1.5 亿学生因此受益。[②]

从 2008 年秋季学期起，城市义务教育阶段公办学校学生的学杂费也全部免除。对符合当地政府规定接收条件的进城务工人员随迁子女，要按照相对就近入学的原则统筹安排在公办学校就读，免除学杂费，不收借读费。[③] 在接受政府委托、承担义务教育任务的民办学校就读的学生，按照当地公办学校免除学杂费标准，享受补助。对享受城市居民最低生活保障政策家庭的义务教育阶段学生，继续免费提供教科书，并对家庭经济困难的寄宿学生补助生活费。至此，我国形成了城乡统一的、普惠性的义务教育免费机制。

（三）初步建立农村义务教育经费保障新机制

在我国经济发展的过程中，我国的城乡二元社会结构引发了很多的问题，政府提出创造和谐的社会环境，更加关注"三农"问题，农村义务教育也受到了党和政府的高度重视。政府不断采取各种措施增加对农村义务教育的关注和投入力度，取得了明显的成效。

为了解决农村经济发展相对滞后、农村义务教育经费短缺等问题，国务院于 2005 年 12 月 24 日颁布了《国务院关于深化农村义务教育经费保障机制改革的通知》，对农村义务教育经费投入机制原则方面进行了明确规定，再次确认了各级政府在义务教育经费上的责任与工作权限。2006 年初又颁布了《农村义务教育经费保障机制改革中央专项资金支付管理暂行办法》，设立了农村义务教育专项资金支付管理机制，规定国库集中支付管理要包含政府负担的免费教科书、免杂费补助资金、校舍维修改造资金等内容。

---

① 中华人民共和国国务院. 国务院关于深化农村义务教育经费保障机制改革的通知. (2006)［2008-02-04］. http://www.gov.cn/gongbao/content/2006/content_185157.htm.

② 今年起我国农村中小学生全免学杂费. (2007)［2018-01-02］. http://www.gov.cn/ztzl/content_487787.htm.

③ 中华人民共和国国务院. 国务院关于做好免除城市义务教育阶段学生学杂费工作的通知. (2008)［2018-02-05］. http://www.moe.gov.cn/jyb_xxgk/moe_1777/moe_1778/tnull_38125.html.

农村义务教育中央专项资金是在国库中统一管理的，在省级要开设一个专项资金的零余额账户，县级开设的是特设专户，主要是对中央专项资金进行支付核算的，农村义务教育经费是直接由国库拨款，然后经过省级后直接转到收款人账户中或者再经过一道县级财政才将款项拨付到收款人或者学校。这就在很大程度上促进了地区间经济发展不平衡所致的农村义务教育经费问题的解决。

农村义务教育经费保障的新机制从 2006 年起在西部农村地区开始实施，2007 年开始逐渐在全国农村地区铺开。2006—2010 年，中央和地方各级财政累计新增农村义务教育经费约 2652 亿元。2006 年中央和地方共落实改革资金 361 亿元，2007 年中央和地方共落实改革资金 732 亿元，目前，新机制已在全国范围内建立，惠及 40 多万所义务教育阶段学校，近 1.5 亿名农村中小学生享受了免除学杂费和免费教科书政策，近 1100 万名学生还享受了寄宿生生活补助。[1]

经过多年努力，我国初步建立了农村义务教育经费保障的新机制，取得了可喜成就：①农民教育负担得到减轻。2007 年 11 月调整完善新机制政策后，农民负担进一步减轻。据初步测算，从 2008 年春季学期开始，平均每个小学生每年减轻负担 730～770 元，初中生每年 1110～1160 元。②农村中小学公用经费保障水平有所提高。实行新机制后，所有农村中小学都得到了由财政拨付的公用经费，不少学校运转经费大幅度增加。③教育乱收费行为得到进一步遏制。新机制从制度上和源头上为治理教育乱收费提供了保证。实施新机制以来，各地进一步加大了治理教育乱收费的力度，农村中小学乱收费现象明显减少。④促进了依法治教，提高了政府和学校的管理水平。新机制强化了政府对义务教育的责任，提高了政府的管理水平和服务质量，同时也促进了学校加强科学管理、民主理财。新机制的实施严格规范了公用经费开支范围，不仅保证了学校资金安全，还提高了资金使用效益。[1]

---

[1] 中华人民共和国教育部. 义务教育. (2018)［2018-03-02］. http://www.moe.gov.cn/jyb_xwfb/xw_fbh/moe_2606/moe_2074/moe_2437/moe_2444/tnull_39455.html.

二、义务教育经费的典型经验

在穷国办大教育的过程中，我国的特殊国情使得义务教育阶段经费的筹措、投入、保障所面临的困难比我们想象的要多很多。在克服这些困难的过程中，中国政府积极发挥民族智慧、积极发挥执政优势，提出将义务教育全面纳入财政保障范围，建成覆盖城乡的基本公共教育服务体系，实现基本公共教育服务均等化，缩小区域差距的战略目标，归纳起来主要有以下几方面经验。

（一）完善教育立法，确保义务教育经费发展有法可依

坚持教育立法与政策决策相衔接，坚持教育行政决策法制化是依法治教的重要内容。为了保证义务教育经费的充足投入和科学使用，我国政府不断完善教育行政法制化和教育立法，从法律层面确立了义务教育经费发展有法可依。

1984年，我国公布了《国务院关于筹措农村学校办学经费的通知》，该文件明确表示农村可以多渠道筹措资金办学。1985年颁布的《中共中央关于教育体制改革的决定》，明确提出地方也具有发展基础教育的责任，实行九年义务教育也需要分步骤进行，由地方负责基础教育，实行分级管理的原则。1986年的《中华人民共和国义务教育法》规定，"实施义务教育所需事业费和基本建设投资，由国务院和地方各级人民政府负责筹措，予以保证"，"地方各级人民政府按照国务院的规定，在城乡征收教育事业费附加，主要用于实施义务教育"，"国家鼓励各种社会力量以及个人资源捐资助学"。2005年，国务院发布《国务院关于深化农村义务教育经费保障机制改革的通知》，建立中央和地方分项目、按比例分担的农村义务教育经费保障新机制，提高义务教育阶段中小学公用经费保障水平，建立农村义务教育阶段中小学校舍维修长效机制，巩固和完善农村中小学教师工资保障机制。2006年新修订的《中华人民共和国义务教育法》规定，"国家建立义务教育经费保障机制，保证义务教育制度实施""义务教育经费投入实行国务院和地方各级人民政府根据职责共同负担，省、自治区、直辖市人民政府负责统筹落实的体制"，将农村义务教育经费保障机制写进了法律条文。2008年，国务院正式印发的《国务院关于做好免除城市义务

教育阶段学生学杂费工作的通知》规定，在全国范围内全部免除城市义务教育阶段学生学杂费，对享受城市居民最低生活保障政策家庭的义务教育阶段学生继续免费提供教科书，对家庭经济困难的寄宿学生补助生活费。40 年来，我国的教育法律体系不断完善，教育经费投入有法可依，这是依法治教的重要前提，也是义务教育经费投入的法理基础。

（二）完善教育经费监督机制，保障义务教育经费阳光运转

完善的教育经费使用监督机制是义务教育财政资金均衡分配的有效保障，"阳光"让腐败无所遁形。义务教育的经费来源于纳税所得，政府必须对教育经费进行全程全方位监管，通过建立健全政府部门监督管理机制和社会监督机制，增加财政资金使用的透明度，以保证纳税人的钱能有效率地用到实处。

2010 年，教育部设立了经费监管事务中心，落实贯彻《国家中长期教育改革和发展规划纲要（2010—2020 年）》中关于"加强经费管理、完善教育经费监管机构职能"的要求。它的主要职责是，受教育部委托，承办与教育经费监管相关的辅助性工作，提出意见建议；承办相关教育专项经费项目预算的前期论证、评估评审及绩效评价等具体工作，提交相关论证、评审和评价报告，为教育部进行决策提供参考；承办经费监管相关信息化建设工作和财务数据统计、汇总、分析工作；承办与直属高校、直属事业单位领导干部离任审计、单位撤并专项审计有关的具体工作和其他与财务管理有关的具体工作。[①]

2017 年 12 月，教育部、财政部、国家发展和改革委员会、人力资源和社会保障部等四部委联合，对河北、福建（含厦门）、江西、河南、广东（含深圳）、广西、四川、贵州开展了财政教育经费投入使用管理情况专项检查。针对检查发现的问题，印发了《关于财政教育经费投入使用管理情况专项检查发现问题整改的通知》，要求各地对发现的问题认真整改。为督促各地整改工作，夯实检查效果，财务司委托教育部经费监管事务中心对部分省（自治区、直辖市）财政教育经费投入使用管理专项检查发现问题整改情况进行核查。

2018 年 4 月 16—28 日，教育部经费监管事务中心组织 6 个核查组分赴

---

① 中华人民共和国中央人民政府. 教育部关于设立教育部经费监管事务中心的通知. (2010)［2018-04-24］. http://www.gov.cn/gzdt/2010-11/02/content_1735843.htm.

河北、福建、河南、广东、广西、贵州 6 省（自治区）的 17 市（州）21 县（市、区）64 所学校开展实地核查工作。[①] 教育部经费监管事务中心各核查组坚持问题导向，关注各省（自治区、直辖市）整改工作整体部署情况及实际成效，对问题清单中的问题逐一核查，并对个别存在问题较多或整改不到位的市县、学校进行深入检查，着力发现财政教育经费使用、规划、结构、投入、管理等方面问题整改实绩和长效机制建立情况。通过核查，促进问题整改和机制建设，提升了专项检查的时效性，为进一步做好财政教育经费投入使用管理工作起到了推动作用。

此外，政府在设立专门监督部门的同时，还充分发挥了人民群众的监督作用。各级政府和行政部门都在教育决策系统中建立公开透明的行政听证机制和咨询制度，鼓励学校教师、家长、学生本人能够积极地参与到义务教育监督中来。这样的社会监管机制可优化政府和教育机关的教育工作流程，有助于促进义务教育事业的均衡透明发展。

（三）通过独立教育公共财政，保障义务教育经费的中立和刚性

所谓公共财政，是指市场经济条件下以满足社会公共需要为主旨的政府财政运行模式。公共性是公共财政的最主要特征。一方面，公共财政的目标在于满足社会公众需要，因此其目标具有公共性；另一方面，公共财政主要针对的是政府机构运转和满足社会公共需要，因此其内容也具有公共性。正是其公共性，使得公共财政能够克服市场在调节公共产品配置中的失效现象，使政府以社会管理者的身份保证公共产品的社会需要，最终达成社会正义。

在义务教育阶段的经费投入中，公共财政作为政府财政的运行模式，是国家和政府为公民提供义务教育服务的重要职能和重要手段。义务教育强制性、基础性和全面性的特征，决定了它不能由市场来调节和提供，必须"财政中立"。所谓"财政中立"，就是指教育财政体制必须有所保证，教育经费投入必须价值无涉，即无论儿童所在地区财富如何，每个儿童都应接受同样的（或

---

① 中华人民共和国教育部经费监管事务中心. 对部分省份财政教育经费投入使用管理专项检查发现问题整改情况核查工作圆满完成. (2018)［2018-05-30］. http://fsac.moe.edu.cn/gongzuodongtai/2018-05-08/300.html.

至少达到可以接受的最低限度的）教育。

以重庆市为例，2015 年重庆市财政下达城乡义务教育经费保障机制中央和市级资金预算 20.8 亿元，确保全市义务教育阶段学校春季开学后正常运转和贫困寄宿生生活补助等政策到位。20.8 亿元预算中，农村义务教育 17.6 亿元，城市义务教育 3.2 亿元。此次资金按 2014 年中央资金的 70%、市级资金的 80% 测算，待 2015 年预算年度开始后，市级将按多退少补的原则重新核定区县 2015 年城乡义务教育保障机制资金预算。[①] 重庆市财政局要求，区县要按照"保基本、补短板、扫死角"的原则，合理安排保障机制资金，公用经费向边远、高寒、艰苦地区、村小和教学点、寄宿制学校等运行成本高的学校倾斜，100 人以下的村小和小学教学点至少按 100 人安排公用经费；统筹经费购置、更新桌椅、板凳等必要的教育教学用具和设备；严禁挤占挪用专项资金，严禁私设小金库、公款私存和虚列支出。2014 年，重庆市公用经费补助标准达到小学每生每年 600 元，初中每生每年 800 元，同时还按照寄宿生每生每年 200 元的标准安排寄宿制学校运行经费，义务教育阶段特殊教育学校和随班就读的残疾学生公用经费达到每生每年 4000 元，并在 2016 年提高到每生每年 6000 元；义务教育阶段家庭经济困难寄宿生生活费补助标准达到小学每生每年 1000 元，初中每生每年 1250 元。[②] 严格周密的财政预算保障了义务教育经费支出及使用的基本状态，特别是分级预算、分类预算等做法是保障义务教育经费的有益经验。

教育投入要用到"刀刃"上，既需要政府和市场行为的清晰划界，也有赖于政府教育财政的独立和刚性。广东省深圳市积极探索在教育经费投入上建立独立公共财政制度，保证教育经费投入充足、有效。2012 年，深圳市罗湖区教育局、财政委员会、发展与改革委员会等部门密切配合，根据"1 个百分点"的要求，全年完成教育支出 109.9 亿元，完成年度预算的 98.9%，比上年增长 20%。[③] 在此基础上，通过对教育经费投入与需求总量的比较，各级政府、

---

① 重庆市财政局. 市财政下达 2015 年城乡义务教育经费 20.8 亿元. (2018) [2018-04-03]. http://www.cq.gov.cn/publicinfo/web/views/Show!detail.action?sid=3950456.

② 中华人民共和国财政部. 重庆市 2016 年财政预算执行情况和 2017 年财政预算草案报告. (2017) [2018-03-02]. http://www.mof.gov.cn/zhuantihuigu/2017ysbghb/201703/t20170302_2545621.html.

③ 深圳市财政委员会. 关于深圳市 2012 年度本级决算草案的报告. (2013) [2018-06-22]. http://www.szfb.gov.cn/zwgk/zklyxxgk/czyjs/201310/t20131024_2227041.htm.

各相关部门领导对于未来教育经费的投入与需求情况有了更进一步的了解，并据此对深圳市的教育投入总量和年度教育投入进行调整，确保实现"两个比例""三个增长"的法定要求，适应深圳教育未来发展的需求；明确财政性教育经费的投入渠道，保障教育经费足额、按时到位。

第二节　义务教育经费发展的专题研究

义务教育经费的发展包括从经费筹措到经费分配再到使用的全过程。在这个过程中，筹措有保障、分配要公平、使用高效率是大家都重点关心的问题。

一、义务教育经费的筹措与保障

概括而言，我国义务教育经费筹措办法以国家和政府的财政拨款为主，其他多种渠道筹措为辅。国家和政府是义务教育经费的主要承担者，是经费筹措的主体，而企业、个人、银行贷款、国际援助等其他多样的筹措方式是义务教育经费的可能承担者。

（一）背景

义务教育经费的筹措是保障免费义务教育的首要和关键环节。义务教育经费筹措是指筹措主体通过各种渠道和采取不同方式对用于发展义务教育事业的资金进行筹集的行为。从 1986 年《中华人民共和国义务教育法》实施以来，我国义务教育经过 1986—1994 年的分级管理，到 1995—2000 年在内地普及九年义务教育；从 2001—2006 年在农村实现了义务教育全免费，随后，2008年实现了城市义务教育全免费。至此，我国的义务教育已经进入了免费义务教育的新阶段，它不仅避免了贫困家庭的孩子被迫失学，从教育经费上保障了每一个适龄儿童上学的权利，也在一定程度上避免学校乱收费，使义务教育经费不再成为家庭教育的负担。在义务教育经费的筹措上，我国也基本形成了"国家为主、多种渠道为辅"的经费筹措方式。

《中国教育改革和发展纲要》指出,"要逐步建立以国家财政拨款为主,辅之以征收用于教育的税费、收取非义务教育阶段学生的学杂费、校办产业收入、社会捐资集资和设立教育基金等多种渠道筹措教育经费的体制",也即形成所谓的以"财、税、费、产、社、基"为来源渠道的教育投资新型体制。

(二) 主要成就

我国义务教育经费筹措方式可以概括为"国家为主、多种渠道为辅",但由于我国城乡教育兴办方式的多样性,义务教育经费的筹措也呈现出明显的城乡差异。农村义务教育经费筹措逐步形成了"中央与地方共担,省级统筹,管理以县为主"的机制,而城市义务教育的经费筹措在坚持国家为主的基础上,多渠道辅助的特征则较农村更为明显。无论是在城市还是农村,我国义务教育经费的筹措经过 40 余年的探索,取得了瞩目的成效,这不仅是由于经费投入总量的不断增加使得义务教育"越来越有钱",更是由于我国在国情的基础上,不断探索和完善,取得了许多经费筹措的有益经验和效果,保证了义务教育的良性发展。

1. 完善义务教育经费筹措立法,明确各主体责任

要兴办教育,没有经费是不行的;要筹措资金,不将责任落实到位则可能使经费最后无从着落。改革开放 40 年来,我国在义务教育经费的筹措过程中,通过政策文件规定和教育立法,针对义务教育经费筹措的主体、权责和目标出台了一系列法律政策文件,从法理上确定了义务教育经费筹措的政府主体责任,也从体制机制上确立了多渠道共同筹措经费、兴办义务教育的方式。

1980 年,《中共中央、国务院关于普及小学教育若干问题的决定》提出了普通教育(主要是中小学教育)经费"地方负担、省级统筹"的体制,这时我国虽然尚未从法律上确认实施义务教育,但实际上的普通教育经费筹措体制已经写入了法律政策文件。1985 年,《中共中央关于教育体制改革的决定》要求基础教育地方负责分级管理,其中关于教育经费,文件要求各级政府都承担起负担教育经费的责任,并提出了"两个增长"的要求,即"在今后一定时期内,

中央和地方政府的教育拨款的增长要高于财政经常性收入的增长，并使按在校学生人数平均的教育费用逐步增长"。1986 年，《中华人民共和国义务教育法》又再次确认了地方负责、分级管理的体制，规定各级政府分担义务教育经费。1992 年，国家教委发布的《中华人民共和国义务教育法实施细则》规定，地方各级人民政府负责筹措义务教育学校的事业费和基本建设投资。1994 年，《国务院关于〈中国教育改革和发展纲要〉的实施意见》又再次确认"国家财政对教育的拨款是教育经费的主渠道"，同时建议制定并颁布《实施义务教育投入条例》，明确规定各级政府在义务教育经费筹措上的责任。

在上述基本原则确立和框架确立的法律文本的基础上，针对我国城乡分化的特殊国情，我国还特别提出了许多有关农村义务教育经费筹措的法律法规。1994 年，《国务院关于〈中国教育改革和发展纲要〉的实施意见》提出："实施义务教育各类学校年生均公用经费定额，由省级政府制定标准，由县级财政（经济富裕地区可由乡级财政）负责拨款。"1997 年，《国务院办公厅关于保障教师工资按时发放有关问题的通知》特别对农村义务教育中教师工资的承担方式明确规定："农村实施义务教育各类学校公办教师的工资，一般由县级财政负责支付，经济发达的农村，也可以由乡级财政负责支付。民办教师工资，属政府支付部分，由县级财政负责；乡筹部分，在征收的教育费附加中支付。"

同时，改革开放 40 年来，党和国家在有关义务教育经费筹措的文件规定出台时，不仅是提出愿景和目标，更是坚持了实事求是、与时俱进的工作态度，根据社会和经济现实发展状况不断针对问题提出改进办法。如针对义务教育经费筹措中农村地区筹措能力差异巨大的具体困难，我国从 2000 年开始探索中央和省级政府通过教育经费转移支付弥补农村义务教育经费不足问题，这就将以往中央和省级政府只对边远贫困和少数民族地区承担专项补助的职责扩展到对多数农村地区承担义务教育经费的转移支付责任，义务教育经费筹措责任开始上移。[①] 2001 年，《国务院关于基础教育改革与发展的决定》提出了"实行在国务院领导下，由地方政府负责、分级管理、以县为主的体制"。2002 年，《国务院办公厅关于完善农村义务教育管理体制的通知》进一步明确了"以县为主"的农村义务教育经费体制，在人员经费、公用经费和危房改造经费等方

---

① 邵峰. 农村义务教育投入体制变迁及当前存在的问题与对策. 河北师范大学学报（教育科学版），2005（3）：70-74.

面都给出了更明确的意见。在 2003 年召开的全国农村教育工作会议上，国务院公布了《国务院关于进一步加强农村教育工作的决定》，要求各级政府要进一步加大投入，中央、省和地市级政府要通过增加转移支付，增强财政困难县义务教育经费的保障能力。乡镇政府要积极筹措资金，改善农村中小学办学条件。2005 年，国务院又颁布《国务院关于深化农村义务教育经费保障机制改革的通知》，提出明确各级责任、中央地方共担、加大财政投入、提高保障水平、分步组织实施的基本原则，逐步将农村义务教育全面纳入公共财政保障范围，建立中央和地方分项目、按比例分担的农村义务教育经费保障机制。这次改革将农村义务教育经费保障机制提高到了国家战略高度，并将农村义务教育纳入公共财政保障范围，从重点解决农村义务教育公用经费不足问题入手，通过加大中央和省级转移支付，逐步完善农村教师工资保障体制与农村中小学校舍修建机制。2006 年 6 月 29 日，新修订的《中华人民共和国义务教育法》明确规定实施"经费省级统筹，管理以县为主"的义务教育经费体制。

有法可依、有法必依是义务教育经费筹措得以顺利实施，义务教育经费总量目标和增长目标得以实施的基本前提，也是我国依法治教原则的重要体现。改革开放 40 年来，我国通过一系列的政策文件，对义务教育经费筹措的主体、筹措的方法以及目标予以规定，形成了完备的法律文件体系和政策脉络，这是我国义务教育经费筹措的重大成就之一。

2. 丰富、优化义务教育经费筹措方式，形成多样化经费筹措渠道

"多渠道并举经费筹措"是我国义务教育经费筹措的特点之一。特别是在城市地区的义务教育学校，由于广大人民群众对于美好生活和更优质教育的巨大需求，不仅经费筹措的主体更为丰富（除政府之外，许多企业、个人甚至社会团体等自筹资金参与到义务教育兴办的事业之中），经费筹措的途径和方式也更为丰富。如许多新办学校在建设初期也可以通过银行贷款、多方委托贷款、融资租赁及特许权融资或其他社会融资等较为迅速的方式筹集资金，加快项目建设；还有一些学校通过技术成果转让、校办企业、社会服务能力等进行创收，提高学校自身的"造血能力"，促进学校自主有机发展。[1]

丰富多样的义务教育经费筹措方式对于义务教育学校在兴办之初和之中

---

[1] 王小兵. 教育发展中融资创新研究. 中南大学博士学位论文，2011：56.

都具有良好的资金支持作用，为学校发展和教育教学提升提供着源源不断的物质支持，使义务教育质量的提升不因为经费问题掣肘。这样的做法不仅是我国社会主义市场经济体制在教育领域的体现，同时也得到了国家相关法律政策文本的确认。1993 年颁布的《中国教育改革和发展纲要》就明确提出要改革办学体制，初步建立与社会主义市场经济体制、政治体制相适应的教育新体制，鼓励企事业单位和其他社会力量按国家法律和政策多渠道、多形式办学。而 1996 年颁布的《全国教育事业"九五"计划和 2010 年发展规划》、1997 年颁布的《国家教委关于规范当前义务教育阶段办学行为的若干原则意见》和1998 年颁布的《关于义务教育阶段办学体制改革试验工作若干意见的通知》，也都明确表示允许设立"民办公助"和"公办民助"的中小学校。这些法律文本的出台为多主体兴办义务教育、多渠道筹措义务教育经费提供了政策依据。转制校、民办校等都涌现了出来，特别是转制校"学校国有、社会承办、经费自筹、办学自主"①的性质，使得转制校成为义务教育经费筹措多样化的重要试验田。

　　世界许多国家的教育经费来源都分为两大部分：一是由纳税人（企业和公民个人）交税形成的公共财政经费，二是由企业、社会捐资投资，家庭个人交纳学费和学校服务性收入所形成的多渠道教育投入。②这表明多渠道教育经费筹措并非一个新生事物，也从侧面说明引入社会力量等多种主体进行多渠道的义务教育经费筹措并不必然影响义务教育的强制性和基础性。一方面，在国家兜底的基础上，受教育者可以根据自身情况自行选择教育服务提供方；另一方面，也可以通过政府购买服务的方式，在保证义务教育性质、履行政府责任的同时为广大人民群众提供更加个性化、多样化和可选择化的义务教育服务。

　　在计划经济体制时期，我国教育经费几乎全部依靠财政拨款；改革开放后，通过公共财政体制和办学体制、筹资体制的改革，教育经费也开始出现来源渠道的多元化。上海市教育科学研究院的胡瑞文曾经做过研究，发现全国财政性教育经费占 GDP 的比例，由 1978 年的 2.6% 增长为 2007 年的 3.2%；其他非财政性多渠道教育经费从无到有、从少到多，占 GDP 的比例由 1978 年的

①　靳希斌. 教育产权与教育体制创新——从制度经济学的角度分析教育体制改革问题. 广东社会科学, 2003（3）：74-80.

②　21 世纪经济报道. 教育投入 7% 之辩.（2010）[2018-11-05]. http://finance.ifeng.com/roll/20100308/1901401.shtml.

几乎为零，上升为 2007 年的 1.5%。两者相加，全社会教育总投入占 GDP 的比例由 1978 年的 2.6% 上升为 2007 年的 4.7%。正是上述两方面全社会教育总投入占 GDP 比例 2.1 个百分点的增量，支撑了自改革开放以来各级各类教育的发展和普及率的大幅提高。[①]

（三）反思与建议

改革开放 40 年来，我国义务教育经费筹措除了取得了瞩目的成绩之外也出现了一些不容忽视的问题。正视在改革中所出现的问题，可以为未来发展提供启示与指导。

多年来，我国政府在义务教育经费的筹措问题上可谓"下足了功夫，想尽了办法"。无论是筹措的主体还是筹措的机制，乃至于筹措的目标都有充分的论证、法制的保障、有力的落实。但是，在这个过程中，由于我国在改革开放初期社会整体经济水平相对处于落后的现实状况，以及一些管理内部关系还没有完全理顺，经费筹措也遭遇了一些困难。这些困难一方面表现为由于筹措主体过度下放，经济困难地区的义务教育经费筹措难以保证；另一方面也表现为筹措主体履职与行政效果缺乏有效监督，使经费筹措不足或不到位的情况难以被及时发现和纠正。同时，在优化组合多渠道的经费筹措主体的过程中，相关配套改革未及时跟上，导致了教育乱收费现象有所抬头等。这些问题都是义务教育经费发展过程中客观存在的，我们不应该视而不见、避而不谈。但也不能否认，这些问题都是发展中的问题，随着国家经济实力水平的不断提升，随着党和政府执政能力的不断提升，随着社会发展水平的不断提升，这些问题都将在动态的发展中得到解决，并不会成为义务教育发展不可逾越的障碍。

展望未来，我国的义务教育经费筹措将朝着"总量不断增加、主体不断多样、渠道更加均衡"的方向稳步前进。

从义务教育经费的筹措总量上看，随着我国总体经济水平和总量的不断提升，义务教育经费总量也将不断提升。这既是客观事实决定的，也是由我国的社会主义基本制度决定的。现阶段我国社会主义建设的主要任务就是要满足

---

① 马晖. 4% 之后：2020 年教育投入多少？（2010）[2018-11-05]. http://business.sohu.com/20100323/n271020231.shtml.

人民群众日益增长的美好生活的需要，这其中当然也包括人民群众对于更高质量的教育的需要。高质量的教育需要高质量的经费保障。目前，我国经济总量已经跃居世界第二，并且仍然保持着较高的增长速度，从这个客观事实来判断，即使我们维持教育经费占GDP4%的政策原则不变，每年投入教育中的经费总量也是持续增长的。在"教育优先发展"战略的指导下，未来教育经费可能还会谋求支出比例的提升。教育经费的不断增加是未来教育发展的必然趋势。而在这些教育经费中，由于"三倾斜"的施策原则，义务教育阶段的经费必然会随之增加。

政府是义务教育经费筹措的主体，1978—2017年，义务教育经费政府总投入可喜地呈现出持续增长的态势。在2018年5月25日国务院新闻办公室举行的国务院政策例行吹风会上，教育部部长助理郑富芝介绍，2018年中央对地方教育转移资金再增加130亿元，经费继续向困难地区和薄弱环节倾斜。义务教育经费筹措中中央财政要成为大头，西部地区的比例是8∶2（中央拿8，西部拿2），中部是6∶4。同时，2018—2020年还要增加中央对地方教育转移支付70亿元用于专门的教育脱贫攻坚。[①]

二、义务教育经费的分配与倾斜

义务教育经费分配主要是指国家用于发展义务教育活动费用的配置，包括教育事业费（即各级各类学校的人员经费和公用经费）和教育基本建设投资（建筑校舍和购置大型教学设备的费用）等。[②] 义务教育经费的倾斜则是指在具体经费分配使用的过程中，鉴于义务教育的强制性和基础性，经费分配适当向弱势群体、弱势地区倾斜。

（一）背景

改革开放40年来，随着国家实力的不断增强，国家对义务教育经费的保障与负担责任逐步明确。经过40年的飞速发展，我国的义务教育已经解决了

[①] 中国政府网. 今年中央对地方教育转移资金再新增加130亿元. (2018) [2018-05-26]. http://www.gov.cn/xinwen/2018-05/25/content_5293639.htm.

[②] 韩英. 教育经费统计工作问题分析及对策研究. 山东师范大学学报（自然科学版），2015（4）：170-172.

"有没有""是不是全部都有"的问题，在新的历史时期，义务教育已经步入了"好不好""均不均衡""充不充分"的新阶段。在这样的时代背景下，在经费分配上就不能再是大锅饭和一碗水，而应该注重有效率的公平。这就是我国目前义务教育经费分配上的"四倾斜"，即"专项倾斜、分担倾斜、因素倾斜和资助倾斜"①。"四倾斜"主要面向的是义务教育、困难地区、薄弱环节和贫困人口，这恰恰是突出义务教育公平性的重要表现。

除了"四倾斜"之外，我国义务教育经费分配中对于公平和正义的追求是一以贯之的，对于弱势群体、弱势地区和弱势学生的关注也是一以贯之的。2005 年 2 月 2 日，《关于加快国家扶贫开发工作重点县"两免一补"实施步伐有关工作的意见》就指出：从 2005 年春季学期起，中央对国家扶贫开发工作重点县的农村义务教育阶段贫困家庭学生全部免费发放教科书，地方政府对这些学生要相应落实免杂费并逐步补助寄宿生生活费的责任。

2005 年 3 月 5 日，国务院总理温家宝在第十届全国人民代表大会第三次会议上所作的《政府工作报告》中再次强调："从今年起，免除国家扶贫开发工作重点县农村义务教育阶段贫困家庭学生的书本费、杂费，并补助寄宿学生生活费。"

2005 年 12 月 24 日，《国务院关于深化农村义务教育经费保障机制改革的通知》要求从 2006 年起，西部地区农村义务教育阶段中小学生全部免除学杂费，对贫困家庭学生免费提供教科书并补助寄宿生生活费，2007 年扩大到中部和东部地区。其中，免学杂费资金由中央和地方按比例分担，西部地区为 8∶2，中部地区为 6∶4；东部地区除直辖市外，按照财力状况分省确定；免费提供教科书资金，中西部地区由中央全额承担，东部地区由地方自行承担；补助寄宿生生活费资金由地方承担，补助对象、标准及方式由地方人民政府确定。同时还建立了农村义务教育阶段中小学校舍维修改造长效机制，中西部地区由中央和地方按照 5∶5 的比例共同承担，东部地区主要由地方自行承担，中央给予适当奖励。2008 年，各地农村义务教育阶段中小学生均公用经费全部达到该省（自治区、直辖市）2005 年秋季学期开学前颁布的生均公用经费基本标准；2009 年，中央出台农村义务教育阶段中小学公用经费基准定额；

① 张晨. 教育投入继续向困难地区和薄弱环节倾斜. 中国教育报, 2018-05-26 (1).

2010 年，农村义务教育阶段中小学公用经费基准定额全部落实到位。

2015 年 11 月 25 日，《国务院关于进一步完善城乡义务教育经费保障机制的通知》提出从 2016 年春季学期开始，统一城乡义务教育学校生均公用经费基准定额，中西部地区普通小学每生每年 600 元，普通初中每生每年 800 元；东部地区普通小学每生每年 650 元，普通初中每生每年 850 元。在此基础上，对寄宿制学校按照寄宿生年生均 200 元标准增加公用经费补助，继续落实好农村地区不足 100 人的规模较小学校按 100 人核定公用经费和北方地区取暖费等政策；特殊教育学校和随班就读残疾学生按每生每年 6000 元标准补助公用经费。同时，取消对城市义务教育免除学杂费和进城务工人员随迁子女接受义务教育的中央奖补政策。从 2017 年春季学期开始，统一城乡义务教育学生"两免一补"政策，在继续落实好农村学生"两免一补"和城市学生免除学杂费政策的同时，向城市学生免费提供教科书并推行部分教科书循环使用制度，对城市家庭经济困难寄宿生给予生活费补助，中央财政适时提高国家规定课程免费教科书补助标准。

（二）主要成效

1. 通过经费分配倾斜和重点资助，促进控辍保学

农村学生、贫困人口是义务教育经费分配倾斜的重点关注对象。对于这个群体的学生来说，接受义务教育的障碍不仅仅是学校收取的学费和杂费，而且还包括由于地区贫困现状所导致的生存危机、受教育导致的家庭劳动力缺乏，以及学校布局不均导致的受教育成本的增加。例如，在一些老少边穷地区，义务教育适龄儿童由于家庭经济条件过于困难，可能连基本的"吃饱饭"都不能保证，一些基本生存需求，如健康需求、看病需求、穿衣需求、住宿需求等，在极端情况下都可能无法满足。这样的学生想要求学接受教育，需要付出极大的代价，许多家庭自然就不再让儿童去学校接受教育。为了改变这样的状况，地方政府在加大义务教育经费投入的同时，调整经费分配方式，将经费中的一部分用于为学生提供基本的生存保障，解决家庭后顾之忧，为学生求学创造条件。

甘肃省甘南藏族自治州、临夏回族自治州为了解决贫困学生吃饭问题，

在国家补助学生营养餐计划经费的基础上，又为每位学生每天提供额外的 1 元钱，使得学生在学校期间能够解决两顿饭的问题，不仅解除了学生求学的吃饭问题，还使得贫困家庭的家长更有动力将孩子送至学校接受义务教育，保证了义务教育的入学率和巩固率。西藏浪卡子县针对地区牧民居住分散，医疗资源相对较少的情况，在提供义务教育、送教下乡的同时为所有学生提供"三包"政策，对农牧民子女实行了包吃、包住、包学习费用的"三包"政策，让适龄儿童和学生家长意识到义务教育入学就读的好处，享受到义务教育的"甜头"，进而保证义务教育入学。

在中央财政的大力支持下，2005 年，内蒙古共筹集落实专项资金 3.47 亿元，使 81 个旗县的 149 万名贫困家庭学生享受到了免费提供教科书、免收杂费、补贴寄宿生生活费的"两免一补"政策，占农村牧区学生的 70% 以上。内蒙古自 2004 年秋季实施"两免一补"政策以来，全区小学生辍学率已由 0.04% 下降到 0.005%，初中生辍学率已由 1.15% 下降到 0.46%。[①]

陕西 50 个国家贫困县，农村义务教育阶段学生达 244.64 万人。"两免一补"政策实施以来，2005 年春季有 86.46 万贫困学生得到政府补助，占农村学生总数的 35.34%，秋季受到资助的学生达 158 万。[②]

贵州全部免除 186 万农村义务教育阶段贫困家庭学生的教科书费和杂费，补助贫困家庭寄宿生的生活费，2005 年为困难学生免除的杂费共计 9870 万元，并计划从 2005 年起，对全省 30 余万贫困寄宿生以每人每年 200 元的标准分 3 年全部补助到位。[③] 义务教育经费分配政策在西部农村地区的实施，产生了巨大的社会效应，它使成千上万的贫困儿童与少年跨进了义务教育学校的大门，为学生受教育权的实现与民族素质的提高奠定了坚实的基础。

2. 建立有效监督机制，确保义务教育经费分配公平透明

依法监督落实各级政府的责任是完善农村义务教育经费投入体制的根本保证。针对过去我国教育行政监督有限、平级监督情况普遍的情况，《中华人

---

① 中华人民共和国财政部. 内蒙古财政落实"两免一补"政策惠及 149 万名贫困学生. (2008)［2008-05-19］. http://www.mof.gov.cn/zhuantihuigu/knqzshap/tjsj/200805/t20080519_22825.html.

② 陕西省脱贫攻坚领导小组教育脱贫办公室. 不忘初心　济困助学　圆贫困家庭学子就学成才梦想. 西部大开发，2017（2）：57-59.

③ 唐述权. 贵州 186 万农村贫困学生全部实现"两免一补". (2005)［2018-07-21］. http://politics.people.com.cn/GB/14562/3559284.html.

民共和国义务教育法》等相关法律法规提出了建立监管机制来规范政府主体行为，确立各级政府的财政投入责任和义务的政策设计。经过数十年的努力，各省（自治区、直辖市）基本形成了以行政监督为主，以社会监督及司法监督为辅的监督体系，有关经费分配的评价体系和标准也日益多元化。例如，对于公办义务教育和政府经费分配，相关的审计部门、纪检监察部门已经逐渐建立起了定期巡查制度，防止政策实施落实不到位，杜绝经费分配和资助倾斜中经费分配与升学质量挂钩等现象。同时，第三方评价被引入经费分配评价之中，由教育部委托、西南大学牵头的义务教育第三方评估工作为义务教育经费的分配也作出了客观公正的全方位评估。

改革开放40年来，在不断的探索和改进过程中，一个政府共同投资（办）、以县为主管理（管）、多元化监督评价（评）的管办评分离体制已经建立起来了。

据《中国教育报》报道，自从2015年11月国务院印发《国务院关于进一步完善城乡义务教育经费保障机制的通知》，决定从2016年春季学期起建立城乡统一、重在农村的义务教育经费保障机制以来，截至2016年底，全国31个省（自治区、直辖市）已全部出台本地区实施方案。各地切实加强学校预算管理和财务管理，建立多部门齐抓共管的工作协调机制，强化监督检查和绩效管理。如广东提出树立"花钱要有效、低效要问责、违规必追责"[①]的管理理念，积极探索建立绩效评价机制。甘肃将保障机制落实情况、资金使用管理情况纳入政府年度绩效目标责任考核范围，"一把手"亲自抓负总责。江苏要求各级教育督导机构要将完善城乡义务教育经费保障机制实施情况纳入教育工作督导评估和考核体系，开展专项督导，及时通报督导结果。西藏要求各级教育行政管理部门加强义务教育基础信息管理工作，实行教育事业统计数据汇总报送逐级承诺制，确保统计数据的真实性和准确性，通过一系列有效举措，确保了资金拨付及时、财务管理安全规范、资金效益明显提升，促进了城乡义务教育经费保障机制更好地落实。安徽、浙江、海南等多个省（自治区、直辖市）都出台了针对义务教育经费问题的《义务教育经费保障机制实施办法》，其中都特别明确了经费分配实施严格预算管理制度和监督检查制度，通过预算核算、财务信息公开、公用经费和财务支出定期公布及定期审计等办法，切实保

---

① 广东省人民政府. 广东省人民政府关于进一步完善城乡义务教育经费保障机制的通知. (2017) [2018-11-06]. http://www.gdedu.gov.cn/business/htmlfiles/gdjyt/jjcw/201709/512663.html.

障了义务教育经费的合理切实分配。①

（三）反思与建议

义务教育具有强制属性，是一个国家公民必须接受的最基本的教育，因此其公平性是重中之重，其经费分配必须体现"扶贫扶弱"的特征。在分配义务教育经费的过程中仍然存在着一些问题，如目前收到义务教育经费资助的贫困生比例仍然偏低、力度偏小，对于一些极端贫困地区，贫困寄宿生活补助仍然难以到位等问题。这些问题的实质仍然是"不充分"，这也是新时期我国社会主要矛盾的表现之一。而这些"不充分"的矛盾恰恰是发展中的矛盾，它们既是由弱变强的发展过程中必然出现的问题，也可以通过经济社会的发展而被自然解决。因此，针对分配资助力度不够、比例不够的问题，针对资金难以全部到位的问题，要辩证对待，保持信心。展望未来，我国义务教育经费分配过程中的问题和不足必然能够逐步解决。不少地区已经积累了一定的经验，如在广西，2005年春季共有131.4万名中小学生获得"两免一补"的资助，其中小学生88万人，初中生42万人，特教生1.4万人。受资助学生占义务教育阶段学生人数的18.5%，其中国家扶贫开发工作重点县的覆盖率达35%左右。②

未来我国的义务教育经费分配将进一步坚持公平原则，落实"四倾斜"，进一步完善和改革农村义务教育经费分配体制，并通过数据库、信息库等方式实现教育扶贫攻坚的巨大胜利。

1. 改革建立更为完善的农村义务教育经费分配制度

2006年以来，中国政府真正地承担起了农村义务教育经费的投入责任。但是，各级政府之间如何分担义务教育经费投入，这就要遵循能力原则，即能力强者多承担，能力弱者少承担。按照国际义务教育经费投入主体逐渐向上转移的变化规律，结合我国经济社会发展实际，未来农村经费投入的承担主体应是中央、省（自治区、直辖市）、市、县（区）四级政府。但是，共同分担并

---

① 中华人民共和国教育部. 各地进一步完善城乡义务教育经费保障机制. (2017)［2018-07-17］. http://www.moe.gov.cn/jyb_xwfb/s3165/201703/t20170307_298473.html.

② 周寒. 访广西教育厅厅长："两免一补"惠泽百万贫困生. (2005)［2018-07-17］. http://learning.sohu.com/20050526/n225712103.shtml.

不改变原来的经费管理以县为主的管理体制，在经费管理上仍然实行以县为主的体制。

2. 利用精准扶贫信息库，实现贫困生信息管理动态化

明确贫困生的定义及身份认定的衡量标准，把家庭可支配的生均培养经费列为主要的考察因素，建立起具有可操作性的规范的认定机制，认定工作的职责落实到具体的部门上，确保政策惠民的公平公正。针对审核贫困生信息难度大的情况，建议教育机构建立起动态化的信息管理系统，贫困生家庭情况核实的工作可以与政府开展的精准扶贫工作相结合，与精准扶贫项目的信息互通共用，以减轻学校教师的工作负担，提高政府精准扶贫项目信息的利用率。贫困生信息的准确有助于把补助资金发放到真正有需要的贫困学生家庭中，提高政策的实效。

三、义务教育经费使用效率

从理论上讲，义务教育经费强有力的支撑需要解决两个问题：一是保障经费投入充足，二是保障经费使用有效。后者是前者发展到一定阶段的产物，只有在解决了有和无的问题之后，才能来探讨有效与否、划算与否的问题。经费使用效益是一个牵涉两头的问题，因为高效率的经费使用能够使有限的经费总量发挥更大作用，进而促进义务教育经费的发展。

近几年来，我国非常重视对教育经费使用效率和效益的研究。这是优化义务教育经费发展方式，提供义务教育发展质量的重要方面。然而，实践和研究总是有一定的分歧和错位，目前学界对于经费使用效率的研究还不多，研究的层面也有待进一步深入。

（一）背景

教育虽然不是单纯的经济行为，但是教育中也包含了一般经济学中所研究的使用效率问题。在讨论义务教育经费的使用效率时，需要将教育区别于一般的非公共性产品和准公共产品，不能以简单地追求利益最大化或追求成本最小化作为教育经费使用是否有效的评判标准。探讨义务教育经费的效率时，学

者们通常有两种关注，一些学者关注的是经费的配置效率，而另一些学者则更关注经费的使用效率，而且他们认为经费使用中其实已经包含了经费的分配。其实，二者虽然有所区别，但也有很强的相似性，只是在侧重点上略有不同：配置强调分配，而使用则更强调具体支出。在这里我们主要探讨义务教育经费的使用效率。

教育经费的使用效率实质是资源投入和产出的"一对多"或"多对多"的映射关系，也就是说教育主管部门与学校投入的教育资源不止一种，想要得到的教育产出也不止一种。如果资源使用得当，那么已有的资源就能够得到充分的使用，各方面积极性都能够得到调动，很少出现闲置与浪费，资源的使用效率也就因此提升。否则，资源使用效率低则会出现资源的冗余和浪费。义务教育经费的使用效率指的是用于义务教育发展的经费使用的有效性和充分性，可以用一个公式来说明：

教育经费使用效率＝教育成果（产出）/教育经费（投入）

这里的教育成果包含数量和质量。如果一定数量的义务教育经费产出的成果数量越多，质量越高，那么它的义务教育经费使用效率就越高。反之，使用效率就越低。

目前，我国对义务教育经费的关注主要集中在义务教育经费投入的公平性上，关注基于省域和县域的经费投入是否公平，全国义务教育经费投入上是否存在着东部、中部和西部差异，省内义务教育经费投入是否存在城市与农村、主城与偏远地区的差异。但就经费运转的内部结构而言，"投入"只是一笔经费开始发挥其作用的第一步，当经费投入过后，这笔经费该如何使用，如何让这笔经费得到充分的利用则是接下来更重要的问题，这也就是经费使用的"效率"。目前，我国针对义务教育均衡经费使用效率的相关研究还比较少，造成这种情况的原因主要有三个：第一，经费研究具有明显的先后性，效率是在解决了"有或无"之后的事情，义务教育经费的研究也必然是经费的投入为先，经费的使用为后，这是造成目前关于义务教育经费效率的相关研究较少的主要原因。第二，由于义务教育经费的资源投入和产出是复杂关系，涉及的因素有硬件也有软件，有直接也有间接，有教育内也有教育外，这些数据十分庞杂，界限也很模糊，想要厘清这些数据本身的关系十分困难。第三，义务教育经费的投入、基建、产出、效果等属于政府数据，因此要获得相关的数据有一定的难度，这也成为义务教育经费使用效率研究的桎梏。

（二）主要问题

目前，义务教育经费的使用问题已经引起了教育相关部门的关注，各地也纷纷采取措施提高经费的使用效率，但由于义务教育经费的使用效率是一个新的研究命题，大家在以前着重解决"有没有"的过程中关注不多，在实践中也存在一些困惑。

1. 如何处理严格预算与具体执行之间的关系

义务教育经费使用预算是保障义务教育经费合理、有效使用的重要前提。但是在兴办义务教育的过程中，有一些开支是可以预见的，有一些开支却是无法预见的，实际需要使用经费时，也很少参照当初的预算。正是实践中计划开支和实际开支往往难以完全吻合，导致在编制预算的时候一些学校往往都不太谨慎。尽管预算编制细化工作已进行了多年，但部分学校仍旧没有意识到预算编制的重要性，每年编制预算时敷衍了事。一般而言，学校的财务人员会参照往年经费的使用情况计划来年的重点工作，估算出所需经费，而不是根据今年的新情况来编制新预算。这就导致经费使用预算的预见性大打折扣，预算中的经费是否够用，如何安排更高效，学校领导也无法做到心里有数、心中有谱。每年的经费使用也就变成了"看菜下饭"，缺乏经费使用和学校发展的预见性，经费使用起来"打一枪换一个地方""想到哪里做到哪里"的情况仍然存在，长此以往，造成了大量教育经费的浪费，年度后期甚至中期就需要追加预算指标的学校已屡见不鲜。

2. 如何科学使用义务教育经费与如何衡量经费效率的困惑

"一块钱花在哪里才是刀刃？"这一简单的问题常常困惑着一线教育实践者。薄弱学校校舍要改造、办学条件要提高，许多基建和危房需要整改，这些都是要花钱的事情。另外，教师待遇要提高，教师职后培训绩效激励要跟上，教师福利和学生管理等都需要花钱，这些软件的花费也必不可少。保软件还是保硬件很多时候难以量化，教育行政部门无法预先预算和衡量，导致分配到每个学校的经费也就存在矛盾。有一些学校历史欠账很多，不投入难以达到均衡标准；而历史欠账中危房、基建占了大头，这些钱都不是小数目，如何保证投入进去的钱能够看到效益？学校建设投入经费除了前期的一次性投入之外，很多硬件建设和维修的费用往往依赖校长个人与上级管理部门的沟通与交流，许多农村校长不得不频繁向上级部门"跑钱""要钱"，这就导致了实践中经费科学使用和经费必要使用之间的矛盾。

目前，全国各地很少开展义务教育经费使用效率的评估工作，没有积累大量的评估经验。迄今为止，教育经费使用效率评估体系还没有形成标准的义务，没有一套完整的理论体系和方法体系供他人参考，也还没有建立起科学规范统一的指标体系和完整的评估流程。评估内容和评估方法不明确，同时，也没有独立的专业评估机构。

（三）展望与建议

提高义务教育经费的使用效率是一个连续不断的过程，需要各方长期的努力才能达到一个比较理想的效果。为了使经费使用更加高效合理，义务教育的质量稳步提升，可以从以下几个方面入手。

1. 灵活控制义务教育学校的规模，因地施策

学校的规模包括可容纳学生数、配备的教师及其他工作人员，以及学校的教学设备、图书资料等。学校规模直接影响经费投入和经费使用，也直接影响经费产出。目前学界认为，学校规模和经费效率之间存在着一定的相关关系，但这个关系的回归模型如何？规模与效益之间是否有一个分水岭？这些问题在学界和科学研究中尚未得到很好的解决。例如，一个学校要维持基本运行其成本如何？这个成本总量大概覆盖多少学生能够使其效益为正？如今许多家长纷纷将孩子送往乡镇学校和城市学校，很多的乡村学校学生很少，这时应减少教师和其他行政人员及教学资源的配备。对那些班容量很大的城市学校，适当增加人员及教学资源的配备，这样义务教育的经费使用才更加合理高效。

当然，这也带来了另一种"教育伦理"挑战——有人质疑对于仅有一个学生的学校是否值得继续开办？这个问题需要辩证来看待：一方面，在义务教育阶段，保证公民受教育的权利是政府的基本职能，因此政府有义务为每一位

学生提供合格、有质量的义务教育，目前国家倡导的小规模学校正是对此的积极回应和作为。但另一方面，义务教育的发展与地区的经济发展、人民生活不能割裂，"一人学校"往往伴随着人口流失、留守儿童、连片贫困和生态环境恶劣等社会经济发展方面的挑战，对于这些地区，仅仅保证教育是不够的，而应该从精准扶贫、整体搬迁、生态修复及乡村振兴等角度来通盘考虑，为儿童营造更好的生活环境和生存环境，进而营造更好的教育环境。

2. 提高学校的经费管理效率，全流程管理

1）学校提高经费管理效率的关键是做好学校的预算、使用和监管工作。学校预算就是把学校需要转变为经费计划的过程。这个过程包括三个不可缺少的步骤：第一步，学校编制计划。学校整合下一学年的教育计划和学校的工作项目，列出经费来源和需要使用经费的各个项目及其预计支出，并计算出所需的经费总数。第二步，预算参与和听证。学校校长和相关财务人员将预算的详细收支信息公布给学生家长和教育主管部门的工作人员，认真说明学校的工作计划，针对他们的疑问一一作答，并根据他们的意见再次修改完善预算。第三步，预算评估。教育主管部门随时跟踪学校预算的运行情况，对此次预算的成效，下次预算的改进，预算项目超支与剩余的原因等做出准确的分析和客观的评估。

2）提高校领导的财务管理意识。校长是学校管理工作的总负责人，他对学校财务工作的重视程度会直接影响经费的使用效率。提高校长的财务管理意识可以从以下几方面做起：组织参加培训，使其明确自己在学校的财务工作上的责任；去其他学校交流学习，接受先进的财务管理观念；将财务管理能力和经费使用效率纳入校长的工作考核。只要校长更加关注学校的财务状况，并致力于经费使用效率的提高，学校的经费使用效率便会更好。

3）加强财会队伍的建设。只有财会人员的业务能力过硬，学校的财务管理才会高效，可以通过以下途径加强财会队伍的建设：加强业务人员的职业化培训，如采取邀请专家开展讲座的方式，传授实用的财务知识和技能，普及财会工作的法律法规知识，进行职业道德教育等；完善财务工作的奖惩机制，对工作出色的财务人员给予一定的物质奖励，对工作不合格的人员给予合适的物质处罚并通报批评，严重者要求离职，若已经触犯了法律，还要承担相应的法律责任。

3.建立学校的绩效管理机制和监督预警机制，加强监督

学校作为一个组织，需要引入绩效管理模式。它是激发教职工和其他人员工作积极性和创造性的有效手段，也是提高学校工作效率的绝佳方法，并且有利于学校的长远发展。具体而言，学校要建立一套明确的奖惩制度，当学校人员表现良好时，给予恰如其分的奖励，既可以是外部奖励（如奖金、津贴），也可以是内部奖励（如表扬、晋级、颁发荣誉证书等）。为此，学校的预算中要有一笔灵活机动的奖励资金。如果员工表现不当或出现失职行为，也要有相应的惩罚，以批评教育为主，必要时可以扣除部分工资，但要掌握合理的分寸，注意不要挫伤员工的工作积极性。

同时，还要充分运用现代科学技术，通过网络系统，使得学校的主管部门能及时了解各校的经费使用情况，学校的领导也能及时了解该校的各项支出情况，当发现某一项支出过多时，预警系统便会闪亮红灯，提醒学校注意该项的支出。通过监测机制和预警机制，学校的经费使用将会更加科学、合理、高效。

第三节　义务教育经费发展的反思及建议

改革开放40年，是义务教育飞速发展的40年，义务教育经费迅速增长的40年。这40年间，义务教育经费从少到多、从粗到细逐渐走上了科学化、规范化和世界领先之路。

一、义务教育经费发展的反思

义务教育经费处于飞速发展之中，取得的成绩是有目共睹、世界瞩目的。但有成绩并不意味着我们能够就此满足、驻足不前；有成绩更需要我们对之加以冷静客观的反思，正视在发展中出现的问题，并坚信这些问题伴随着发展出现，也会伴随着发展而得到解决。

（一）总量增长同时呈现结构性短缺，马太效应、"中部塌陷"现象明显

我国义务教育经费的总量和投入在改革开放 40 年的时间内一直保持着高速的发展。截至 2016 年，全国教育经费总投入为 38 866 亿元，其中义务教育经费总投入规模为 17 603 亿元，比 2015 年增长 9.76%。在生均经费方面，全国普通小学为 11 398 元，比上年增长 8.88%；普通初中为 16 010 元，比上年增长 10.50%。[①] 我国的义务教育经费规模无论是在总量还是在均量上都表现出强劲的增长态势和惊人规模，而从增长速度上看，基本都在 10% 左右，这是一个很快的增长速率。

总量扩大，是改革开放 40 年来我国综合国力提升的重要表现；速率高位，是我国始终坚持教育优先发展战略的现实选择。然而，在义务教育经费总量和增速都取得喜人成就的同时，也要注意具体增长中的结构性问题。这些结构性问题不仅是人民美好生活需求与现实发展不充分、不均衡矛盾的体现，还会让义务教育经费的效率打折。具体来说，结构性的问题表现在城乡二元结构导致的城市农村义务教育经费马太效应和东中西部地区发展与政策差异导致的"中部塌陷"现象。

马太效应是指强者越强、弱者越弱的发展结构性矛盾。在我国义务教育经费的发展中，城市和农村由于制度和政策力量所"构筑"起来的"体制性二元结构"导致二者在经济和社会发展方面都存在着较大差距，且农村地区的经济总量、人均收入及经济发展形态等都较城市发展相对滞后。在城乡二元结构日益强化的背景下，基础教育的城乡差别也在日益扩大，虽然我们的综合国力在不断提高，但在总量相对紧张的前提下，城市和农村的教育投入并不均衡，发展状况也就相差巨大。直接后果是，农村教育与城市教育两者之间的差距越来越大。

这种结构性差距的马太效应，是在义务教育发展过程中出现的问题。如 2002 年，全社会的各项教育投资是 5800 多亿元人民币（其中政府投入不到 70%），其中 77% 用于城市，在接受义务教育的孩子中占总数 70% 的农村孩

---

① 中华人民共和国教育部. 教育部关于 2016 年全国教育经费统计快报. (2017) [2018-05-03]. http://www.moe.gov.cn/jyb_xwfb/moe_1946/fj_2017/201705/t20170503_303596.html.

子只获得 23%。[①] 根据《中国教育报》2004 年对 302 个地市和县教育局局长的问卷调查结果，超过 50% 的农村中小学"基本运行经费难以保证"，有 58% 的农村学校危房改造经费无法落实，超过 40% 的小学仍然使用危房，超过 30% 的农村小学"粉笔论支有限发放"，接近 40% 的农村小学"交不起电费、有电不敢开电灯"，缺少课桌凳的小学接近 40%。[②] 农村学校师资总体素质不高，队伍不稳定，有相当一部分小学没有一位公办教师，基本是初中毕业生教小学，有的连初中都没毕业。根据教育部发展规划司的统计，2001 年，城乡小学专任教师的合格率分别为 98.3% 和 96%，差别不大，但学历差别很大，具有大专以上学历的小学教师比例分别为 40.9% 和 20.3%，相差 20.6 个百分点。初中教师队伍的差别更大，专任教师的合格率城市和农村分别为 92.3% 和 84.7%，城市比农村高出近 8 个百分点，具有大学本科以上学历的比例分别为 23.5% 和 9.4%，前者是后者的 2 倍以上。全国代课教师 70.5 万，其中农村占 82.3%。[③] 师资问题已经成为贫困地区教育发展的桎梏。

可喜的是，随着我国社会主义建设进入新的历史时期，城乡义务教育经费的马太效应正在好转和消失。这得益于我国持续、积极的农村教育支持政策，农村教育经费保障的新机制，乡村振兴计划，以及教育扶贫、精准扶贫等一系列惠农惠贫政策的出台和落实。黑龙江省肇东市按照"城乡一体、突出重点"的工作思路，从 2017 年春季学期开始，统一城乡义务教育学生生均经费定额。"国家确定的城乡义务教育学校生均公用经费基准定额标准为普通小学每生每年 600 元、普通初中每生每年 800 元；在此基础上，对寄宿制学校按照寄宿生年生均 200 元标准增加公用经费补助，继续落实农村地区不足 100 人的规模较小学校按 100 人核定公用经费的政策，取暖费依据艰苦边远地区津贴补助范围分三档给予补助；对特殊教育学校和随班就读残疾学生按每生每年 6000 元标准补助公用经费。"[④] 安徽省淮南市毛集实验区尝试政府信息公开落

① 陈锡文. 当前我国的农村经济和农村政策. 改革，2004（3）：5-11.
② 刘亚荣，张婕，于京天. 教育局长眼中的教育经费——对 302 个全国地（市）、县教育局长的调查. 中国教育报，2004-08-23（A3）.
③ 蔡昉. 中国人口与劳动问题报告 No.5（2004）——人口转变与教育发展. 北京：社会科学文献出版社，2004：105.
④ 黑龙江省肇东市人民政府网站. 2017 年农村义务教育经费保障机制改革经费.（2018）[2018-04-11]. http://www.hljzhaodong.gov.cn/html/index/content/2018/04/11523191596030.html.

实到各个学校的办法，切实保证每一所农村义务教育阶段中小学保障经费的分配。全区 40 所农村义务教育阶段中小学（含教学点）共计在 2017 年拨入保障经费 792.39 万元，即使是最为普通的镇级学校和教学点都能够获得资金支持，如毛集镇河口学校获得经费 11.4 万元，董岗学校刘岗教学点获得 6.73 万元。①

"中部塌陷"是指中部地区义务教育阶段的生均预算内事业性教育经费支出一直低于东部地区和西部地区，呈现"塌陷"现象。根据义务教育第三方评估情况的报告，2013 年，中部地区小学生均预算内事业性教育经费支出仅为 5614.71 元，而同一时期东部地区的生均支出为 8074.94 元（比中部高 2460.23 元），同一时期西部地区为 7022.83 元（比中部高 1408.12 元）。同样的情况在初中阶段也同样存在，仍然是 2013 年，中部地区初中学生生均预算内事业性教育经费支出的费用为 8155.61 元，而同一时期东部地区的生均支出为 11 102.94 元（比中部高 2947.33 元），同一时期西部地区为 8409.64 元（比中部高 254.03 元）。可见，中部地区的小学、初中生均预算内事业性教育经费支出均低于东部地区、西部地区，教育经费出现明显的"中部塌陷"现象。②

导致"中部塌陷"的原因既有地理与经济发展背景的先天原因，也有政策倾向补贴不足的后天原因，更和区域内的教育密度有关。从地区经济社会发展的先天背景来看，中部地区主要是农业大省，产业结构存在"先天不足"，整体性的社会经济发展水平不及东部地区，发展速度不及西部地区，且经济水平可能并不比西部地区好多少，财政实力弱化对其教育发展产生了不利影响。从政策倾向补贴的后天原因来看，西部地区受到"西部大开发"国家战略的政策影响，一直以来受到了国家的重点扶持。在教育领域，国家的财政转移支付和补贴，以及各种资助计划资金项目更多，国家教育政策对西部地区扶持力度大，学生资助和保障系统因运行多年，也较完善。而这些条件在中部地区却稍有欠缺，在政策倾斜上，中部地区也稍被忽视，导致中部地区教育经费的外部支持不足。特别是实行农村义务教育经费保障机制改革以来，免学杂费资金、公用经费补助资金由中央和地方按比例分担，分担比例为西部地区 8∶2，中

---

① 淮南市毛集社会发展综合实验区管理委员会网站. 2017 年农村义务教育阶段中小学义务保障经费分配表.（2018）[2018-01-16]. http://xxgk.maoji.gov.cn/openness/detail/content/5b207ba7f4af7ae05a4b06b5.html.
② 西南大学评估组. 义务教育第三方评估情况.（2015）[2018-07-19]. http://www.moe.gov.cn/jyb_xwfb/xw_fbh/moe_2069/xwfbh_2015n/xwfb_151126/151126_sfcl/201511/t20151126_221196.html.

部地区 6∶4，向西部地区明显倾斜。从教育密度来看，中部地区的教育供求关系加剧了教育经费"中部塌陷"。中部地区的人口密度大，各级教育的适龄入学人口相对较多，教育发展的压力相对其他地区更重，而其体量和发展结构与西部相比领先度并不突出，而且由于中心城市首位度过于明显，导致中心城市、大城市和城市群对周边"抽血"严重，更加重了教育经费投入的不均衡。

（二）义务教育经费使用效率尚缺科学考量标准和方法

"大河有水，小河不干。"改革开放 40 年来，我国的经济实力不断增强，义务教育经费这块蛋糕也越做越大。正如本章前面所述及，截至 2017 年，我国教育经费连年高速增加，连续 5 年支出占比超过全国 GDP 的 4%。这些经费大大改变了我国义务教育兴办事业的基本面貌，在中小学校舍建设、中小学学生资助、教师工资待遇和职后培训，以及中小学教育质量提升方面作出了卓绝贡献。

然而，蛋糕越大越要注意蛋糕的质量，总量越多越应该科学化预算、精细化分配和高效化使用。在解决了蛋糕有无的前提下，义务教育经费的关注点应该开始从支出筹措，逐渐转移到教育经费的有效使用，即义务教育经费使用效率上来。但是，由于教育的成本和收益本身构成复杂，难以条目清晰地加以量化，我们在考虑义务教育经费使用效率时，尚未找到一个科学合理的衡量标准和衡量办法。这也是当前我国义务教育经费研究与实践领域所面临的双重困境。

"钱要用在刀刃上。"用尽可能少的钱办更多的事，把事情办得更好，是下一步我国义务教育经费研究和管理的工作重点之一。然而现实的情况是，一些地区义务教育经费没有得到科学合理的使用，其经费效益不高。部分地区教育经费扣压挪用的现象仍然存在，则又在很大程度上制约了义务教育事业的发展，甚至带来了腐败问题。将效率的概念引入政府农村义务教育投入问题，就是要通过经费分配和使用方式的改革，使得有限的教育经费得到更科学合理的使用，以达到最高效益。

改变以往粗放型的教育经费理财方式，通过效益指标考核、科学评价效益等途径，建立科学有效的义务教育经费管理制度和效益考核指标体系。这时，"科学合理的义务教育经费使用效率考量标准和方法"就成为现实的必然要求。然而遗憾的是，目前我国对于经费使用效率的研究仍然处于起步阶段，一些学者试图通过使用数据包络分析方法来考察义务教育经费的效率，也有学者试图通过成本收益商数公式来求得义务教育经费的效率，更有学者尝试通过财政教育事业支出与用户满意度的关系来探索义务教育经费的效率，凡此种种，不一而足。但这些方法涉及很多成本核算的方式：学校校舍属于一次性投资，如何在核算成本的时候进行核算？学校教师培训经费常年变化，如何在核算时进行核算？学校的各种硬件设施、学生家庭的各种额外投入，是否都应该算作成本？如何区分政府投入的义务教育经费成本中的货币成本、时间成本、人力成本和无形成本？如何核算学生接受义务教育后的有形产出、无形产出，甚至是公民受教育后对社会风气的改善，对地方经济社会发展的带动作用？一些地区通过修建新校舍拉动的内需消费和投资增长，以及随之带来的经济发展这些因素在考察经费使用效率时是否应该予以考虑？这些因素都仍未得到很好的解决和充分的讨论，学界也还没有取得广泛的共识，这也是导致义务教育经费使用效率考量标准制定困难的重要原因。

"一块钱花在哪里最划算？"这是一个简单的命题，但如果这个问题发生在义务教育经费效率的探讨中却是一个复杂的问题。它需要理论研究、行政管理、实践一线等方面充分发挥智慧，在后续的发展中探寻解决之道。

（三）家庭在义务教育阶段支出负担较大

家庭教育支出有三种：基础性支出、扩展性支出和选择性支出。基础性支出是指接受教育过程中必须承担的刚性支出，如学杂费、食宿费、校服费、学习用品费等。拓展性支出是指教育中为了得到更好教育效果，更好适应个体发展而付出的教育费用，如课外培训或辅导费用、课外读物费用等。选择性支出则是指借读费、择校费、捐助助学费等部分。随着我国政府对义务教育阶段城乡全免费政策的施行，以及整体社会经济水平的提升和家庭单位经济实力的发展，客观地说，现在每个家庭的基础性教育支出负担已经不算太重了。但更多指向个性化、适切性和提高性的拓展性支出和选择性支出却越来越高，如许多家庭为了选择更好的学校而为学区房支出的费用。扩展性和选择性教育支出是个人选择的结果,但人民群众对于优质资源的迫切需求,使得家庭在子女教育上的投入不断增加。特别是在义务教育阶段,教育支出已经成为每个家庭重要的支出内容,所占的消费比例也越来越高。

2018 年,北京大学中国教育财政科学研究所正式发布了国内首个专门针对家庭教育支出的大型调查——2017 年中国教育财政家庭调查。[①] 调查结果显示,我国家庭教育支出水平和规模均处在较高的水平,基础教育阶段生均家庭教育支出 8143 元,其中城镇 1.01 万元 / 户,农村 3936 元 / 户,这对于普通工薪家庭和普通农业家庭来说,都是一笔不小的开支。以每生每年教育支出占家庭总消费支出的比例来看,义务教育阶段家庭平均每户的教育支出负担率为 11.9%,其中农村 10.6%,城镇 14.3%。据本次调查数据估算,2016 年下学期和 2017 年上学期,全国基础教育阶段家庭教育支出总体规模约 19 042.6 亿,占 2016 年 GDP 比例达 2.48%,远高于 2016 年全国教育经费统计中非财政性教育经费占 GDP 比例 1.01% 的结果。

家庭教育支出与总收入的比值即为家庭教育的负担率(家庭教育负担 = 家庭教育支出 / 家庭总收入),比值越高,意味着家庭教育负担越重。早在 2007 年,迟巍等人依据国家统计局调查数据进行的我国城镇居民家庭教育负担研究表明,我国的家庭教育负担存在显著的地区差异,低收入家庭的教育负担更重。[②] 而随着国家经济和社会的变化发展,近年来中国影子教育市场蓬勃发展,2018 年义务教育阶段参加课外辅导的学生约占学生总数的 40%。[③] 这一数据表明:实际上中国家庭增加了教育支出中的校外费用,这导致教育成本提高,家庭教育负担可能因此加重。同时,随着收入差距拉大,以及家庭对个性化、多元化教育的追求,不同家庭的学生在校内和校外享受到的教育机会和教育资源开始分化,这使得家庭教育成本的增加可能会阻碍教育公平的实现。

---

① 白杨. 北大中国教育财政科学研究所发布 2017 年中国教育财政家庭调查结果. (2018)[2018-01-01]. http://pkunews.pku.edu.cn/xwzh/2018-01/01/content_300881.htm.

② 迟巍,钱晓烨,吴斌珍. 我国城镇居民家庭教育负担研究. 清华大学教育研究,2012(3):75-85.

③ 胡咏梅,吴爽. 北京市居民家庭义务教育负担实证研究. 教育科学研究,2008(6):28-32.

二、义务教育经费发展的建议

（一）继续加大教育经费投入，切实贯彻教育优先发展战略

2016 年我国 GDP 为 74.41 万亿元，教育经费投入总量和国家财政性教育经费支出占国内生产总值的比例分别为 5.22% 和 4.22%。[①] 2016 年 5 月 30 日，习近平总书记在全国科技创新大会、两院院士大会、中国科协第九次全国代表大会上明确提出"到 2020 年时使我国进入创新型国家行列，到 2030 年时使我国进入创新型国家前列，到新中国成立 100 年时使我国成为世界科技强国"[②]，要达到此目标，教育经费投入任重道远。

研究发现，当今世界排位靠前的创新型国家都十分重视教育投入。世界知识产权组织《2017 年全球创新指数报告》在日内瓦发布，其通过 81 项指标对世界 127 个国家和地区经济的创新表现进行排名。排在前 25 位的国家和地区分别是瑞士、瑞典、荷兰、美国、英国、丹麦、新加坡、芬兰、德国、爱尔兰、韩国、卢森堡、冰岛、日本、法国、中国香港、以色列、加拿大、挪威、奥地利、新西兰、中国、澳大利亚、捷克、爱沙尼亚。[③] 中国的创新指数虽然排在 22 位，但经济合作与发展组织的数据显示，全球创新指数排名靠前的国家和地区，2012 年教育投入占国内生产总值比例的平均水平是 5.77%，其中政府公共支出（相当于我国国家财政性教育经费）占国内生产总值比例的平均水平是 5%，我国与之依然有很大差距。美国国家教育统计中心的数据显示，早在 20 世纪 70 年代，美国各级各类教育机构（中小学和授予学位的高等教育机构）教育经费支出占国内生产总值的比例已经超过 6%，2001 年起超过 7%，2009 年达到峰值 7.64%，2014 年为 7.08%。2014 年，美国各级各类教育机构教育经费支出至少 1.23 万亿美元，折合人民币将近 8 万亿元，同年我国教育经费投入总量为 3.28 万亿元。如果对比生均经费投入水平，我国与位于创新

① 张晨. 建设教育强国仍需加大经费投入. 中国教育报, 2018-04-02（12）.
② 习近平. 为建设世界科技强国而奋斗——在全国科技创新大会、两院院士大会、中国科协第九次全国代表大会上的讲话（2016 年 5 月 30 日）.（2016）[2018-11-07]. http://www.xinhuanet.com//politics/2016-05/31/c_1118965169.htm.
③ 中国科学院科技战略咨询研究院. 中国 2017 年全球创新指数排名攀升至第 22 位.（2017）[2018-11-07]. http://news.sciencenet.cn/htmlnews/2017/6/380255.shtm.

型前列国家的差距更大。经济合作与发展组织的数据显示，全球创新指数排名前 20 位的国家 2012 年生均教育经费投入水平为 1.29 万美元，折合人民币约 8 万元；美国 1.55 万美元，折合人民币约 9.5 万元。同年，我国国家财政性教育经费占教育经费投入的 80.29%，全国普通小学、普通初中、普通高中、中等职业学校、普通高等学校生均公共财政预算教育事业费支出情况分别是6128.99 元、8137.00 元、7775.94 元、7563.95 元和 16367.21 元，均远低于创新型前列国家。因此，要实现全国科技创新大会的目标，建设创新型国家，成为世界科技强国，需要优先发展教育事业，而这一切需要强大的教育经费的投入。

（二）进一步优化教育经费运行体系，满足人民群众日益增长的教育需求

改革开放 40 年来，我国教育市场的容量和力量在不断发展，民众对整个义务教育需求（包括义务教育的总体数量和义务教育的结构质量的需求）也在不断增加。目前，我国面临着二孩政策叠加婴儿潮，2017 年全年出生人口1723 万人，人口出生率为 12.43‰。其中，二孩占 50% 以上，比 2016 年提高了 10 个百分点。[①] 生活质量的提高及二孩的出生使人们对于教育的需求爆发性增长。可以预见的是，等这一批婴儿到了学龄期，对于义务教育的需求必然呈现一个陡崖式增长。新出生婴儿大致在三四年后达到入学年龄，2019—2020 年学前适龄儿童数量或将到达新高，而随后的 K-12 教育也将被进一步关注，教育的需求也愈加旺盛。

教育经费是支撑国家长远发展的基础性、战略性投资，是发展教育事业的重要物质基础，是公共财政保障的重点。在新的历史时期，我们的教育事业资金任务十分艰巨。面对新的挑战，应当拓宽财政性教育经费来源渠道的各项政策措施，进一步调整优化财政支出结构，切实提高公共财政支出中教育支出所占比例。中央财政要充分发挥表率作用，进一步加大对地方特别是中西部地区教育事业发展转移支付力度，同时增加本级教育支出。地方各级人民政府要

---

① 李丹丹. 国家统计局：2017 年出生人口中二孩占半数以上.（2018）[2018-01-18]. https://baijiahao. baidu.com/s?id=1589920228209471710&wfr=spider&for=pc.

切实按照《国家中长期教育改革和发展规划纲要（2010—2020 年）》的要求，根据本地区教育事业发展需要，统筹规划，落实责任，大幅度增加教育投入；合理安排使用财政教育经费，积极支持实施重大项目，着力保障和改善民生，优化教育投入结构，合理配置教育资源[①]；尽快建立教育经费投入体系，提供旺盛需求基础，调整优化各教育阶段的经费投入结构，合理安排日常运转经费与专项经费。

（三）发挥教育经费的制度性作用，进一步巩固义务教育经费保障机制

随着我国经济社会持续稳定发展和政府对教育事业的高度重视，教育经费投入整体呈现逐年稳步增长的态势。由于我国各级政府不断加大对教育投入力度，教育经费投入不足的问题得到了有效缓解。但是总量增长的同时，我们也必须看到义务教育经费仍然存在着结构性的不足，如城乡二元结构带来的马太效应和地区差异引发的"中部塌陷"等。要解决义务教育经费的结构性问题，就需要进一步发挥教育经费的制度性作用，突出教育均衡，加快建立优质教育资源共建共享体系，充分发挥义务教育经费投入对缩小城乡、区域、校际教育差距的杠杆撬动作用。①充分发挥教育经费投入的制度性作用，健全和完善城乡统一、重在农村的义务教育经费保障机制；建立健全城市义务教育经费保障机制，深化农村义务教育经费保障机制改革。②继续支持西部地区义务教育的同时，还要加大对中部地区义务教育的投入，逐步尝试在中西部地区分省实施差别化的投入政策。③深入推进城乡统一的义务教育学生"两免一补"政策，重点提高家庭经济困难学生资助水平，确保教育财政投入实现"精准补差"。④实行对老少边穷地区义务教育投入的适当倾斜政策。⑤逐步完善省以下财政支付体系，特别要匹配地方的事权、财权，防止支出责任过度下移，减少贫困区县专项转移支付资金的配套压力。

---

① 国务院. 国务院关于进一步加大财政教育投入的意见. （2011）[2018-07-19]. http://www.gov.cn/zhengce/content/2011-07/01/content_1653.htm.

第七章

义务教育办学条件发展

确保义务教育办学条件是办好义务教育阶段学校的根本前提，也是提高学校教育教学质量的重要保障。师生正常工作和学习、学生健康发展都离不开良好的办学条件。改善义务教育办学条件可以说是教育发展的重中之重，对促进新时代我国教育发展，办好人民满意的教育具有重要的现实意义。

　　目前，我们对于义务教育办学条件的构成、分类、定义等方面的研究还不够，在实际工作及政策制度层面的叙述中，类似的术语还有"中小学办学条件标准""义务教育基本办学标准"等，没有严格区分其内涵，没有标准的统一答案。在已有的学术研究和政府工作报告等的叙述中，对义务教育办学条件内涵的界定也各有所异。刘芳等所著《中国义务教育发展报告2012》指出，办学条件发展状况可以从校舍与运动场地、仪器设备与图书、信息化基本情况三个方面入手。[①] 王远伟、杜育红认为，义务教育办学条件是指合格的义务教育阶段学校所需要的各种物质和人力资源。[②] 朱德全等基于《国家中长期教育改革和发展规划纲要（2010—2020年）》第三方评估的证据，在中国义务教育均衡发展报告中指出，办学条件评估的主要内容包括生均校舍面积，校舍危房情况，大班额数、超大班额数，学生住宿、饮食、取暖、卫生条件，信息技术设备。[③] 教育部发展规划司2017年教育统计数据显示，中小学办学条件主要包括如下几个方面：第一，教学及辅助用房（教室、实验室、图书室、微机室、

　　① 刘芳等. 中国义务教育发展报告2012. 北京：教育科学出版社，2013：102-124.
　　② 王远伟，杜育红. 义务教育办学条件评价指标体系构建与应用研究. 教育发展研究，2013（2）：36-43.
　　③ 朱德全，李鹏，宋乃庆. 中国义务教育均衡发展报告——基于《教育规划纲要》第三方评估的证据. 华东师范大学学报（教育科学版），2017，35（1）：63-77.

语音室、体育馆等）、行政办公用房（教师办公室等）、生活用房（教工宿舍、学生宿舍、食堂、厕所等）、其他用房；第二，占地面积（绿化用地面积、运动场地面积）、图书（册）、计算机数（教学用计算机、平板电脑）、教室（网络多媒体教室）、固定资产总值（教学仪器设备资产、实验设备）；第三，体育运动场(馆)面积达标校数、体育器械配备达标校数、美术器械配备达标校数、音乐器械配备达标校数、理科实验仪器达标校数、接入互联网校数、建立校园网校数。

基于以上综述，从广义上来讲，办学条件是指义务教育阶段学校所需要的各种人力、物力和财力资源。本书按照我国教育部发展规划司的统计口径，办学条件指义务教育阶段学校所需要的各种物质资源，主要指向学校基本硬件条件，不涉及教育经费及教师，主要包括：校舍建筑面积、教学及辅助用房、行政办公用房、生活用房、其他用房，以及校舍中危房的情况；校园占地面积、图书（册）、计算机数、教室和固定资产总值；体育运动场（馆）面积、体育器械配备、音乐器材配备、美术器材配备、理科实验仪器、建立校园网、接入互联网等。

在建设中国特色社会主义的新时代，人们对公平而有质量的教育的需求更加迫切，要努力办好新时代人民满意的义务教育，就应创造更高质量的办学条件和校园环境。全面改善义务教育办学条件，有效满足群众"好上学，上好学"的基本需求，让孩子享受公平而有质量的教育。

第一节　义务教育办学条件发展的成就与经验

一、义务教育办学条件发展的主要成就

改革开放之初，我国教育事业百废待兴，义务教育发展主要面临的是改善基本办学条件、消灭"一无两有"（即校校无危房，班班有教室，人人有课桌凳）、完成"六配套"（即校园内围墙、大门、操场、旗杆、水井、厕所配套）问题。党和国家开始采取一系列措施全面恢复学校教育教学工作，恢复和整顿全国中小学校，收回被占校舍，重新调整被关、停、迁、并的学校，改善学校

校舍严重不足的状况。20 世纪 80 年代后，我国九年义务教育逐步普及，国家进一步修缮和修建了学校校舍，改善了义务教育学校办学条件。从 20 世纪 90 年代开始，中国的各项教育事业都进入了改革力度加大、发展速度加快的时期，各地义务教育办学条件也出现了巨大的变化。很多农村地区呈现出"最好的建筑是学校"的景象，城市和经济比较发达地区涌现出许多具有现代化水平的学校。进入 21 世纪之后，政府进一步加大对义务教育事业的资金投入，加快义务教育阶段学校基础教育设施建设和提升工程，迅速改善了全国义务教育学校的办学条件。经过 40 年的发展，全国义务教育阶段学校办学条件总体上得到了较大的改善。据《2017 年全国教育事业发展统计公报》显示，全国共有义务教育阶段学校 21.89 万所，其中小学 16.7 万所，初中 5.19 万所（其中职业初中 15 所）。学校校舍建筑面积、教学仪器设备等在数量上逐年增长，校舍建筑质量逐步改善，危房面积逐步减少，城乡办学条件进一步标准化，大班额现象也得到有效控制，义务教育学校教育信息化工程有序推进，基本满足了义务教育阶段学校正常的教育教学活动需要。

（一）学校校舍面积显著增加，设施设备不断改善

1978 年前后，中小学许多校舍被占用，运动场地常常被占用，学校遭到严重破坏，其中小学校舍面积被占 163 万多平方米，学校基本教学条件难以保障。1978 年，中共中央在第三次全国城市工作会议后下发的《关于加强城市建设工作的意见》对解决中小学校舍等问题作出规定：要抓紧解决中小学校舍不足的问题；危房、旧房要迅速维修；要尽快采取措施改半日制为全日制，保证适龄儿童入学，保证中小学教学质量；全面恢复中小学教育教学工作，办好一批重点中小学，收回学校房屋、土地、设备等，加快校舍建筑。到 1985 年，全国小学共计 83.2 万所，初中 7.6 万所，基本上缓解了学校校舍严重不足的情况。从 20 世纪 90 年代开始，义务教育学校办学条件有了大幅度的改善。1987 年，普通中小学[①]校舍面积达 61 146.1 万平方米，到 1998 年，全国共有小学校舍 5.7 亿平方米，生均校舍面积已由 1980 年的 1.7 平方米提高到 4.1 平方米。[②]在解决校舍"一无两有"问题的基础上，国家着力提升义务教育学校

①　2004 年之前，中国教育统计年鉴中未将初中和高中数据分开计算，统称普通中学。
②　吴德刚. 中国教育改革发展报告——改革开放二十年回顾与展望. 北京：中共中央党校出版社，1999：170.

教学设施设备条件。1991 年，普通初中理科实验设备、教学分组实验和图书达标学校占初中总校数的比例分别是 25%、23%、20.1%；小学理科实验设备、教学分组实验和图书达标学校占小学总校数的比例分别是 9%、6% 和 13.2%。20 世纪末，全国普通中小学校舍建筑面积 104 070 万平方米，普通初中理科实验设备、教学分组实验和图书达标学校比例已经上升至 71.5%、68.3% 和73.4%；小学理科实验设备、教学分组实验和图书达标学校比例上升至 44.4%、38.6% 和 63%。[①] 我国基本上实现了"一无两有""六配套"，义务教育基础教学设施设备也有了较大的改善，为如期实现"两基"目标提供了保证。

21 世纪初，全国普及九年义务教育的地区人口覆盖率达到 85%。2002 年，全国中小学办学条件进一步改善。全国普通中小学校舍建筑面积 113 298.86 万平方米，比上年增加 4498.12 万平方米，此后呈稳步增长趋势。2010 年，《国家中长期教育改革和发展规划纲要（2010—2020 年）》提出"推进义务教育学校标准化建设"。各地按照国家和省定办学基本标准，全力推进城乡中小学办学条件标准化建设，保障九年义务教育全日制中小学音体美教学器材的配备，缩小区域内、学校间办学条件的差距，进一步高标准、高质量普及九年义务教育。到 2017 年，我国义务教育学校建筑面积共 136 095.2 万平方米，比1987 年净增长 36 336.2 万平方米。生均校舍面积大幅度提升，其中小学生均校舍建筑面积达 7.44 平方米；初中生均校舍建筑面积达 13.73 平方米，相比2010 年增长了 67.2%。2017 年全国教育事业发展统计公报显示，普通小学体育运动场（馆）面积、音乐器材配备、美术器材配备、数学自然实验仪器达标率分别为 84.77%、89.60%、89.41%、89.57%，比 2002 年分别高出 35.98%、51.9%、53.72%、40.2%。初中体育运动场（馆）面积、音乐器材配备、美术器材配备、理科实验仪器达标率分别为 90.35%、93.44%、93.17%、94.11%，比 2002 年高出 25.92%、40.98%、42.31%、24.66%。

（二）危房问题逐步解决，校舍安全得到有效保证

20 世纪 70 年代末，全国性的调研结果显示，全国中小学的危房率为

---

① 中华人民共和国教育部. 1999 年全国教育事业发展统计公报.（2000）[2018-05-30]. http://www.moe.gov.cn/s78/A03/ghs_left/s182/moe_633/tnull_841.html.

17%，超过 2 亿平方米，而且还在以每年 4% ～ 5% 的速度增长。如果按每个学生占有 5 平方米校舍计算，全国有 4000 万学生的生命每日每时都在受到死亡的威胁。据不完全统计，当时，全国死伤于校舍倒塌的教师和学生每年都在千人以上。[①] 教育部 1981 年 1 月在《关于抓紧解决中小学危房倒塌不断发生重大伤亡事故问题的请示报告》中提到，1978 年农村中小学危房面积约 5000 万平方米，占农村校舍总面积的 17.2%。而到 20 世纪 80 年代初，全国中小学危房占校舍总面积的 16%。以人口大省山东省为例，当时危房占全省校舍的一半；许多学校甚至没有校舍，其余的校舍中土草房、老祠堂、庙宇或旧民房也为数不少。[②] 为此，《中共中央、国务院关于普及小学教育若干问题的决定》要求，用两三年或稍长一些的时间，做到"校校无危房，班班有教室，学生人人有课桌凳"。到 1985 年，危房面积比例下降到 7%。

1986 年，《中共中央办公厅、国务院办公厅关于进一步加强中小学危房修缮和改造的通知》再次要求"力争在两三年内，使全部中小学校舍面貌有显著的改变，真正做到'校校无危房，班班有教室，学生人人有课桌凳'"[③]。到1991 年，全国中小学危房占校舍总面积下降到 3% 左右，尽管 20 世纪 90 年代初我国城市中小学的办学条件比较完善，但是在广大的农村，尤其是贫困地区，校舍不足，校舍破旧的情况还普遍存在。由于种种原因，到了 20 世纪末甚至部分地区危房比例有所回升。2001 年以来，国家和各地区组织实施了农村中小学危房改造、西部地区农村寄宿制学校建设和中西部农村初中校舍改造等工程，农村校舍质量明显提高。但受汶川地震、玉树地震等一系列自然灾害和房屋自然损旧因素的影响，义务教育学校危房面积大量增加，部分地区仍存在较多 C 级和 D 级危房。为此，2009 年国家开始实施中小学校舍安全工程。2010—2017 年，义务教育学校危房面积迅速下降，小学生均校舍面积中危房面积从 0.83 平方米下降到 0.09 平方米，初中生均校舍面积中危房面积从 0.83 平方米下降到 0.06 平方米。2017 年教育统计数据显示，全国义务教育阶段中小学校校舍建筑面积 136 095.2 万平方米，危房比例也由 1987 年的 6.7% 下降到 0.7%，危房问题已经得到较好解决，义务教育学校校舍安全也有了保障。

---

① 张继玺. 共和国教育 60 年（第 3 卷）：柳暗花明 1976—1992. 广州：广东教育出版社，2009：188.

② 张继玺. 共和国教育 60 年（第 3 卷）：柳暗花明 1976—1992. 广州：广东教育出版社，2009：191.

③ 中共中央办公厅，国务院办公厅. 中共中央办公厅、国务院办公厅发出通知 要求进一步加强中小学危房的修缮和改造工作. 人民教育，1986（9）：7.

（三）教育信息化有序推进，推动义务教育快速发展

义务教育学校信息化建设是教育信息化建设的重中之重。早在 1984 年，邓小平同志就提出，"计算机的普及要从娃娃做起"[①]。据 1999 年底不完全统计，全国中小学开展信息技术教育的学校近 6 万所，每年接受信息技术教育的学生近 3000 万人；拥有计算机 165 万台，计算机教室近 10 万个，建立校园网的学校近 3000 所。2001 年，教育部部长陈至立在"全国中小学信息技术教育工作会议"上提出，"中小学'校校通'工程……用 5 至 10 年时间，使全国 90% 左右独立建制的中小学校能够上网"[②]。截至 2002 年底，全国中小学拥有计算机约 584 万台，平均每 35 人一台。全国中小学建立校园网和局域网约 26 000 个。[③]

国家对义务教育信息技术教育的建设力度加大，实施了农村中小学现代远程教育工程、中小学"三通两平台"重大工程、教学点数字教育资源全覆盖项目等系列项目，极大地改善了义务教育学校信息化基础设施，实现了不同地区、不同学校之间的信息和资源共享。2003 年，中央投入专项资金 10 亿元，启动了"农村中小学现代远程教育试点工作"。试点工作覆盖西部 12 个省（自治区、直辖市）、新疆生产建设兵团、中部 6 个省和东部 1 个省共 20 个省级单位，建设教学光盘播放点 20 977 个，卫星教学收视点 48 605 个，计算机教室 7094 间，初步提高了农村中小学教育信息化的整体水平。[④]

2003—2007 年，中央和地方共同安排资金 100 亿元，为中西部地区 3.75 万所农村初中建设计算机教室，为 38.4 万所农村小学配备卫星教学接收设备，为 11 万个小学教学点配备教学光盘播放设备和成套教学光盘。[⑤] 2012 年，教

---

① 邓小平视察上海：计算机的普及要从娃娃抓起.（2014）[2018-04-30].http://politics.people.com.cn/n/2014/0822/c70731-25521741.html.

② 陈至立. 抓住机遇，加快发展，在中小学大力普及信息技术教育——在全国中小学信息技术教育工作会议上的报告.（2000）[2018-04-30]. http://www.moe.gov.cn/s78/A06/jcys_left/zc_jyzb/s3332/201001/t20100128_82097.html.

③ 中华人民共和国教育部科学技术司. 2002—2003 年教育信息化发展概况.（2003）[2018-04-30]. http://www.moe.gov.cn/srcsite/A16/s7062/200308/t20030812_82372.html.

④ 中华人民共和国教育部科学技术司. 2003—2004 年教育信息化发展概况.（2004）[2018-04-30]. http://www.moe.gov.cn/srcsite/A16/s7062/200408/t20040816_82371.html.

⑤ 国务院. 国务院批转教育部国家教育事业发展"十一五"规划纲要的通知.（2007）[2018-04-30]. http://www.gov.cn/gongbao/content/2007/content_660411.htm.

育部与财政部联合实施"教学点数字教育资源全覆盖"项目，组织开发人民教育出版社1～4年级语文、数学、英语、音乐、美术等8门学科的数字教育资源，全国6.4万个教学点实现了设备配备、资源配送和教学应用"三到位"。国家教育资源公共服务平台于2012年底上线运行，通过征集、汇聚、共建、捐赠和活动生成等多种资源建设方式，形成覆盖1～12年级，共计772个学科版本教材的1900余万条基础教育资源，并实现了与23个省级平台、44个市县级平台互联互通和资源共享。①

2005—2017年，小学每百名学生拥有计算机数上涨230.77%，初中每百名学生拥有计算机数上涨263.89%。2012年以来，国家加快推进以"三通两平台"为核心的教育信息化建设，进一步推动了义务教育信息化建设。到2017年，全国中小学互联网接入率从25%上升到90%，其中初中接入互联网校数比例达98.46%，小学接入互联网校数比例达95.81%，多媒体教室的比例从不到40%增加到83%。② 截止到2016年10月，全国6.4万个教学点实现数字教育资源全覆盖，使教学点和农村薄弱学校的孩子也能享受到优质的教育教学资源，义务教育学校信息化建设已取得了明显的成效。③

（四）农村义务教育学校办学条件明显改善

农村教育是教育工作的"重中之重"，义务教育在校生三分之二在县域，农村依旧是我国义务教育的大头。为改善农村义务教育办学条件，国家先后实施了义务教育西部"两基"攻坚计划、农村寄宿制学校建设工程、国家贫困地区义务教育工程、农村中小学现代远程教育工程、农村义务教育薄弱学校改造计划等一系列工程，推动农村义务教育学校办学条件标准化，全面加强乡村小规模学校和乡镇寄宿制学校建设。目前，农村义务教育学校办学条件明显改善，标准化建设成效显著，城乡差距逐步缩小。现代化的教学楼取代了过去的

---

① 中华人民共和国教育部. 关于政协十二届全国委员会第五次会议第3365号（教育类340号）提案答复的函.（2017）［2018-05-01］. http://www.moe.gov.cn/jyb_xxgk/xxgk_jyta/jyta_kjs/201803/t20180305_328765.html.

② 中华人民共和国教育部. 这5年，基础教育谱新篇.（2018）［2018-05-01］. http://www.moe.edu.cn/jyb_xwfb/s5147/201803/t20180312_329618.html.

③ 中华人民共和国教育部. 2016年全国教育信息化工作专项督导报告.（2016）［2018-05-01］. http://www.moe.edu.cn/jyb_xwfb/gzdt_gzdt/s5987/201610/t20161031_287128.html.

漏雨瓦房，不少农村地区"最漂亮的建筑是学校，最美的环境是校园"。

2017 年，乡村小学生均学校占地面积 41.75 平方米，初中生均学校占地面积 57.45 平方米，相比 2003 年增幅分别为 51.55%、130.14%。乡村义务教育教学设施设备也不断改善。2017 年，乡村小学体育运动场馆、体育器械、音乐器械、美术器械、教学自然实验仪器达标率分别为 83.61%、87.75%、87.22%、87.05%、87.44%，比 2003 年分别提高 35.14、46.80、52.33、53.91、40.96 个百分点；初中达标率分别为 89.25%、92.42%、91.86%、91.55%、92.86%，比 2003 年分别提高 25.54、33.58、43.86、45.20、26.33 个百分点。另外，乡村小学信息化基础设施也不断完善，乡村初中、小学接入互联网比例分别为 98.66%、94.84%，建立校园网比例分别为 68.33%、56.81%，小学生每百名学生拥有计算机台数由 2003 年的 1.2 台上升至 13.7 台。

二、义务教育办学条件发展的典型经验

义务教育办学条件的发展一直以来是促进国家义务教育发展、提升义务教育办学水平的基本前提和保障。1978 年以来，党中央、国务院在普及九年义务教育的基础上，不断改善义务教育学校办学条件。根据党中央和国务院的总体部署与安排，各地区根据标准，科学规划、统筹实施，抓重点、抓关键，从全局出发，狠抓各项工作落实，取得了明显成效，归纳起来主要有以下几方面经验。

（一）因地制宜，实施义务教育学校标准化建设工程

要整体改善义务教育学校办学条件，真正普及九年义务教育，缩小区域、城乡、学校之间办学条件的差距，促进教育公平和教育均衡，就必须保证义务教育学校的标准化建设，明确每一所学校建设的基本办学条件。

1996 年，国家启动义务教育学校标准化建设工程，先后制定了《城市普通中小学校校舍建设标准（试行）》《农村普通中小学建设标准（试行）》，之后颁布了一系列有关中小学图书馆、教学器材的通知和文件。2010 年，《国家中长期教育改革和发展规划纲要（2010—2020 年）》进一步指出，"推进义务教

育学校标准化建设"①。2014 年 12 月 25 日，国务院出台《国家贫困地区儿童发展规划（2014—2020 年)》，提出"推动各地制定义务教育阶段学校标准化的时间表、路线图"。②2017 年 9 月 25 日，中共中央办公厅、国务院办公厅印发的《关于深化教育体制机制改革的意见》进一步指出，"加快义务教育学校标准化建设，加强教师资源的统筹安排，实现县域优质资源共享"③。

根据国家对义务教育学校校舍的建设要求和设施设备配置标准，以及规定的义务教育学校"20 项底线"④要求，各地根据本地实际情况建立和完善义务教育学校基本办学标准，包括小学、初中、寄宿制学校和教学点，在校舍建筑、运动场地、教学设备设施等方面建立了明确的标准和实施要求。如江苏在全国率先全面完整、成体系地制定义务教育学校办学标准，标准涵盖学校设置、校园建设、教育装备、教师队伍、教育教学、学校管理、质量评价、经费保障等 8 个方面，制定了 17 张图表及 70 条标准，得到了国务院领导的高度肯定。青海立足本省实际情况，明确了小学、初中、寄宿制学校、教学点等不同类型学校的办学标准。云南省罗平县把教育发展规律与推进城镇化进程有机结合起来，以国家实施的全面改善贫困地区农村义务教育薄弱学校基本办学条件为契机，从学校占地面积、功能分区、硬件建设、设备设施等多个方面着手，统一标准，统筹资源，加快全县教育基础设施建设。各地通过开展义务教育学校标准化建设，整体改善办学条件，提升办学水平。

（二）攻坚克难，实施农村义务教育薄弱学校改善计划

农村、边远、贫困、民族地区向来都是我国教育发展的薄弱环节。1978 年以来，国家一直大力采取各项措施持续改善义务教育薄弱学校办学条件，实施农村义务教育薄弱学校改造计划，划拨专项资金，落实优惠政策向农村地区

---

① 国家中长期教育改革和发展规划纲要工作小组办公室. 国家中长期教育改革和发展规划纲要(2010—2020 年). (2010) [2018-04-30]. http://old.moe.gov.cn/publicfiles/business/htmlfiles/moe/info_list/201407/xxgk_171904.html.

② 国务院办公厅. 国务院办公厅关于印发国家贫困地区儿童发展规划(2014—2020 年) 的通知. (2014) [2018-04-30]. http://www.gov.cn/zhengce/content/2015-01/15/content_9398.htm.

③ 中共中央办公厅，国务院办公厅. 中共中央办公厅、国务院办公厅印发《关于深化教育体制机制改革的意见》. (2017) [2018-04-30]. http://www.moe.gov.cn/jyb_xwfb/gzdt_gzdt/201709/t20170925_315201.html.

④ 2014 年，教育部、国家发展和改革委员会、财政部联合印发《全面改善贫困地区义务教育薄弱学校基本办学条件底线要求的通知》，提出"全面改薄"20 项底线要求。

倾斜，建立学校基本建设项目打包审批机制和"绿色通道"，集中力量改善困难地区和贫困地区。与此同时，各地根据《教育部办公厅　国家发展改革委办公厅　财政部办公厅关于制定全面改善贫困地区义务教育薄弱学校基本办学条件实施方案的通知》的要求，结合本地实际自主确定贫困地区，针对贫困地区义务教育薄弱学校基本办学条件的缺口，保基本，补短板，在改善义务教育薄弱学校基本办学条件方面也取得了一定的成就和经验。

如江西省兴国县以摸家底、建台账、编规划为起点，积极创新项目管理，大力推进全面改薄工作，严格按照台账反映的需求，做到缺什么建设什么，缺什么补充什么；针对项目实施过程中遇到的程序多、审批时间长、用地难、规费多等严重影响项目进度的突出问题，制定了《关于加快推进全省基础教育重点项目建设工作的意见》；重点就影响全面改薄项目保障用地、税费减免、联审联批、责任考核等方面作出具体规定，提出明确要求。这简化了审批程序，加快了项目建设进度。①

再如，广西壮族自治区武宣县按照"覆盖贫困地区、聚焦薄弱学校"的要求，立足"补足短板，兜住底线"，将薄弱学校纳入全面改薄规划，最大限度地向乡村薄弱学校倾斜，确保满足其基本办学需要；出台特事特办政策，开辟项目建设绿色通道；制定了《教育项目建设推进实施意见》《教育项目建设会商制度》等文件，将项目管理工作延伸到项目前期工作，在资金拨付、土地征用等方面特事特办；出台用地保障政策，优先义务教育建设用地。武宣县政府统筹解决全县义务教育学校布局规划调整、办学条件改善等方面的问题，如无偿划拨土地作为学校建设用地，并在城镇建设总体规划中预留较好的地块作为教育项目建设用地。②

（三）以督促改，加强义务教育办学条件督导检查评估

监督检查是抓工作落实的重要手段。习近平总书记在《没有督查就没有落实——在与浙江省委督查室干部座谈时的讲话》中指出，"没有督查就没有

---

① 督导局. 义务教育学校标准化建设交流信息.（2016）［2018-04-30］. http://www.moe.gov.cn/jyb_xwfb/xw_zt/moe_357/s7865/s8513/s8517/201606/t20160620_268995.html.

② 广西壮族自治区教育厅. 广西来宾武宣县"四个强化"扎实推进"全面改薄"工作.（2016）［2018-04-30］. http://www.moe.edu.cn/jyb_xwfb/s6192/s222/moe_1752/201602/t20160206_229540.html.

落实"①。督导工作不跟上，政策就可能落空。改善义务教育办学条件要确保质量工程落实到位，就要以督促改，强化监督检查。2012年，教育部出台《县域义务教育均衡发展督导评估暂行办法》，重点评估县级政府均衡配置教育资源情况。2015年，为了保证改薄顺利推进，国务院教育督导委员会办公室出台《全面改善贫困地区义务教育薄弱学校基本办学条件工作专项督导办法》，通过定标准（明确"20项底线"要求，指导各地结合实际制定基本办学标准）、定规划（编制2014—2018年项目规划）、建立推进机制（建立双月通报、定向调度、公开公示、监督举报、定期检查、责任追究、突发应急、绩效考评等8项工作机制）等工作机制让改薄落实落细。②2017年，国务院教育督导委员会办公室对各地全面改薄工作进行专项督导，通过自查、网络测评、随机抽查的方式对29个省（自治区、直辖市）进行实地督导。

各地制定督导的相关办法，并不断完善督导体制机制。如青海印发《教育系统基本建设廉政风险防控手册》，以项目建设流程为主线，进一步明确立项审批、工程招标、质量控制等13个重点防控环节风险点，构建了权责清晰、流程规范、制度管用的廉政风险防控体系，着力打造精品工程。重庆借助信息化手段，统一设计具有每所学校二维码标识的公开公示牌，师生和家长通过手机扫描二维码即可实时查阅学校基本信息、项目实施进度，自觉接受社会监督。③甘肃立足实际，改革创新，研究建立了网络系统实时监管、第三方专家团队独立评估、行政管理部门实证监管的"三位一体"全方位监管机制。安徽实行定期调度制度，每季度一次雷打不动的调度会，实行分片包干督查，且把全面改薄工作列入重点项目，进行绩效考核。河南以省政府名义对改薄项目进行专项督查，截至目前，25%规划建设校舍已经竣工验收并交付使用，27%规划采购的教学仪器已经配置到学校和班级，这都得益于监督机制的完善，使整个工程实施有压力、有效率。④

① 习近平在浙江工作期间谈督查工作：没有督查就没有落实.(2015)[2018-04-30].http://jhsjk.people.cn/article/26730563

② 人民教育微信公众号.教育治理现代化的中国方式——党的十八大以来教育督导工作述评.（2017）[2018-04-30]. http://www.moe.gov.cn/jyb_xwfb/s5147/201710/t20171016_316429.html.

③ 宁夏教育厅微信.教育部督导意见：义务教育办学条件该如何"保底".（2018）[2018-05-18]. http://www.nxeduyun.com/detail?ctid=4ab0b08e57294305ae4e5b469725bdf8&siteid=bf6eeb39473d4fccb47e09172f726fa0.

④ 加强督导 狠抓落实 扎实推进全面改善贫困地区义务教育薄弱学校基本办学条件工作——刘利民同志在全面改善贫困地区义务教育薄弱学校基本办学条件工作交流会上的讲话.（2015）[2018-05-18]. http://www.moe.edu.cn/jyb_xwfb/xw_zt/moe_357/s7865/s8513/s8515/201601/t20160125_228793.html.

第二节 义务教育办学条件发展的专题研究

一、校舍安全

校舍安全直接关系到广大师生的生命安全，关系到义务教育教学的有效开展，关系到学生能上好学，关系到国家和政府形象。为提高义务教育学校校舍质量，消除义务教育学校危房问题，国务院从 2001 年以来，统一部署实施了农村中小学危房改造、西部地区农村寄宿制学校建设和中西部农村初中校舍改造等一系列工程，义务教育学校面貌有很大改善。2001 年，因自然灾害和人为因素造成的危房仍然很多，相当一部分学校还未达到抗震设防和其他防灾要求，仍存在不少 C 级和 D 级危房。20 世纪 90 年代之前，我国普及九年义务教育之初，校舍质量低下，A 级和 B 级危房并不少见，在校舍安全和校舍建设方面仍没有较为完善的政策法规和有效措施。

为此，国家愈加重视学校校舍安全问题，并颁发了一系列文件，完善了义务教育学校建设基本标准，大力实施中小学校舍安全工程，把学校建成社会放心、家长放心、学生放心的地方，为义务教育学校发展奠定了良好基础。具体而言，一方面，要通过新建、维修加固，提高义务教育学校综合防灾能力建设，达到抗震设防标准；另一方面，则需要按照国家对义务教育学校基本办学条件提出的"20 项底线"要求，基本消除义务教育学校 C 级和 D 级危房，并逐步建立完善校舍安全的法律法规和政策体系。

校舍是办好学校的物质前提，是教育活动的主要场所，全面改善义务教育学校校舍安全状况，对提高我国教育质量，办好新时代人民满意的教育，促进我国教育现代化有着重要的意义。

（一）背景

1980 年颁发的《中共中央、国务院关于普及小学教育若干问题的决定》，要求各地"用两三年或稍长一些的时间，做到校校无危房，班班有教室，学生人人有课桌凳，以保证教学工作的正常进行"[1]。但义务教育学校仍然经常发生

---

[1] 中共中央，国务院. 中共中央、国务院关于普及小学教育若干问题的决定.（1980）[2018-04-30]. http://www.china.com.cn/guoqing/2012-09/07/content_26747610.htm.

伤亡事故。1981 年，教育部《关于抓紧解决中小学危房倒塌不断发生重大伤亡事故问题的请示报告》进一步强调，"尽快解决好中小学这项人命关天的大事，做到从一九八一年起不再砸死人，使学生安心、家长放心、教师和学校领导不担心"①。1986 年，《中共中央办公厅、国务院办公厅关于进一步加强中小学危房修缮和改造的通知》再次要求"力争在两三年内，使全部中小学校舍面貌有显著改善，真正实现'一无两有'"。随后，在党中央、国务院领导下，经过各级人民政府和广大人民群众的不懈努力，全国中小学校舍建设和危房改造工作取得了明显成绩，中小学办学条件得到明显改善。但是，部分地区仍大量存在中小学危房，严重威胁着师生安全，影响正常的教学秩序，其引起了各方面的重视。1986 年 12 月 25 日，以《关于发布〈中小学校建筑设计规范〉的通知》的发布为标志，我国中小学校舍安全政策开始起步。

为了保障中小学校舍安全，1989 年 5 月 25 日，国家教委又发出《关于中小学危房修缮、改建工作的通知》，1992 年 11 月 25 日，国家教委、财政部、国家计委又发布了《全面消除和杜绝中小学危房的规定》，要求在 1994 年前全面消除中小学危房。鉴于"全国中小学仍存在 1200 多万平方米危房，部分地区危房比率还出现了回升势头"②的情况，1999 年 12 月 14 日，教育部发布了《教育部关于加强中小学校舍危房修缮和改造的紧急通知》，该文件的重点是资金问题。2001 年，为了加快中小学危房改造步伐，国务院决定在全国实施"中小学危房改造工程"，并出台《关于实施中小学危房改造工程的意见》，明确提出实施"中小学危房改造工程"，集中解决中小学危房问题，使中小学生和教师在安全、整洁的教室中安心学习和教书。2003—2005 年，国务院继续实施农村中小学危房改造工程，推进农村教育工作。2006 年 11 月 14 日，教育部发布了《教育部关于进一步加强中小学校校舍建设与管理工作的通知》。2007 年 10 月，教育部办公厅和国家发展和改革委员会办公厅又联合发布了《教育部办公厅、国家发展改革委办公厅关于印发中西部农村初中校舍改造工程实施意见、专项资金管理办法、建设项目管理办法的通知》，并先后印发了《关于中西部农村初中校舍改造工程实施意见》《关于中西部农村初中校舍改造工程

---

① 国务院. 国务院批转教育部关于抓紧解决中小学危房倒塌不断发生重大伤亡事故问题的请示报告的通知. （1980）〔2018-04-30〕. http://www.china.com.cn/law/flfg/txt/2006-08/08/content_7058877.htm.

② 中华人民共和国教育部. 关于加强中小学校舍危房修缮和改造的紧急通知. （1999）〔2018-05-18〕. http://old.moe.gov.cn/publicfiles/business/htmlfiles/moe/s7052/201401/162909.html.

专项资金管理办法》《关于中西部农村初中校舍改造工程建设项目管理办法》三份文件，对"农村初中校舍改造工程"所涉及的资金管理、项目管理等各个方面都作出了更为具体和详尽的规定，政策的操作性和有效性明显增强，为保障校舍的质量提供了具体的政策工具。2008年5月30日，教育部办公厅和国家发展和改革委员会办公厅联合发布了《教育部办公厅 国家发展改革委办公厅关于进一步加强中西部农村初中校舍改造工程质量管理的通知》。同年6月8日，《教育部 住房和城乡建设部关于做好学校校舍抗震安全排查及有关事项的通知》发布，要求"在全国范围内对各级各类学校校舍进行一次全面排查"[①]。

2009年，国家开始实施中小学校舍安全工程。国务院成立全国中小学校舍安全工程领导小组，统一领导和部署"中小学危房改造工程"实施。2009—2011年，国家安排校舍安全工程专项资金140亿元，在各地进行全国中小学校舍信息管理系统应用试点，全国"校舍安全工程办"根据国务院要求和工作进展情况，对各地"中小学危房改造工程"实施进行专项检查。2013年，教育部印发《关于建立中小学校舍安全保障长效机制的意见》，提出建立和完善校舍安全年检制度、校舍安全预警机制、校舍安全信息通报公告制度、校舍安全隐患排除机制、校舍安全项目管理制度、校舍安全责任追究制度，建立中小学校舍安全保障长效机制。[②]随后，各地依据国家有关文件，不断完善地方校园安全政策法规，继续推进中小学校园安全工作。

（二）主要成效

一直以来，校舍安全是保障义务教育学校顺利开展工作的前提。国家围绕校舍安全实施了农村中小学危房改造、西部地区农村寄宿制学校建设、中西部农村初中校舍改造和中小学校舍安全等一系列工程，在提高义务教育阶段学校校舍质量，稳固学校校舍安全，改善农村义务教育学校办学面貌等方面有显著成效。

---

① 张红伟，郝晓明，朱慧婷. 中小学校校舍安全政策三十年回顾与评析——兼论"汶川地震"为我国校舍安全政策带来的挑战与契机. 清华大学学报（哲学社会科学版），2009，24（1）：146-158.
② 国务院办公厅. 国务院办公厅转发教育部等部门关于建立中小学校舍安全保障长效机制意见的通知.（2013）[2018-04-30]. http://www.gov.cn/zwgk/2013-11/12/content_2525741.htm.

1. 义务教育学校校舍条件得到逐步改善

从改革开放初期到 21 世纪，我国义务教育学校校舍建设标准不断完善，校舍条件水平也逐步提高。不难发现，中小学已经从草木、泥土简易结构的校舍过渡到砖瓦结构的校舍，现在已基本上向钢筋混凝土结构的校舍发展。如海南省 1993—2002 年全省新建、改建的 282 万平方米中小学校舍中，钢筋水泥结构的楼房或平顶房校舍就占 84.34%。自开始实施中小学校舍安全工程以来，2011 年底，18 个省（自治区、直辖市）已累计加固校舍 6841.74 万平方米、重建校舍 13 871 万平方米。经过加固改造和重建的绝大部分校舍达到了国家规定的主要安全技术标准，安全校舍面积增加了 42%。[1] 又如，以中西部七度及以上地震高烈度且人口稠密地区为重点，已完成 6.5 万所中小学校舍加固改造，竣工面积 1.7 亿平方米，惠及学生近 5000 万人。[2] 不仅如此，国家每年都持续投入资金新增一定数量的中小学校舍，中小学危房面积稳步下降，学校建筑用地、体育运动场地、校舍建筑、图书馆、多媒体教室、实验室、仪器设备等也进一步标准化，保证中小学校基本设施设备配齐配足，全国义务教育学校校舍条件得到有效改善。

2. 农村义务教育学校危房问题逐步解决

改革开放初期，农村中小学校校舍安全问题一开始并没有引起足够的重视，国家所颁布的相关文件也更多指向城镇地区。如 1986 年 12 月 25 日发布的《中小学校建筑设计规范》，其中就明确规定其只适用于城镇、工矿区新建、改建和扩建的普通中小学、中等师范学校和幼儿师范学校的建筑设计。农村地区因其地域环境和经济条件受限，学校校舍问题也比较突出，如校舍基本条件落后，危房现象层出不穷，安全状况堪忧。这直接危害到农村义务教育学校师生的生命安全。为此，2001 年以来，国务院针对农村中小学校舍问题统一部署实施了农村中小学危房改造、西部地区农村寄宿制学校建设和中西部农村初中校舍改造等一系列工程。这提高了农村中小学校舍维修改造单位面积补助标

---

① 中国新闻网. 中国 18 省过半数存隐患民办校舍未纳入校安规划. (2012) [2018-04-30]. http://politics. people.com.cn/n/2012/0627/c1001-18393683.html.

② 中国教育报. 刘延东在全国中小学校舍安全工程现场会上强调：大力推进全国校安工程把学校建成师生最安全场所. (2011) [2018-04-30]. http://old.moe.gov.cn/publicfiles/business/htmlfiles/moe/moe_2899/201103/116127. html.

准，极大地改善了农村中小学校面貌。

与此同时，各地区也出台相应政策和措施，大力改造农村中小学校舍，推动农村中小学校舍安全工程。如云南曲靖市探索、总结出一整套规划、指导、管理、监督、实施中小学校舍安全工程的做法，用两年时间完成 100 万平方米中小学 D 级危房整体改造任务。又如，河南农村校舍维修实行月报制，动态监督农村中小学校舍维修改造项目实施进展情况，农村义务教育学校危房面积大幅度下降，办学条件和学校面貌有了明显改善，也更大范围地保障了广大师生生命安全。

3. 校舍档案建设和信息网络建设逐步推广

为全面掌握全国中小学校舍安全信息，充分发挥档案资料在校舍建设、管理、使用、维修、改造中的作用，2009 年，国家印发《全国中小学校舍安全工程档案管理办法（试行）》，指出县级及以上教育行政部门应当设立中小学校舍安全档案室，指定专人、划定专门场所管理所属学校的档案，按要求建立完整的纸质档案和电子档案系统。[①] 与此同时，全国中小学校舍安全工程领导小组办公室开发全国中小学校舍信息管理系统，采集工程组织、排查、鉴定、规划、工程建设、资金管理等多方面的信息数据，并在北京市、吉林省、辽宁省开展试点。2009 年，全国 90% 以上的县都已专门设立了校舍安全档案室，开发运行了全国中小学校舍信息管理系统。[②] 2011 年，全国中小学校舍安全工程领导小组办公室开始在福建、天津、北京、重庆、吉林、安徽等 6 省（直辖市）进行校舍信息管理系统应用试点工作，并逐步推广。目前，全国中小学校舍信息管理系统已基本覆盖各个省（直辖市），通过信息的及时更新和数据分析，可对全国中小学校舍安全工程进行实时监控和动态管理，充分发挥校舍安全监控与预警功能，及时把控义务教育阶段学校校舍的安全问题。

---

① 全国中小学校舍安全工程领导小组办公室. 全国中小学校舍安全工程领导小组办公室关于印发《全国中小学校舍安全工程档案管理办法（试行）》的通知. （2009）[2018-04-30]. http://old.moe.gov.cn/publicfiles/business/htmlfiles/moe/moe_2898/200908/50897.html.

② 中华人民共和国教育部. 全国校安办召开全国中小学校舍安全工程 2010 年工作部署会. （2010）[2018-05-20]. http://old.moe.gov.cn/publicfiles/business/htmlfiles/moe/moe_2899/201006/90693.html.

（三）反思与建议

校舍安全工作开展以来，在国家和各地政府及学校的重视下，义务教育阶段学校的校舍建设工作进展顺利，总体来看，安全状况较好，但也存在一些问题。首先，部分地区对学校校舍安全重视度仍然不够，缺乏高度警惕和问题意识，大多抱有侥幸心理等。其次，政策落实不到位，监督管理不力。部分新建的校舍质量不过关，工程质量事故层出不穷，一幕幕惨剧重复上演。最后，学校危房改造机制不健全，建后维护管理制度不完善。中西部地区 C 级、D 级危房仍有不少，农村地区因经济条件、自然灾害和人为破坏，再加上长期使用和损坏，缺乏建后维护管理和改造，仍存在不少数量的危房没有解决。

校舍安全问题的解决不是一朝一夕的事情。由于我国具体国情所限，我国义务教育学校校舍安全问题仍然困难重重，需要继续从如下几个方面进一步完善和落实校舍安全工作。

1. 持续推进中小学校舍安全工程，落实校舍安全工作的领导责任

国家应继续推进新时代全国中小学校舍安全工程，持续运行全国中小学校舍信息管理系统监管全国中小学校舍情况；切忌放松对中小学校舍安全建设的警惕，加强对校舍安全和现有危房改造质量管理工作的认识；进一步落实地方各级人民政府的领导干部安全责任制和责任追究制，狠抓责任落实，严肃追究由于管理不严、监督不到位而引发的安全责任事故的相关领导和责任人员的责任，形成科学有效的安全管理长效机制。

2. 加大危房改造投入力度，着力整治中西部地区危房

经费保障是落实义务教育学校危房改造的基本条件，要进一步落实各级政府的校舍工程专项资金，确保危房改造的经费渠道，做到专款专用。任何单位不得以任何理由截留、挪用、平调、挤占、拖欠危房改造资金，如因部门、单位或个人造成资金不到位，从而影响工程进度和建设质量的，必须责任到人，并追究相关行政责任。进一步加大中西部危房整治力度，特别整治 C 级、D 级危房，通过多渠道、多方式组织技术人员开展农村危房普查，精准鉴定危险等级，对症下药，制定危房改造政策和实施计划，坚决消除 C 级、D 级危房。

3. 建立校舍安全预警体系，制定防险救灾应急预案

加强校舍安全的检查力度，坚持和完善校舍定期排查和鉴定制度，及时发现校舍安全问题，避免突发事件，从而减轻安全事故损失。对于安全隐患较为严重的校舍，必须立即采取措施停用，做好档案报告，并安排专人负责解决处理。另外，各级学校要建立校舍危房的预警机制，加强防险救灾应急预案，做好学校定期安全演习和相关安全知识学习，提高师生安全意识和防范能力。

4. 健全危房改造长效机制，加强校舍建设质量和建后维护管理

各地在进行义务教育学校危房核查鉴定和危房改造工作中，切实把好技术关、质量关，要杜绝"三无工程"和"三边工程"，杜绝出现因工作疏漏而使危房核查流于形式或将旧危房改造成新危房等情况；安排部门负责校舍建设质量的监管和建后维护管理工作，及时解决校舍出现的问题，坚决在第一时间清理新增危房，杜绝安全隐患，避免不断出现新"危房"。

二、农村义务教育薄弱学校改造

薄弱学校是一个相对的、动态的概念，即在不同的历史时期、不同的发展阶段、不同的地域，人们对薄弱学校的衡量有着不同的标准。薄弱学校一词最早出现在 1986 年 3 月国家教委颁发的《关于在普及初中的地方改革初中招生办法的通知》中。此后，对薄弱学校大多是对其特征进行描述，没有严格的界定。《中国教育年鉴（1998）》对薄弱初中的解释就是，"这些初中校的领导班子弱，管理水平低；师资的文化业务水平不能适应教育教学的要求，办学质量偏低；办学经费、校舍、图书资料、仪器设备等办学条件不足；新生文化素质较差"[①]。1997 年，国家教委基础教育司司长李连宁在回答《人民日报》记者提出的"薄弱学校的内涵是什么"的问题时提到，薄弱学校主要在办学条件、师资水平、学校管理、生源质量等方面比较薄弱，而造成教育质量不高的因素中关键的是管理，其他是相对的。薄弱学校问题在大中城市比较突出。[②] 1998

---

① 成丽格. 义务教育均衡发展与薄弱学校建设——基于义务教育均衡发展备忘录的思考. 华中师范大学硕士学位论文，2012：7.

② 袁彩哲. 薄弱学校改造中的问题与发展对策研究. 西南师范大学硕士学位论文，2005：4.

年 11 月，教育部印发的《关于加强大中城市义务教育阶段薄弱学校建设，办好义务教育阶段每一所学校的若干意见》对薄弱学校的描述是，在大中城市的一些中小学校中，办学条件相对较差、领导班子力量不强、师资队伍较弱，以及生源等方面的原因，使得学校管理不良，教学质量较低，社会声誉不高，学生不愿去，家长信不过。本书中义务教育阶段的薄弱学校指的是那些没有达到当地基本的办学标准，办学条件（如校舍、教育教学设备设施、图书资料等）、学校管理（如校长素质、学校领导和教师的关系、学风等）、师资水平（如教师学历、年龄、学科结构等）、生源质量（如文化素质、生活习惯、身体素质等）中的一方面或几方面较差的学校。其中，最突出的表现就是学校社会声誉不高，学生、家长不愿意去。

农村义务教育薄弱学校改造关系到我国办公平而有质量的教育，只有持续改善农村义务教育学校办学条件，确保每所学校达到"20 项底线"要求，补齐农村义务教育短板，才能办好新时代农村义务教育，提升农村义务教育办学质量；才能促进城乡义务教育一体化发展，促进教育公平；才能办好人民满意的教育，建设教育强国。

（一）背景

改革开放以来，几轮兴办重点学校的浪潮在一定程度上促进了教育质量的提高，但这种浪潮过后也造就了更多的薄弱学校。农村、边远、贫困和民族地区（特别是集中连片特困地区）经济社会发展相对滞后，教学条件较差，寄宿制学校宿舍、食堂等生活设施不足，导致村小和教学点运转比较困难、教师队伍不够稳定、辍学率相对较高。因此，这些地区仍然是我国义务教育事业发展的薄弱环节。1998 年 11 月，教育部《关于加强大中城市薄弱学校建设，办好义务教育阶段每一所学校的若干意见》提出，必须充分认识加强薄弱学校建设、办好义务教育阶段每一所学校的重要性和必要性，增强加快薄弱学校建设步伐的紧迫感和责任感；要在各级政府的领导下，以对人民高度负责的态度，把加强薄弱学校的建设、办好义务教育阶段每一所学校作为大中城市当前义务教育巩固提高工作中的一项紧迫任务。

2003 年，《国务院关于进一步加强农村教育工作的决定》提出着力解决农村教育发展薄弱问题，把农村教育作为教育工作的重中之重。党的十七届五中全会提出，要"促进教育公平，合理配置公共教育资源，重点向农村、边远贫困、民族地区倾斜，加快缩小教育差距"。《国家中长期教育改革和发展规划纲要（2010—2020年）》提出，要"改造小学和初中薄弱学校，逐步使义务教育学校师资、教学仪器设备、图书、体育场地基本达标"，"改扩建劳务输出大省和特殊困难地区农村学校寄宿设施，改善农村学生特别是留守儿童寄宿条件，基本满足需要"。为贯彻落实党的十七届五中全会和有关法律政策要求，2011年，财政部、教育部决定实施薄弱学校改造计划，集中力量支持解决"教学设备短缺、县镇学校太挤、农村学校太弱"等突出问题，"全面改薄"是党中央、国务院着眼于贫困地区义务教育发展、保障教育公平而作出的重大决策。2013年，国家颁布《教育部 国家发展改革委 财政部关于全面改善贫困地区义务教育薄弱学校基本办学条件的意见》，就改善贫困地区义务教育薄弱学校基本办学条件的重要意义、总体要求、重点任务及有关工作要求做了明确的指示。为进一步切实落实意见，确保"全面改薄"各项工作有序开展，2014年，《教育部办公厅 国家发展改革委办公厅 财政部办公厅关于制定全面改善贫困地区义务教育薄弱学校基本办学条件实施方案的通知》要求各地根据《教育部 国家发展改革委 财政部关于全面改善贫困地区义务教育薄弱学校基本办学条件的意见》要求，结合本地实际自主确定贫困地区，做到精准扶贫，针对贫困地区义务教育薄弱学校基本办学条件的缺口，"缺什么补什么"，保基本，补短板，改善基本办学条件，保证办学的正常运转。2017年，李克强总理在政府工作报告中继续提出，持续改善薄弱学校办学条件，扩大优质教育资源覆盖面，不断缩小城乡、区域、校际办学差距。为进一步振兴乡村教育，解决师资力量薄弱、基础设施极差、教学质量长期低下等问题，为乡村孩子提供公平有质量的义务教育，2018年5月，国务院办公厅印发了《关于全面加强乡村小规模学校和乡镇寄宿制学校建设的指导意见》。该意见指出，要立足省情、县情、校情，从最迫切的需求入手，推进学校基础设施建设和教学装备配备，补齐两类学校办学条件短板，各地两类学校办学条件达到本省（自治区、直辖市）确定的基本办学标准。

（二）主要成效

农村义务教育薄弱学校改造，是按照推进义务教育学校标准化建设的战略要求，为农村义务教育阶段学校按照国家基本标准配齐图书、教学实验仪器设备、音体美器材，着力加强农村校舍改造，整体改善农村义务教育办学条件。

1. 农村薄弱学校整体办学条件改善

自 2013 年以来，中央财政累计投入 1620 亿元，带动地方投入 3000 多亿元，共新建改扩建校舍 1.86 亿平方米，采购课桌凳 2561 万套、图书 6.1 亿册。农村义务教育学校办学条件明显改善，学生自带课桌椅、睡"大通铺"、在 D 级危房上课等现象在绝大部分农村地区已消除。[①] 其中，2017 年中央财政就安排 358 亿元专项资金，带动地方投入 700 多亿元。全国 832 个贫困县有 10.3 万所义务教育学校办学条件达到"底线要求"，占行政区域内义务教育学校总数的 94.7%。[②]

2. 农村校舍面貌发生显著变化

国家大力开展农村义务教育薄弱学校改造工作以来，改善了农村中小学校舍基本条件。农村学校学生的生活条件明显改善，寄宿制学校不断增加，生活用房面积持续增长。以生均学校占地面积为例，基于 2017 年教育统计数据计算，农村小学生均学校占地面积为 41.75 平方米，初中为 57.45 平方米，分别比城镇低 25.87 平方米、21.57 平方米。此外，学校食堂条件也不断改善，再加上国家自 2011 年秋季学期起，也在集中连片特困地区启动实施农村义务教育学生营养改善计划，着力提升薄弱学校学生生活水平，为广大贫困地区带来了看得见、摸得着的实惠。

3. 学校基本教学设备逐步完善

农村义务教育薄弱学校的教学设备一直以来是影响农村教学质量的重要

[①] 中国教育报. 推动城乡义务教育一体化发展迈上新台阶——访全国政协委员、教育部党组成员、副部长朱之文.（2018）[2018-03-16]. http://www.moe.gov.cn/jyb_xwfb/xw_ft/moe_47/fthg_2018n/201803/t20180316_330193.html.

[②] 中华人民共和国教育部. 2017 年全面改善贫困地区义务教育薄弱学校基本办学条件工作专项督导报告.（2018）[2018-05-10]. http://www.moe.gov.cn/jyb_xwfb/gzdt_gzdt/s5987/201805/t20180510_335564.html.

因素。2010—2013 年，中央安排专项资金 209.81 亿元，地方配套 145.23 亿元，新建或改造完成小学科学实验室约 11.00 万间、中学理化生地实验室约 10.94 万间，新增图书 20.88 亿册、多媒体远程教学设备 63.19 万套。基于 2017 年教育统计数据计算，到 2017 年农村小学体育运动场馆、体育器械、音乐器械、美术器械、教学自然实验仪器达标率分别为 83.61%、87.75%、87.22%、87.05%、87.44%，初中达标率分别为 89.25%、92.42%、91.86%、91.55%、92.86%。山区的孩子可以像县城的孩子一样进行课堂实验，享受音乐、美术等课程。

（三）反思与建议

目前，农村义务教育薄弱学校改造已经引起了教育部门及整个社会的强烈关注，各级政府也相继出台了一系列相关政策，加大了对薄弱学校的投入。这对于薄弱学校的改造无疑是雪中送炭，为薄弱学校的改造营造了良好的氛围，奠定了坚实的政策和物质基础，具有重要的现实意义。但薄弱学校的改造中还存在着诸多的误区和问题：①部分农村地区基本办学条件仍有待提升。截止到 2017 年，全国还有 18 351 所学校未达到"底线要求"，其中小学 15 108 所，初中 3243 所。[①]②农村义务教育资源闲置。一些农村学校存在盲目引进图书、设备，忽视学校教学和学生学习实际需求现象，致使图书闲置、教学仪器设备使用率不高。③农村学校空心化问题。越来越多的农村家庭选择将自己的孩子送到城镇学校就读，致使农村学校生源流失，城镇办学资源紧张。

改革开放 40 年来，政府、地区和学校虽然对薄弱学校办学条件改善的实践探索取得了一定的成效，但是距离打造优势学校、办人民满意的学校还有一定的差距，可以不断从如下几个方面加大力度。

1. 政策领导，持续推动农村义务教育薄弱学校改造计划

继续深入实施农村义务教育薄弱学校改造计划，标准化建设好每一所农村义务教育学校。按照城镇同等办学标准持续改善农村义务教育学校办学条

---

① 中华人民共和国教育部. 2017 年全面改善贫困地区义务教育薄弱学校基本办学条件工作专项督导报告.（2018）[2018-05-10]. http://www.moe.gov.cn/jyb_xwfb/gzdt_gzdt/s5987/201805/t20180510_335564.html.

件，确保如期实现"20项底线"的政策目标不变，使农村学校和城镇学校同样美丽和舒适，让学生上学上得舒心，学习学得快乐。

2. 资金保障，强化农村义务教育薄弱学校资金落实

加强推动城乡义务教育一体化发展，教育投入继续向困难地区和薄弱环节倾斜，继续设立农村义务教育薄弱学校改造专项资金。同时各地要积极整合中央和本地区义务教育改善办学条件相关投入，综合考虑地区财力差异，分档、分类划定资金分担比例，对困难县市坚持省级"拿大头"，确保不留资金缺口。

3. 以强带弱，探索集团化办学路径

积极推动义务教育优质均衡发展，结合各地义务教育发展需要，因地制宜推进集团化办学，探索多种办学模式，大力推广江苏省泰州市"内涵式均衡"经验，通过"名校+"模式，推动实施"名校+弱校""名校+农校""名校+新校"等策略，实现共同体学校之间管理互通、研训联动、文化共建、捆绑考核。通过以强带弱的方式实现优质教育资源的共享和再生，从而使薄弱学校真正实现教育质量的飞跃，提升学校办学品质。

4. 扬长避短，鼓励农村薄弱学校特色发展

在农村薄弱学校改革发展的过程中，不少地区积累了丰富的典型经验，也创生了一些特色的做法，不少薄弱学校如江苏洋思中学、山东杜郎口中学、重庆北碚复兴小学基于学校教学模式变革和地方特色，创造了"先学后教，当堂训练""三三六"等教学模式和"线描画"校本课程，得到了广大学者和教育部的认可。不同地区通过经验借鉴，鼓励农村薄弱学校因地制宜挖掘地区特色，打造特色文化，促进学校内涵式发展。

三、义务教育学校信息化建设

教育信息化是在国家及教育部门的统一规划和组织下，在先进教育思想的指导下，在教育领域运用计算机技术、网络信息技术、通信技术等现代化手段，服务于学校"人、财、物、学、研、管"的各个方面，在教育系统的各个领域

全面深入地应用现代信息技术，加速实现教育现代化的过程①。教育信息化是面向 21 世纪教育改革的重要途径，是教育现代化的重要标志，是实现教育强国的重要基础和条件，以教育信息化带动教育现代化，已成为我国的战略选择。

义务教育学校信息化建设是教育信息化建设的重中之重，一直以来都是国家关注的热点问题。各地也纷纷推动中小学教育信息化建设工作，因地制宜地制定中小学教育信息化建设标准，着力加强中小学信息化基础设施、平台搭建、软件应用等方面的基础建设。2016 年，教育部印发《教育信息化"十三五"规划》，对于中小学教育信息化基础建设来说，主要有如下几项任务：完成"三通工程"建设，全面提升教育信息化基础支撑能力，加快推进"宽带网络校校通""优质资源班班通""网络学习空间人人通"；实现公共服务平台协同发展，大幅提升信息化服务教育教学与管理的能力，积极利用云计算、大数据等新技术，创新资源平台、管理平台的建设及应用模式，基本完成教育管理信息系统建设任务，基本完善教育基础数据库。2018 年，教育部办公厅印发《2018 年教育信息化和网络安全工作要点》，其中关于中小学教育信息化基础建设的主要包括加快推进中小学"宽带网络校校通"，推动数字教育资源公共服务体系建设与应用，深化基础教育数字教育资源开发与应用，推动"网络学习空间人人通"普及应用等主要任务。

（一）背景

实施教育信息技术是现代信息社会对教育的基本要求，是教育适应 21 世纪挑战的需要，也是当前教育改革发展的一个重要突破口。它对教育的发展和实现教育现代化有着重大的促进作用。

我国过去在很长时间里，用"电化教育"这个概念来表示运用先进的媒体技术进行教育教学活动。直到 1993 年，国家教委发布的"高师本科专业目录"才正式将"电化教育专业"改为"教育技术学专业"。至于教育信息技术，它是教育技术的主要内容。在改革开放的形势下，我国的教育信息技术得到了全面的实施和迅猛的发展，正朝着教育信息化的方向前进。

早在 1979 年，教育部就成立了电化教育局和中央电教馆，负责全国的电

---

① 武滨. 中小学教育信息化建设标准研究. 华中师范大学硕士学位论文，2014.

教管理工作和业务工作。同年，中国中央广播电视大学开学。此后各地电教机构陆续成立，各级各类学校的电化教育工作也迅速地开展起来。1986 年，中国教育电视台成立并开通卫星频道。到 20 世纪 90 年代初，全国已经形成了一个由中央广播电视大学、43 个省级（含计划单列市）广播电视大学、575 个地市级广播电视大学、1500 多个县级广播电视大学组成的远距离高等教育系统，成为世界上最大的远距离学校。到 20 世纪 90 年代中期，我国已经形成世界上在本土范围内规模最大的、以广播电视传播为主体的远程教育体系，为 200 多万名中小学教师和校长提供继续教育和岗位培训。

21 世纪以来，随着科技的飞速发展，信息技术已渗透到社会生活和经济发展的各个方面。随之而来，人们的生活方式、学习方式等也正在发生深刻的变化。全民教育、碎片化学习、个性化学习和终身学习已成为信息化教育发展的时代特征。在各国抢占教育信息化高地的关键时刻，为了在教育信息化这一国际浪潮中争取优先地位，并通过教育信息化促进科教兴国战略的有效实施，自 20 世纪 90 年代开始，我国中央政府和教育行政部门相继出台了一系列相关的政策法规。1989 年，《国家教育管理信息系统总体规划纲要》正式颁布。1993 年，国家着手建立中国教育和科研计算机网。随后，我国相继颁布了一些与教育信息化相关的政策、文件，召开了全国性的信息化工作会议。例如，1998 年，《面向 21 世纪教育振兴行动计划》提出，"现代远程教育工程"强调"扩大中国教育科研网的传输容量和联网规模"；2000 年，教育部在"全国中小学信息技术教育工作会议"上颁布了《关于在中小学普及信息技术教育的通知》、《关于在中小学实施"校校通"工程的通知》和《中小学信息技术课程指导纲要（试行）》三个重要文件，提出"用 5 至 10 年时间，使全国 90% 左右的独立建制的中小学校能够上网"。2003 年，国家启动"现代远程教育工程试点示范项目"，开始重视天网与地网相结合。2004 年，国务院颁布的《2003 — 2007 年教育振兴行动计划》不仅强调了网络的建设，而且体现出对硬件、公共服务平台的重视。2005 年，全国农村中小学现代远程教育工作全面启动，国家投资 100 亿元，将现代远程教育教学覆盖到全国 53 万余所农村中小学，为全国约 11 万个农村小学教学点配备教学光盘播放设备和成套教学光盘。

2010 年 6 月，我国颁布的《国家中长期教育改革和发展规划纲要（2010 — 2020 年）》明确指出："信息技术对教育发展具有革命性影响，必须予以高度重视。"同时，"教育信息化建设"也被纳入了国家十个重大项目。这是国家首次将教育信息化建设提升到国家战略高度。除此之外，人们对于教育公平、优质教育资源、创新人才培养模式、终身学习等有着迫切需求，国家也希望利用教育技术对教育进行逐步深化改革。由此，《教育信息化十年发展规划（2011—2020年）》应运而生。该文件指出，以促进义务教育均衡发展为重点，以建设、应用和共享优质数字教育资源为手段，促进每一所学校享有优质数字教育资源，提高教育教学质量；提高所有学校在信息基础设施、教学资源、软件工具等方面的基本配置水平，全面提升应用能力。2016年6月，教育部研究制定了《教育信息化"十三五"规划》，进一步推动《国家中长期教育改革和发展规划纲要（2010—2020年）》和《教育信息化十年发展规划（2011—2020年）》确定的教育信息化目标任务的完成。2017年，国家根据《教育信息化"十三五"规划》的总体部署，研究制定了《2017年教育信息化工作要点》。2018年2月，教育部在《教育部2018年工作要点》中明确指出，"深入推进教育信息化。启动教育信息化2.0行动计划，实施宽带卫星联校试点行动、大教育资源共享计划、百区千校万课信息化示范工程"，"加强基础教育信息化顶层设计，更好服务师生和教育管理工作。实施农村中小学数字教育资源全覆盖项目"。

除政策层面之外，教育部及各级教育行政部门、各级各类学校、教育信息化相关企业都积极推行了形式多样的教育信息化的实践，并取得了一定的成绩。

（二）主要成效

国家自实施中小学校信息工程建设以来，极大提高了义务教育阶段学校信息化基础建设水平，以"三通两平台"为主要标志的各项工作取得了突破性进展。

1.学校网络教学环境大幅改善

自2000年教育部下发《关于在中小学实施"校校通"工程的通知》以来，根据我国义务教育阶段学校的实际情况，我国着力推进"校校通"工程，通过多种方式促进学校与学校之间的信息交流渠道连通，实现了学校之间的信息和资源共享。2012年以来，国家加快推进以"三通两平台"为核心的教育信息化建设，5年来，全国中小学互联网接入率从25%上升到90%，多媒体教室的比例从不到40%增加到83%^①，中国教育卫星宽带传输网直接服务于近1亿农村中小学师生。^②

2. 优质数字教育资源日益丰富

为加强基础教育资源建设，教育部基础教育资源中心面向社会广泛征集、采购、整合及开发优质教育资源。2011年，已初步建成了国家基础教育资源库，含7类资源，36个学科，4129学时学科知识点教学资源，2869小时的学习辅导、专题教育和教师培训视频资源，12 507条多媒体教学素材资源，覆盖1～9年级的多种版本教材的教育教学内容。^③到2017年，国家近年所开展的"一师一优课、一课一名师"活动参与教师超过1000万人次，晒课730万堂，进一步扩大了数字教育资源^④，为农村学校输送了丰富的数字教育资源，其中"教学点数字教育资源全覆盖"项目就覆盖了全国6.4万个偏远教学点，使400万名农村孩子能够就近接受良好的教育，农村中小学优质教育资源严重匮乏的局面得到了有效缓解。

3. 教育资源公共服务平台和教育管理公共服务平台基本建成

为进一步集中国内教育优势地区的名校、名师资源，在"宽带网络校校通"的基础上，促进"优质资源班班通"和"网络学习空间人人通"，做好义务教育阶段学校、学生基本信息数据库管理，国家积极打造教育资源公共服务平台和教育管理公共服务平台，并于2012年开通运行。其中，教育资源公共服务平台涵盖国家基础教育资源网、微课学习系统、smile项目等多种课程和教研活动项目；教育管理公共服务平台则涵盖了学籍管理子系统、教务成绩管理、学生综合素质管理、学生成长档案等功能。

---

① 中国教育报. 信息技术助力解决贫困地区学校开课不足问题. (2017) [2018-04-30]. http://www.jyb.cn/zgjyb/201711/t20171130_860479.html.

② 中共教育部党组. 发展具有中国特色世界水平的现代教育——党的十八大以来教育改革发展的成就和经验. 云南教育（视界时政版），2017（9）：6-10.

③ 中国教育报. 我国中小学网络教学环境初步建成. (2012) [2018-04-30]. http://old.moe.gov.cn//pub-licfiles/business/htmlfiles/moe/s6320/201209/142846.html.

④ 中国教育报. 教育部晒出5年"教育成绩单" 我国教育跃居世界中上行列. (2017) [2018-04-30]. http://www.moe.gov.cn/jyb_xwfb/xw_fbh/moe_2069/xwfbh_2017n/xwfb_20170928/mtbd/201709/t20170929_315703.html.

（三）反思与建议

在国家和各级政府的高度重视下，我国中小学信息化建设工程的实施进展顺利，义务教育阶段学校信息化建设状况较好，但仍存在一些问题有待解决：①各地义务教育信息化水平的不均衡，主要表现在教学点旧设备可用性差与一些地区设备配置过度豪华现象并存，部分三四线城市和农村地区学校虽然实现了互联网的接入，但是仍然存在优质教育资源匮乏的状况。②学校信息化管理水平有待提高。学校虽然重视硬件建设，但设备配置不均衡，没有专业人员或其他条件不成熟而使设备闲置，没有充分发挥其应用效益等。③教育资源库难以与教师的教学完全匹配，与现行教材也不匹配，距"优质资源班班通"和"网络学习空间人人通"的目标尚有距离。

"互联网＋教育"已成为未来教育发展的必然趋势，也给当前义务教育阶段学校发展带来了一定的冲击。面对新的挑战和问题，义务教育学校教育信息化亟须从以下几个方面加快进程。

1. 加快推进义务教育信息化基础设施建设

积极推进学校信息化基础设施纳入中小学校建设标准和基本办学条件指标，加强义务教育学校教育信息化基础支撑能力建设。结合国家《教育信息化"十三五"规划》《教育信息化十年发展规划（2011—2020年）》的有关要求，加快推进中小学"宽带网络校校通"，推进义务教育学校互联网接入和提速，尤其是农村义务教育薄弱地区学校的联网条件；提高多媒体教室占普通教室的比例，基本实现义务教育学校都拥有多媒体教学条件。在"全面改善贫困地区义务教育薄弱学校基本办学条件"工作中，重点强调信息化基础设施建设的投入保障，并逐步扩大农村信息化教学的试点范围，提升农村义务教育数字教育资源的使用力度。

2. 深化义务教育数字教育资源开发与应用

继续组织义务教育数字教育资源开发，因地制宜开发、整合和更新小学、初中各个学科不同版本的教材设计、知识讲解、测试评价等方面的内容。根据地区文化、教学进度和学生学习特点选择合适的数字教育资源进行推广应用，组织开发农村数字教学资源，免费覆盖农村义务教育学校，促进"优质资源班班通"。继续推动数字校园和智慧校园建设，开展和落实中小学百所数字校园示范校项目，按照《中小学数字校园建设规范（试行）》打造数字化校园平台，创建智慧校园，最终提升义务教育信息化服务与应用水平，基本实现"网络学习空间人人通"。

3. 促进信息技术与教育教学融合发展

不断优化国家教育资源公共服务平台优质资源库，加大"一师一优课、一课一名师"活动宣传力度，每年向中小学教师重点征集"优课"资源。各地区教育部门要积极开展赛课活动，组织学校和教师开展网络"优课"学习，构建线上线下学习模式，推动跨地区、跨学校的网络研修活动。积极鼓励中小学校推荐"优课"，推广和宣传优秀教学案例，从而不断激发广大中小学教师不断创新教育理念和教育教学方式，提高信息技术应用水平，促进义务教育信息技术与教育教学融合发展。

4. 推动义务教育信息化优质资源共享

大力推进基于信息化环境的"名校课堂""名师课堂"建设，通过互通互联的教育平台，打造"互联网＋"课程，推动优质课程资源共享，如成都七中以现代化信息技术为抓手，开展网班教学，通过网络直播的方式，向7省1市的6万多名学生进行"异地同堂"教学。同时，可继续探索区域内学校进行集体备课、在线评课、专题研讨等活动，从而实现学校间、区域内，甚至不同省（自治区、直辖市）之间的资源共享和互动。

第三节　义务教育办学条件发展的反思及建议

一、义务教育办学条件发展的反思

义务教育办学条件是学校发展的物质基础。改革开放以来，我国义务教育办学条件实现了解决学校"一无两有""六配套"问题到义务教育学校"底线要求"基本达标的发展，义务教育学校面貌有了翻天覆地的变化。40 年来，我国积极探索义务教育学校标准化建设，大力改善贫困地区、农村义务教育学校的办学条件，实施国家贫困地区义务教育工程、西部地区"两基"攻坚、农村危房改造工程、农村寄宿制学校建设工程、全面改善贫困地区薄弱学校办学条件等一系列项目。各地区在党中央、国务院的正确领导下，因地制宜地制定了一系列政策法规，开展了一系列工作，多措并举，全面改善了我国义务教育办学条件，并积累了许多宝贵的发展经验。与此同时，反思我国义务教育办学条件的发展，依然存在一些亟待解决的问题。

（一）义务教育办学条件发展不平衡，区域、城乡差距依然存在

尽管改革开放 40 年间全国各区域义务教育校舍建筑、学校占地、教学及辅助用房、体育运动场、教学设备等办学条件有了较大的改善和提高，2017 年义务教育学校"底线要求"基本达标，但不可忽视的是，办学条件仍有短板，区域、城乡差距依然明显。一方面，全国还有 18 351 所学校未达到"底线要求"，其中小学 15 108 所，初中 3243 所。个别省（自治区、直辖市）办学条件达到"底线要求"的比例仅有 58%，低于全国平均水平 36 个百分点。[①] 中西部地区部分学校离标准化学校建设的要求仍有一定距离，尤其是贫困地区、偏远山区义务教育学校基本办学条件还很薄弱，与东部发达地区距离很大。根据 2017 年教育统计数据，北京每百名初中生拥有计算机台数为 38.04 台，小学为 28.42 台；而贵州每百名初中生拥有计算机台数为 14.09 台，小学为 9.54 台。另一方面，城乡办学条件差距依然存在。如全国义务教育学校建立校园网比例继续提高，但中小学城乡差距较为明显，2017 年，乡村小学建立校园网校数比例为 56.81%，初中为 68.34%，分别比城市学校低 25.83、17.98 个百分点。

（二）城镇教育资源紧张，大班额问题依然突出

伴随着城镇化进程加快，大量农村人口涌入城镇，义务教育阶段进城务

---

① 中华人民共和国教育部. 2017 年全面改善贫困地区义务教育薄弱学校基本办学条件工作专项督导报告. （2018）［2018-05-10］. http://www.moe.gov.cn/jyb_xwfb/gzdt_gzdt/s5987/201805/t20180510_335564.html.

工人员随迁子女在校生比例明显上升，导致城市义务教育学校在校生人数增长较快，但配套学校和教育设施未能及时跟进。2017 年，小学城镇在校生 7318.33 万人，同比增加 297.05 万人，增长 4.23%；初中阶段在校生 3798.65 万人，同比增加 136.32 万人，增长 3.72%。城镇义务教育阶段学生比例的上升必然带来城镇义务教育资源的日益紧张。以生均学校占地面积为例，2017 年，城镇小学生均学校占地面积为 15.88 平方米，初中为 32.06 平方米，分别比乡村小学、初中生均学校占地面积低 25.87 平方米、25.39 平方米。①

义务教育大班额问题一直以来是我国城镇化所带来的一大难题，也是提高教育质量亟须解决的重要问题。尽管我国大班额数量逐步减少，大班额现象也得到一定程度上的控制，但就全国而言，消除大班额的工作依然任重道远。2017 年，全国义务教育阶段学校有 66 人以上超大班额 8.6 万个，占全国总班数的 2.4%，其中排前三位的河南、湖南、河北共有 4.5 万个，占全国现有大班额总数的 52%。全国有 56 人以上大班额 36.8 万个，占全国总班数的 10.1%，大部分集中在中西部县镇，其中，湖南大班额比例为 22.9%，广西、海南达到 18%。随着城镇化进程加快、生育政策调整，以及人民对优质教育资源的需求不断增长，消除城镇大班额的任务十分艰巨。①

（三）农村办学出现资源闲置浪费现象，"空心化"问题逐步显露

随着农村地区义务教育学校标准化程度越来越高，其所带来的农村义务教育资源闲置和浪费现象也不容忽视。一方面，一些农村学校存在盲目引进图书、设备，忽视学校教学和学生学习实际需求的现象，过分追求高标准，导致图书闲置，教学仪器设备使用率不高，造成资源的浪费。另一方面，随着中小学布局调整及农村城市化进程的加快，越来越多的农村家庭选择将自己的孩子送到城镇学校就读，大量人口迁往城市，致使农村学校生源流失。学校发展规划缺乏政府统筹，加之农村撤点并校进程过快，许多校舍被闲置，不得不撤并。在一些农村地区，不仅旧学校出现"空心化"现象，甚至一些新建的学校

① 中华人民共和国教育部. 2017 年全面改善贫困地区义务教育薄弱学校基本办学条件工作专项督导报告. (2018)［2018-05-10］. http://www.moe.gov.cn/jyb_xwfb/gzdt_gzdt/s5987/201805/t20180510_335564.html.

也人去楼空，大量校舍被闲置，不仅使大量农村教育资源被浪费，而且容易引发安全隐患问题。

（四）办学条件仍有缺口，校舍危房问题依旧存在

贫困地区义务教育薄弱学校办学条件依然比较薄弱。义务教育"内涵式"均衡发展任重道远，离"每一所学校符合国家办学标准"还有距离，部分地区教学设备和生活条件存在较大缺口。尤其是部分山区学校缺乏建后维护，理化生实验室、音乐室、美术室、图书室、阅览室等都没有专门的教室配备，许多仪器无处可放，只能临时用其他零散的空教室凑合；也没有真正意义上的运动场，体育器材无处安放，学生无法正常开展体育活动。一些农村寄宿制学校生活条件还比较简陋，存在教学设备老化、缺少多媒体教学设备和各类功能室、缺少图书与文体设施等开展教学和课外活动的"软件"等问题，"两人一床""大通铺"现象仍存在，食堂餐位不足，淋浴设施缺乏，师生如厕条件较差，学生课外生活较为单调，这些都不利于学生的健康成长。

另外，受自然折旧、自然灾害及危房鉴定标准放宽等因素影响，义务教育校舍危房问题依旧存在。2015 年，义务教育第三方评估抽样检查指出，全国中西部地区小学危房占校舍面积的比例为 3.13%，超过了 3%。其中，西部地区小学危房面积占校舍总面积的 7.30%，初中为 5.34%。农村校舍危房问题尤为突出。2017 年，只有 7 个省（自治区、直辖市）实现了义务教育零危房，离"全面清除危房"的目标还有一段距离。

二、义务教育办学条件发展的建议

新时代，要办好人民满意的义务教育，满足人们对优质办学条件的要求，就要在保基本、补短板的基础上更加注重均衡化、优质化，努力为实现教育现代化打下坚实的基础。

（一）推进义务教育学校标准化建设，促进区域、城乡教育均衡发展

校舍建筑、教学用房、桌椅、新增图书、就餐条件等"20项底线"达标是办好义务教育学校的第一要务。为此，要持续推进义务教育学校标准化进程。首先，加强政府顶层设计，明确责任主体，加大省级政府统筹力度，落实各地义务教育区域均衡备忘录的目标任务。其次，进一步优化义务教育资源配置，加大对中西部薄弱地区的经费倾斜，摸清制约义务教育办学条件发展的薄弱环节，采取针对性措施补齐"短板"，促进义务教育办学条件区域均衡。再次，健全义务教育城乡一体化均衡发展机制，逐步统一城乡中小学建设标准，不断健全义务教育学校设备设施标准和质量标准体系，着力提高义务教育学校在校舍、教学仪器设备、信息化等方面的配置水平。同时，各地实施推进城乡中小学标准化建设提升工程，不断优化标准化学校建设的资源配置[1]，对于基本办学条件不达标的学校，做好排查工作，着力加强对区域内义务教育学校的标准化改造。最后，各地可探索建立区域内教育资源共享和协同发展机制，不断整合区域内优质教育资源，充分发挥优质学校教育资源辐射作用。

（二）科学规划城乡学校建设，大力消除城镇大班额现象

科学规划义务教育学校布局，科学配置教育资源，完善落实城镇义务教育学校建设规划，满足新增的义务教育学校入学需求。为适应城镇化进程中人口流动给义务教育带来的冲击，各级政府要科学规划城乡学校建设，加强对教育人口流动的动态监测，并在合理预测发展趋势的基础上科学规划和布局城乡学校建设与教育设施的配套，在新一轮城市规划中要规划留足义务教育学校用地，从而适应学生流动频繁、城区教育资源紧张等新常态；发展优质的民办中小学，充分挖掘民办中小学的优势，同时通过初中利用高中校舍、小学利用初中校舍梯次补位办学的办法，扩大城区学校的办学空间。

各地须切实控制城镇义务教育学校规模和班额，坚决消除大班额现象，大力推进实施消除大班额专项计划，建立工作台账，基本消除义务教育阶段66人以上的超大班额。一方面，在新建和改扩建学校的同时严格控制各县

---

[1] 宋乃庆，李森，朱德全. 中国义务教育发展报告 2013. 重庆：西南师范大学出版社，2014：66-95.

（市、区），不得新增大班额和超大班额。另一方面，要切实加强学校招生管理，规范学校的招生行为、办学行为，合理确定学校服务半径，坚持认真执行义务教育免试就近入学的各项政策[①]，严格执行义务教育阶段无正当理由不能转学的规定，坚持"一生一籍、籍随人走"，严把转学入口关，坚决遏制"择校""择班"现象，从源头上消除大班额现象。

（三）合理利用农村教育资源，着力提高农村义务教育质量

加强对农村教育资源的合理利用，做好农村学校布局规划。一方面，做好农村义务教育学校闲置情况的排查工作，尽可能保留闲置学校（教学点）教育功能的同时，在乡镇或村级层面加强学校资源与文化、卫生等资源的统筹，发挥好闲置校产的效益，防止超高标准、豪华学校建设。要加强农村学校布局规划与工业化、城镇化进程的有效衔接，对各地已制定的布局规划进行审核和调整，严禁重复浪费上项目和短期规划办教育，避免新建、改扩建学校出现"建成便空置"的现象。

另一方面，采取多种措施增强农村教育吸引力，着力提高农村教育质量，减少学龄人口外流。为此，要大幅提高农村教师待遇，不断改善农村教师工作和生活条件，拓宽农村教师职业发展空间，提升农村学校校长的管理水平，吸引更多优秀人才到农村学校长期、终身从教。要加强农村小规模学校建设，提高其教育资源配置标准化水平，创新办学和管理机制，引进优质师资，以特色学校建设为抓手全面增强农村教育的吸引力，鼓励农村薄弱学校因地制宜挖掘地区特色，促进学校内涵式发展。注重运用信息化手段使乡村获得更多优质教育资源，在提速降费、网络建设方面给予特别照顾。同时，引导有条件、有想法的进城务工人员返乡创业，将其子女带回农村读书，分解城市义务教育的供求压力，消除城镇大班额现象。

（四）重点攻克义务教育学校薄弱环节，着力解决中西部地区危房问题

义务教育薄弱学校一直是制约办学条件发展的重要因素，要继续坚持实

[①] 宋乃庆，李森，朱德全. 中国义务教育发展报告2014. 重庆：西南师范大学出版社，2015：164-196.

施中小学危房改造、中小学校舍安全、农村薄弱学校改造、农村寄宿制学校建设、农村中小学现代远程教育、农村中小学数字资源全覆盖等一系列工程和项目，重点支持"边、远、少、穷"地区，加大攻坚力度，给予更多资金支持和政策优惠。做好统筹规划，找准薄弱地区和薄弱学校义务教育办学条件存在的主要问题。全面支持薄弱学校改扩建教学楼、学生宿舍、食堂等，增添课程教学必需的设施设备，着力提升贫困地区义务教育薄弱学校基本办学条件。

进一步加大中西部危房整治力度，特别是整治 C 级、D 级危房，通过多渠道、多方式组织技术人员加强农村危房普查，精准鉴定危险等级，对症下药，制定危房改造政策和实施计划，坚决消除 C 级、D 级危房。落实各级政府的校舍工程专项资金，确保危房改造的经费渠道，做到专款专用。健全危房改造长效机制，坚持和完善校舍定期排查和鉴定制度。对于安全隐患较为严重的校舍，必须立即采取措施停用，做好档案报告，并安排专人负责解决处理。另外，各级学校要建立校舍危房的预警机制，加强防险救灾应急预案，做好学校定期安全演习和相关安全知识学习工作，提高师生安全意识和防范能力。

（五）强化义务教育办学条件督导评估，完善办学条件评估指标体系

督导评估是义务教育改革发展的重要抓手，要进一步强化督导评估工作机制，完善义务教育质量监测指标体系。各地根据中小学标准化建设有关文件，结合本地实际，从学校布局规模、校舍建筑、教学科研仪器设备等方面构建义务教育办学条件评估指标体系，以此来动态监测区域内义务教育学校办学条件发展状况，准确把握大班额、校园安全、农村薄弱学校、农村寄宿制学校和小规模学校等义务教育社会重难点问题。多维度、多层面地监测，确保监测的科学性。

通过义务教育办学条件监测，及时发现义务教育薄弱学校和薄弱环节，分析城乡、区域、校际的差异及其变化趋势，发现弱势学校及存在的问题。同时，进一步完善督导工作机制，成立督查指导专项小组，由市政府督学督查县级政府和学校，并纳入县级政府考核内容。做好义务教育办学条件督导评估结果反馈，定期发布监测结果，每年度向社会公开义务教育办学条件监测报告，依据监测结果督促有关部门做好整改工作，以此作为省、市、县各级政府年度考核的依据之一。

第八章

义务教育改革发展 40 年的中国模式

义务教育是提升国民素质、建设教育强国、实现中华民族伟大复兴的重大奠基性工程，是衡量一个国家教育水平和社会文明程度的重要标志。改革开放拉开了我国经济社会发展的伟大序幕，也开创了义务教育改革发展的新纪元。回顾改革开放 40 年来我国义务教育改革发展历程，伴随着初等教育的普及与发展，义务教育规模由小变大，质量由低到高，影响力由弱变强，实现了"跨越式发展"。我国解决了"穷国办大教育"的世界性难题，全面普及了九年义务教育，义务教育整体发展水平正逐步接近世界中等发达国家水平，义务教育取得了举世瞩目的成就，站在了新的历史起点上。党的十九大提出"中国特色社会主义进入新时代"，在这个承前启后、继往开来的历史时期，提炼义务教育改革发展中国模式，总结义务教育改革发展中国模式取得的成就，有利于进一步拓宽义务教育改革发展新格局，为世界义务教育改革发展贡献中国智慧，对增强中国特色社会主义道路自信、理论自信、制度自信和文化自信具有积极的现实意义和实践价值，同时这也是一种积极的理论探索。

第一节　义务教育改革发展中国模式的内涵

　　厘清义务教育改革发展中国模式的内涵是深入探讨这一模式的前提。"模式"一词在经济学上使用比较广泛，《辞海》解释为"可以作为范本、模本、变本的式样"，《现代汉语词典》解释为"某种事物的标准形式或使人可以照着做的标准样式"。改革开放以来，我国探索出了一条中国特色社会主义现代化道路，取得了举世瞩目的成就，对人类迈向现代化作出了中国人自己的独特贡献，并形成了时下热议的"中国模式"。实际上早在 20 世纪 80 年代，邓小平就提出了"中国模式"问题，他指出世界上的问题不可能都用一个模式解决，每个国家都有自己的模式，要探索符合本国实际情况的模式。[①] 自 2004 年美国经济学家乔舒亚·库珀·雷默（Joshua Cooper Ramo）提出"北京共识"[②] 以来，"中国模式""中国道路"等成为学界的重要关注点。学界对"中国模式"颇有争议，争议最大的问题就在于"中国模式"是否存在。部分学者持赞同态度，并通过概念溯源[③]、阐述适切性和可行性[④] 等方式论证"中国模式"是切实存在的；有学者认为中国的体制还未完全定型，现在谈论"中国模式"为时过早，应慎提"中国模式"[⑤]；还有学者否认"中国模式"的存在[⑥]，主张应用"中国道路"、"中国经验"或"中国特色"等概念来代替"中国模式"[⑦]。关于"中国模式的内涵"，不同学者的总结也各有侧重，有的强调发展道路或经验[⑧]，有的强调发展理念[⑨]，有的侧重于意识形态角度[⑩]，有的则侧重于社会发展角度[⑪]。关于"中国模式"的特点，学界主要从经济视角来进行阐述[⑫]，但还有学者重点关注政治[⑬]、社会[⑭] 等方面的特点。关于"中国模式"的适用范围，既有学者认为"中国模式"具有普适意义[⑮]，又有学者认为"中国模式"不可推广[⑯]。

① 邓小平. 邓小平文选（第 3 卷）. 北京：人民出版社，1993：261.

② 胡键. 不要误读中国. 上海：上海社会科学院出版社，2013：95.

③ 徐崇温. 中国道路和中国模式. 毛泽东邓小平理论研究，2016（1）：81-84.

④ 潘维. 中国模式——解读人民共和国的 60 年. 北京：中央编译出版社，2009：5.

⑤ 李君如. 慎提"中国模式". 学习之友，2010（1）：41.

⑥ 黄亚生. 中国模式到底有多独特——基于中国、印度、巴西经济数据的比较分析. 深圳大学学报（人文社会科学版），2012（1）：57-61.

⑦ 周弘. 全球化背景下"中国道路"的世界意义. 中国社会科学，2009（5）：37-45；施雪华. 提"中国模式"为时尚早. 学习时报，2009-12-07（3）.

⑧ 苏星鸿. "中国模式"三题. 北京行政学院学报，2011（3）：64-67.

⑨ 郝立新，卢衍昌. 中国模式的哲学意蕴. 教学与研究，2006（1）：30-35.

⑩ 张西立. 关于"中国模式"的讨论［两篇］中国模式的特质及其意义. 新华文摘，2009（15）：5-7.

⑪ 董必荣. 面向 21 世纪的中国模式研究. 上海：上海人民出版社，2016：125.

⑫ 冯新舟，何自力. 中国模式中的市场与政府关系——政府主导下的社会主义市场经济. 马克思主义研究，2015（11）：50-58；程恩富. 中国模式的经济体制特征和内涵. 经济学动态，2009（12）：50-54.

⑬ 杨玉凤. 从"中国式民主"看"中国模式". 当代世界与社会主义，2010（6）：122-125.

⑭ 吴波. 社会形态与现代化双重视野中的中国道路. 马克思主义研究，2009（7）：126-134.

⑮ 约翰·奈斯比特，多丽丝·奈斯比特. 中国大趋势：新社会的八大支柱. 魏平，译. 北京：中华工商联合出版社，2009：57.

⑯ 景凯旋. "中国模式"的前景. 人民论坛，2009（22）：6.

目前，在教育领域，学界已经开展了高等教育^①、职业教育^②、教师教育^③等领域的"中国模式"的研究与探索，对我们具有一定的借鉴和启示意义。倡言"中国模式"并非妄自尊大，而是强调现代化进程中中国有别于外国的特殊性，认为中国已经形成了比较成熟、相对确定的发展经验，对其他国家和地区的发展具有推广和借鉴意义。^①基于此，本书认为义务教育改革发展中国模式是中国特色社会主义发展模式在义务教育中的体现，是改革开放 40 年来，在中国义务教育改革发展历程中逐步形成的具有中国特色的、相对稳定、比较成熟的发展路子，可表现为三个方面。

一、政府主导，分级管理

高度集权的中央政府领导下实行分级管理是义务教育改革发展中国模式的重要特色。我国义务教育实行国务院领导、省级统筹规划、县级具体实施的管理体制，政府的责任分担贯穿义务教育改革发展的始终。国务院即中央人民政府统领整个中国义务教育的发展；省级政府是地方最高行政机关，对义务教育负有首要责任，负责统筹和组织协调省域内义务教育工作；县级政府对本地区义务教育发展负有主要责任，具体负责义务教育实施工作和经费管理等。义务教育改革发展一般是由上级政府提出工作目标、方案和思路，逐级传达，强力推行，并提供保障机制、监控实施过程、评价实施效果，将考核结果纳入下级部门或单位政绩考评或物质奖励的重要依据。^④我国义务教育"政府主导、分级管理"体制在发展变化中逐步形成：1986 年颁布的《中华人民共和国义务教育法》规定，"义务教育事业，在国务院领导下，实行地方负责，分级管理"；2001 年《国务院关于基础教育改革与发展的决定》提出，新的农村义务教育管理体制应当"在国务院领导下，由地方政府负责，分级管理，以县为主"；2006 年新修订的《中华人民共和国义务教育法》规定，"义务教育实行国务院领导，省、自治区、直辖市人民政府统筹规划实施，县级人民政府为主管理的

① 杨东平. 关于高等教育的"中国模式". 江苏高教，2001（1）：5-8；郑文，陈伟. 我国高等教育发展的多维特色：中国模式探索. 教育研究，2012，33（7）：71-76.
② 李玉静. 职业教育"中国模式"的探寻与建构. 职业技术教育，2017（31）：1.
③ 李军，田小红，陈佩佩，等. 教师教育的中国模式——引领全球改革的经验与启示. 复旦教育论坛，2017，15（2）：13-19.
④ 石鸥. 中国基础教育 60 年：1949—2009. 长沙：湖南师范大学出版社，2009：11.

体制"，以法律的形式对义务教育管理体制进行规定，实现了义务教育管理体制从"以乡镇为主"到"以县为主"的转变，有利于充分发挥政府的领导力和凝聚力，全面推进大规模的义务教育变革。如 2011 年和 2012 年教育部先后与31 个省（自治区、直辖市）及新疆生产建设兵团签署了义务教育均衡发展备忘录，其后各省级政府又和辖区内市级或县级政府签署义务教育均衡发展责任书，对不能如期通过验收的县级部门的相关领导实行免职，将本省（自治区、直辖市）确定义务教育均衡发展的目标、任务和责任层层分解、逐级落实，从而构建了中央和地方共同推进义务教育均衡发展的长效机制。[①]

二、协同一致，合力攻坚

我国是典型的社会主义国家，社会主义制度的优越性就在于集中力量办大事，体现在义务教育上就是集中各方力量发展义务教育，即凝聚主要力量，协同一致、合力攻坚。义务教育改革发展是一项庞大的系统工程，离不开广大人民群众的积极参与和配合、社会各界的积极参与和支持，"'普九'是一场持续时间长、参与人数多、自上而下的国家工程，各级领导高度重视，很多地方的党政主要领导靠前指挥，对这项举国的工程予以高度重视。教育、财政、发展改革等部门明确职责，合理分工，协调配合"[②]。20 世纪八九十年代，在义务教育发展过程中地方政府、学校、社会力量、广大人民群众等对教育的热情被充分调动。特别是在广大农村地区，人民群众纷纷打出了"再穷也不能穷教育"的口号，有钱的掏钱，有力的出力，有物的捐物[③]，实现了"人民教育人民办"，为打赢"普九"攻坚战奠定了坚实的基础。近年来，教育部联合财务部、国家发展和改革委员会等部门开展多项义务教育专项治理活动也是协同一致、合力攻坚的真实写照，如巩固义务教育普及成果、推进义务教育均衡发展、治理义务教育择校难题、减轻学生课业负担等；各省、自治区、直辖市及相关部门纷纷出台配套方案，确保重点突破；在具体落实层面，地方、学校因地制宜地积极探索适合自身实际的发展路径，涌现出一批先进典型经验。如在控辍保

---

① 西南大学评估组. 义务教育第三方评估情况. (2016) [2018-07-16]. http://www.moe.gov.cn/jyb_xwfb/xw_fbh/moe_2069/xwfbh_2015n/xwfb_151126/151126_sfcl/201511/t20151126_221196.html.

② 王定华. 中国义务教育改革发展的回顾与展望. 中国教育科学, 2013（4）: 3-23.

③ 石鸥. 中国基础教育 60 年: 1949—2009. 长沙: 湖南师范大学出版社, 2009: 9.

学方面，广西壮族自治区凭祥市根据国家和自治区的要求，以及边境地区稳边固边和边境群众子女入学需求，采取"边境一线校点全部保留"、"城乡教师互换讲台"、学生上学"零负担"等措施增强义务教育办学吸引力，控辍保学，严防边境地区农村空心化，固疆守土，成效显著①；西藏浪卡子县中学积极落实义务教育普及与巩固的要求，探索西藏高寒边境牧区送教下乡的控辍保学模式，对民族地区乃至广大农村地区具有普遍的借鉴意义。这些典型经验的涌现就是政府、学校、家长及社会协同一致、合力攻坚取得的成果。

三、实事求是，渐进变革

我国地域辽阔、人口众多，义务教育发展涉及面广、情况复杂，各地经济发展水平与文化差异较大，教育发展水平差异很大。从实际国情出发，我国在推进义务教育发展过程中采取了因地制宜、分区规划、分类指导、分步实施的原则。② 如在普及义务教育方面，20世纪八九十年代，国家明确要求"有步骤地实行九年制义务教育"，并依据经济社会和教育发展状况，把全国划分成三类地区，分别做相应要求、部署，这一工作思路促使三类地区因地制宜、合理规划区域内义务教育发展，推进了"普九"的实现；进入21世纪，我国进一步遵循实事求是的原则，有计划、有步骤地普及和巩固义务教育。在推进义务教育公平发展方面，改革开放初期，我国义务教育发展体现"效率优先"原则，鼓励一部分"重点校"先发展起来；2000年，义务教育基本普及后，关注重点逐步转向教育公平，更加注重"均衡发展"；2005年，教育部颁布《教育部关于进一步推进义务教育均衡发展的若干意见》，将县域内义务教育均衡作为工作的重点；当大部分地区实现了"基本均衡"以后，2017年，教育部发布《县域义务教育优质均衡发展督导评估办法》，关注重点又转向"优质均衡"。可以说，中国义务教育领域里的重大举措大都是先试点、再推广，分步实施、稳步推进的。这种实事求是、渐进变革的策略符合事物发展的客观规律，是我国基础教育的改革发展少走弯路的重要保障。如江苏省泰州市全面实施"基本均衡—优质均衡—全域均衡"三步走战略，走出了一条内涵式发展的

---

① 宋乃庆，李森，朱德全. 中国义务教育发展报告2014. 重庆：西南师范大学出版社，2015：318.
② 王定华. 中国义务教育改革发展的回顾与展望. 中国教育科学，2013（4）：3-23.

义务教育均衡发展之路：①"名校＋"模式，推动城乡一体快速融合；②"互联网＋教育"的泰州微课探索；③"5+2"评价模式，核心素养进中考。其推进了泰州特色素质教育，在全国产生了较大影响。①

第二节　义务教育改革发展中国模式的基本特征

尽管中国义务教育还在发展之中，改革也远未结束。但纵观十一届三中全会以来我国义务教育的发展历程，不难看出，义务教育改革发展的中国模式呈现出一些基本特征，具体而言，主要包括以下几个方面。

一、历史性与时代性兼具

义务教育改革发展中国模式的凝练需站在历史和时代的高度。历史性是指义务教育改革发展中国模式的概括和凝练是基于 40 年来义务教育的发展历程，而不能脱离这个史实。改革开放 40 年来，中国在义务教育发展方面进行了大胆的改革尝试，这些改革都是在原有基础上进行的补充和完善，并未彻底否定原有的基础；成就与经验的总结也是基于对历史的继承与发展，都离不开前期的积累。时代性则是指义务教育改革发展中国模式还应与时俱进，体现时代发展的要求，兼具时代使命和时代特征。如改革开放初期，我国义务教育发展关注的重点是"有学上"；随着义务教育的普及，人们对优质教育资源的诉求日益迫切，关注的重点从"有学上"转向"上好学"。这说明我国义务教育发展重点随时代发展而不断调适，提炼出的模式的内容及特征也应随着关注重点的转变而变化。

二、普遍性与特殊性并行

义务教育改革发展中国模式体现出共性与个性、普遍性与特殊性共存的

---

① 宋乃庆，李森，朱德全. 中国义务教育发展报告 2014. 重庆：西南师范大学出版社，2015：318-319.

特征。普遍性是指义务教育改革发展中国模式是在长期探索过程中形成的符合教育规律的发展模式。这一模式与他国模式都遵循着义务教育发展的普遍规律，发展过程中会出现相同的情况或面临普遍存在的问题。"中国模式"的提炼对国外特别是"一带一路"国家及广大发展中国家义务教育发展具有普遍的借鉴价值，如英国系统引进中国数学教育"上海模式"，不仅是基础教育数学教材的引入，更是中式课堂教学、教师培训、教育理念"三位一体"的全方位引入。特殊性是指义务教育改革发展中国模式有别于其他国家和地区义务教育的发展模式。我国是人民民主专政的社会主义国家，尽管历史上我国曾借鉴欧美、苏联等国家和地区的教育经验和模式，但由于国情不同，收效甚微，义务教育改革发展中国模式是对我国义务教育发展的阶段性理论总结，体现出明显的中国特色，具有其特殊性。

三、稳定性与发展性共存

义务教育改革发展是一个相对稳定而又动态发展的过程。我国义务教育采取渐变式变革的方式，许多教育教学改革的实施都是分步实施、稳步推进，这种渐变式变革决定了义务教育中国模式的稳定性与发展性。稳定性是指义务教育改革发展中国模式是对一定时期内义务教育发展经验及方式等的总结，虽然远远没有也不可能穷尽义务教育的全部内容，但这一模式一旦提炼出来，就应该是相对成熟和稳定的，短时间内不会变化。发展性是指"中国模式"只是一种对中国义务教育改革发展阶段性的理论概括，并非一成不变，而是一个随着义务教育实践推进而动态发展的过程，随着义务教育改革发展的纵深发展，"中国模式"的研究会更加深入、细致，"中国模式"的内容也会发生转变，并被赋予新的内涵。

第三节　义务教育改革发展中国模式取得的重要成就

改革开放40年来，我国义务教育改革发展取得了举世瞩目的成就，站在

了新的历史起点上。总结和梳理义务教育改革发展中国模式的重要成就，对增
强民族自信、推进我国义务教育更快更好的发展具有重要意义。

一、解决了"穷国办大教育"的世界性难题

中华人民共和国成立之初，百废待兴。党和国家始终坚持让更多人接受
教育的理念，针对高文盲率、低入学率的国情，审时度势，提出"两条腿走路"
的方针，积极调动国家、地方和群众办学力量，逐步探索出了一条"穷国办大
教育"的道路。改革开放初期，"穷国办大教育"的现状虽有所缓解，但并未
得到彻底改观。"穷"是指我国经济发展水平较低，国家用于发展教育事业的
经费总量十分有限，生均教育经费非常低。据统计，1980 年教育经费占国民
生产总值的比例，世界平均水平为 4.56%，其中发达国家为 5.62%，发展中国
家为 4.09%[1]，而我国 1980—1987 年的教育经费占国民生产总值的比例徘徊
在 2.51% ~ 2.84%[2]，远低于 1980 年的世界平均水平。从生均教育经费来看，
到 2000 年我国基本普及九年义务教育时，全国普通小学、初中生均预算内事
业费支出分别为 491.58 元和 679.81 元[3]，远低于同期发达国家的平均水平。"大"
是指我国义务教育学龄人口众多，而普及程度相对较低，义务教育发展任务艰
巨。"大"和"穷"是一对矛盾，办大教育要花大钱，可以说我国需要用有限
的公共教育资源办世界上最大规模的教育。[4] 在此形势下，政府积极探索推进
"穷国办大教育"的进程，逐步建立起健全、有保障、有质量的义务教育体系。
随着改革的不断深化，政府逐步将义务教育摆在重中之重的优先发展地位，投
入也在不断加大。据统计，2013—2017 年全国义务教育经费总投入从 13 204
亿元[5]增长到 19 358 亿元[6]，年均增长 9.32%，义务教育投入的增长为创造性

---

① 韦禾. 普及义务教育经费问题的有关国际比较及其思考. 教育科学，1989（4）：12-19.

② 刘英杰. 中国教育大事典 1949—1990. 杭州：浙江教育出版社，1993：94.

③ 教育部　国家统计局　财政部关于 2000 年全国教育经费执行情况统计公告.（2001）[2018-07-28].
http://old.moe.gov.cn//publicfiles/business/htmlfiles/moe/s3040/201005/88450.html.

④ 王文源. 中国民办教育——在理想与现实之间. 北京：北京出版社，2007：31.

⑤ 中华人民共和国教育部. 2015 年全国义务教育均衡发展督导评估工作报告.（2016）[2018-07-
28]. http://www.moe.gov.cn/jyb_xwfb/xw_fbh/moe_2069/xwfbh_2016n/xwfb_160223/160223_sfcl/201602/
t20160223_230102.html.

⑥ 中华人民共和国教育部. 2017 年全国教育经费统计快报.（2018）[2018-07-28]. http://www.moe.
edu.cn/jyb_xwfb/gzdt_gzdt/s5987/201805/t20180508_335293.html.

解决"穷国办大教育"的世界性难题奠定了坚实的基础。

二、用 25 年时间全面完成普及九年义务教育的壮举

全球范围内，主要发达国家完成普及初等义务教育任务的时间分别是德国 125 年（1763—1888 年）、法国 92 年（1833—1925 年）、美国 67 年（1852—1919 年）、英国 48 年（1870—1918 年）、日本 35 年（1872—1907 年），全面普及义务教育所花费的时间则更长。从 1986 年到 2011 年，占世界 1/5 人口的中国用 25 年时间，实现了全面普及义务教育的宏伟目标，这对于一个有着十多亿人口的发展中国家来说，可谓人类历史上的一个壮举，这为新时代中华民族的伟大复兴与崛起奠定了坚实基础。[1] 1986 年，《中华人民共和国义务教育法》以国家立法的形式正式确立实施九年制义务教育，掀开了我国普及九年义务教育的新篇章。为了进一步推进《中华人民共和国义务教育法》落实，国家先后颁布《关于实施〈义务教育法〉若干问题的意见》《中华人民共和国义务教育法实施细则》《国家教委关于在 90 年代基本普及九年义务教育和基本扫除青壮年文盲的实施意见》等一系列政策文件。经过 15 年的不懈努力，到 2000 年底，全国 2541 个县级行政单位通过"两基"验收，占全国人口 85% 以上的地区普及了九年义务教育。[2] "2001 年 1 月 1 日，中华人民共和国向全世界庄严宣布：中国实现了基本普及九年义务教育和基本扫除青壮年文盲的战略目标。"[3] 与此同时，还有不少中西部地区尚未完成"两基"任务，一些完成地区也还存在质量参差不齐等问题。2001 年，《国务院关于基础教育改革与发展的决定》强调，"'十五'期间，地方各级人民政府要坚持将普及九年义务教育和扫除青壮年文盲作为教育工作的'重中之重'，进一步扩大九年义务教育人口覆盖范围，初中阶段入学率达到 90% 以上，青壮年非文盲率保持在 95% 以上"。通过近 10 年的攻坚克难，2011 年我国小学净入学率为 99.79%、初中毛

---

① 柳海民，王澍. 中国义务教育实施 30 年：成就、价值与展望. 北京大学教育评论，2016（4）：175-184.

② 袁贵仁. 中国教育. 北京：北京师范大学出版社，2013：36.

③ 翟博，刘华蓉，李曜明，等. 人类教育史上的奇迹——来自中国普及九年义务教育和扫除青壮年文盲的报告. 中国教育报，2012-09-09（1）.

入学率为 100.1%①，至此，中国用 25 年的时间全面完成普及九年义务教育的壮举，创造了人类教育史上的奇迹。普及教育的成果惠及亿万中国家庭，为经济社会的健康发展提供了人才保障。

三、义务教育总体发展水平正逐步接近世界中等发达国家水平

经过改革开放 40 年的长足发展，我国义务教育改革发展成效显著，已完成从"穷国办大教育"到"大国办大教育"的转变，目前正积极致力于向"大国办强教育"的华丽转身。从普及与巩固方面来看，2015 年小学学龄儿童净入学率达到 99.95%，超过了中高收入国家平均水平的 94.54%；中学毛入学率为 94.30%，超过了中高收入国家平均水平的 93.13%。②2017 年九年义务教育巩固率达到 93.8%，并继续保持稳步增长趋势。从师资条件方面来看，2015年世界中高收入国家的小学、中学生师比平均值为 18.54、14.78；G20 国家的小学、中学生师比平均值为 18.63、15.54；我国小学、中学生师比平均值为17.05、15.14，我国小学阶段的师资配比优于中高收入国家平均水平，并超过G20 国家平均水平，中学阶段师资配比优于 G20 国家的平均水平。①从教育质量方面来看，我国义务教育减负提质效果明显，目前，中国义务教育已走向世界，影响力持续攀升，如英国教育部来华学习和借鉴上海数学教学模式，引进上海数学课本、教师用书及教辅，签署中英数学教师交流项目；美国田纳西州访沪学习教研组制度；受商务部委托，中南出版传媒集团邀请国内顶级团队编写南苏丹小学数学、英语、科学教学大纲、教材及教师用书，创新国家援外新模式；2009 年和 2012 年，上海市参加了经济合作与发展组织组织实施的 PISA 测试，数学、科学、阅读均排名第 1③ ④；2015 年，北京、上海、江

---

① 中华人民共和国教育部. 2011 年全国教育事业发展统计公报.（2012）[2018-07-28]. http://www.moe.gov.cn/srcsite/A03/s180/moe_633/201208/t20120830_141305.html.

② 田慧生，邓友超. 让十三亿人民享有更好更公平的教育：十八大以来教育质量提升的成就与经验. 北京：教育科学出版社，2017：79.

③ 陆璟，朱小虎. 如何看待上海 2009 年 PISA 测评结果——中国上海中学生首次参加国际测评结果反响述评. 上海教育科研，2011（1）：17-19.

④ 上海市教育委员会. 上海学生 PISA 测试获数学阅读科学三项第一.（2013）[2018-11-12]. http://www.shmec.gov.cn/html/article/201312/70193.html.

苏、广东四省、直辖市参加了 PISA 测试，数学、科学、阅读成绩分别排名第 6、第 10 和第 27[①]，学生成绩虽有所下滑，但仍名列前茅，超过不少发达国家城市。历史和数据已经充分证明我国义务教育迅猛发展，义务教育总体发展水平正逐步接近世界中等发达国家水平，差距在稳步缩小，并且在部分指标上已实现反超。

第四节　义务教育改革发展中国模式的反思及建议

反思义务教育改革发展 40 年的历程，我们必须辩证、理性地认识义务教育改革发展中国模式。毋庸讳言，中国义务教育已经探索出一条"穷国办大教育"的成功路径，用事实证明了义务教育改革发展中国模式的合理性与可行性。与此同时，我们还必须审时度势、清醒地意识到中国义务教育改革发展的过程并非一帆风顺，尚且存在一些不足与亟待改进之处，如生均义务教育经费与发达国家差距较大、法律法规落实不到位、均衡发展水平明显落后于发达国家、教育质量亟待提高等。新时代，发展中国义务教育的重点在于根据时代要求，结合国际义务教育发展的现状和趋势，认真贯彻落实十九大的要求，努力办好人民满意的教育。

一、继续将义务教育摆在优先发展战略地位

十九大报告重申"优先发展教育事业"，"必须把教育事业放在优先位置，加快教育现代化，办好人民满意的教育"。习近平总书记指出："当今世界的综合国力竞争，说到底是人才竞争，人才越来越成为推动经济社会发展的战略性资源，教育的基础性、先导性、全局性地位和作用更加突显。"[②] 新时代，教育扮演的角色更为重要，是培养拔尖创新人才，将我国人口重负转化为人口红利，提高综合国力的重要举措。义务教育是我国教育事业的重要基础，对整个

---

① PISA 测试　大陆学生阅读"拖后腿". 南方教育时报，2016-12-09（3）.
② 习近平. 做党和人民满意的好老师——同北京师范大学师生代表座谈时的讲话. 人民教育，2014（19）：6-10.

教育事业的发展具有举足轻重的作用，从实现"两个一百年"奋斗目标来看，现在的青少年儿童是实现第二个百年奋斗目标过程中社会建设的中坚力量，加大义务教育显得尤为重要。虽然近年来国家对义务教育经费投入逐年增加，但人均教育经费与发达国家还有一定的差距，我国义务教育发展区域、城乡、校际差距仍比较大。有鉴于此，应继续将义务教育摆在优先发展的战略地位，巩固义务教育在整个教育系统中重中之重的位置，优化顶层设计，加大对义务教育的经费投入，多措并举，大力促进义务教育均衡发展，逐步缩小区域、城乡及校际差距，推进教育精准扶贫，培育拔尖创新人才，加速人力资本积累，为国家和民族的未来发展奠基。

二、完善义务教育配套法律法规，依法治教

建立完善的法律法规是义务教育改革发展顺利推进的重要保证，是依法治教的重要前提。早在 1986 年，全国人民代表大会颁布并实施了《中华人民共和国义务教育法》，翻开了义务教育依法治教的新篇章。随着义务教育的深入发展，国家颁布了《中华人民共和国教师法》《中国教育改革和发展纲要》《中共中央国务院关于深化教育改革，全面推进素质教育的决定》等一系列教育法律法规，使义务教育逐步朝着法制化、规范化、科学化的方向发展，有效保证了义务教育各项工作扎实稳步推进。与此同时，我国的义务教育法制化水平和发达国家相比仍存在不小的差距，义务教育实践中不少亟待解决的问题仍然缺少相关的法律法规，如校外培训班顽疾加重学生课业负担问题，民办教育集团化发展导致义务教育阶段收费过高问题，义务教育拔尖创新人才缺少有效的选拔和培养机制问题等。不少地方和学校存在法律法规执行不力、流于形式的现象，严重制约着义务教育的法制化水平和现代化进程。党的十九大报告提出"全面依法治国是中国特色社会主义的本质要求和重要保障"，依法治教是贯彻落实全面依法治国的内在要求，是提高学校治理法治化、科学化水平的客观需要，是维护教师、学生合法权益的重要保障。为此，第一，针对义务教育改革发展中的重点、难点问题，亟须建立健全相关配套法律法规；第二，全面推进依法行政，加大教育行政执法力度，依法维护学校、学生、教师的合法权益；第三，加快推进依法治校，完善学校内部章程，深入开展相关的法制宣传教育，形成浓厚的学校法治文化氛围，切实推进义务教育法治化进程。

三、深化并落实公平与质量并重的发展理念

《国家中长期教育改革和发展规划纲要（2010—2020年）》指出，把促进公平作为国家基本教育政策，把提高质量作为教育改革发展的核心任务。党的十九大也明确提出："努力让每一个孩子都能享有公平而有质量的教育。"公平是社会主义制度和社会主义教育的本质规定和内在要求，是义务教育改革发展必须坚持的重要原则；质量是学校和教育的生命线，是义务教育改革发展必须追求的重要目标。"公平与质量并重"是指既要促进义务教育的公平发展，也要着力提升义务教育的整体品质。[1] 当前"我国社会主要矛盾已经转化为人民日益增长的美好生活需要和不平衡不充分的发展之间的矛盾"[2]，这一新的矛盾反映到教育上，就是人民日益增长的优质教育资源需求和当前优质教育资源发展不平衡及总量不足之间的矛盾，其本质就是"人民更加追求高质量的、公平的教育"，可见，"公平与质量并重"已成为办人民满意教育的应有之义，也将成为今后很长一段时间义务教育改革发展必须坚持的重要发展理念。为此，需要进一步全面落实立德树人的根本任务，加强师德师风建设，培育新时代中国好教师[3]，以提质减负为重点，深化课程教学改革，切实提高教育质量。同时，要强化政府统筹规划，合理配置教育资源，着力推动城乡义务教育一体化发展，确保老少边穷地区的学生也能接受公平而有质量的义务教育。

四、转变政府职能，构建现代学校治理制度

毋庸置疑，强有力的中央和地方各级政府在我国义务教育改革发展40年历程中发挥了不可替代的巨大作用，但转变政府职能、建设服务型政府是适应新时代发展要求的必然选择。《国家中长期教育改革和发展规划纲要（2010—2020年）》指出："健全统筹有力、权责明确的教育管理体制。以转变政府职能和简政放权为重点，深化教育管理体制改革，提高公共教育服务水平。"

---

① 刘贵华，张伟. 论区域教育的中国经验. 大学（研究版），2016（3）：11-22.
② 习近平. 决胜全面建成小康社会　夺取新时代中国特色社会主义伟大胜利——在中国共产党第十九次全国代表大会上的报告.（2017）[2018-11-05]. http://paper.people.com.cn/rmrb/html/2017-10/28/nw.D110000renmrb_20171028_3-01.htm.
③ 宋乃庆，罗士琰，肖林. 新时代中国好教师培育刍议. 中国大学教学，2018（7）：17-21，35.

十九大报告提出，要"转变政府职能"，"建设人民满意的服务型政府"。当前，不少政府及教育行政部门对义务教育经费投入、师资配置和学校课程设置等方面进行了过多行政干预，这在一定程度上会限制学校的办学自主性及特色化发展。我国义务教育改革发展亟须在遵循教育教学规律的前提下，转变政府职能，进一步扩大义务教育学校的办学自主权，建立基于我国义务教育改革发展的校本管理、自由参与、民主监督的现代学校治理制度，积极倡导学校探索并建立以法人治理结构为主的现代管理机制和模式，吸引家庭、社会等多元力量参与、监督、评价学校教育，从而不断丰富和发展义务教育改革发展中国模式。

义务教育改革发展中国模式是对改革开放 40 年来中国义务教育改革发展的总结与凝练，体现出鲜明的中国特色，对"一带一路"国家及其他国家具有一定的启示和积极的借鉴价值。借鉴"中国模式"切忌照搬模式本身，而应立足于本国国情，抓住义务教育发展中存在的突出问题和解决问题的关键，淡化形式，注重实质①，在深入充分挖掘这一模式的基础上，因地制宜，探讨落地实施的可能性与可行性，最终转化为适合本国义务教育发展的实际行动。

---

① 陈重穆，宋乃庆. 淡化形式，注重实质：兼论《九年义务教育全日制初级中学数学教学大纲》. 数学教育学报，1993（2）：4-9.

索 引

后　记

　　1978年，党的十一届三中全会如一阵春风吹绿了中国大地，如一场春雨滋润了华夏故土。40年来，中国人民不忘初心，砥砺前行，谱写了改革开放的壮美诗篇，中国社会、经济、政治、文化发生了翻天覆地的变化，中国教育事业迅猛发展。在改革开放40年之际，回眸义务教育改革发展40年的伟大历程，总结义务教育改革发展40年的伟大成就和经验，探析义务教育改革发展40年的规律和中国模式，反思义务教育改革发展40年存在的不足，对我国义务教育未来改革发展提出建议，是办人民满意的教育的需要，也是教育研究者基本的历史使命。

　　西南大学基础教育研究团队具有基础教育研究的基础和传统，从20世纪80年代聚焦义务教育教材到今天全面关注基础教育热点、难点问题，团队始终坚持"基于实践，高于实践，服务实践"的研究取向，逐渐成为推动西南地区乃至全国基础教育改革发展的重要智库。本书的撰写便是基于团队多年的研究积淀，特别是近年来，团队从2011年开始至今，完成《中国义务教育发展报告》系列年度报告，并获第七届高等学校科学研究优秀成果奖；承担教育部哲学社会科学后期资助重大项目"中国基础教育改革与发展研究"，形成著作《中国基础教育改革与发展》；受国家教育体制改革领导小组委托开展义务教育第三方评估，且《义务教育第三方评估报告》获时任国务院副总理刘延东批示，并获第五届全国教育科学研究优秀成果奖一等奖；建立了我国第一个义务教育专业数据库"中国义务教育发展大型专业数据库"。本书的撰写既吸收了上述研究的部分成果、数据和有益经验，又不断作出新的探索和尝试，追求更鲜明的特色和更多的创新，在这个过程中，还形成了一系列阶段性成果，如《改革开放 40 年我国义务教育改革发展的回眸与反思》《义务教育改革与发展 40 年的中国模式》《从重点化到特色化：改革开放 40 年义务教育的战略走向》等论文应邀将相继在《教育与经济》《南京社会科学》《中国教育学刊》等期刊上发表。

本书的出版得益于科学出版社高屋建瓴的策划和细致入微的工作，总编辑李锋、副总编辑陈亮等领导审时度势、总览全局，编辑乔宇尚、朱丽娜、赵云杰等不厌其烦、细针密缕，在本书出版过程中付出诸多辛劳。丛书主编、中国教育学会会长、北京师范大学原校长钟秉林教授及丛书其他作者为本书提出了诸多宝贵意见，在此一并感谢。

本书是团队智慧的结晶。改革开放 40 年义务教育改革发展研究需要大量史料和数据支撑，团队成员在重庆、武汉、浙江、海南等地冒着高温酷暑翻阅史料，收集与分析数据，协助撰写书稿，抢时间，为本书顺利付梓提供了重要支撑，他们的努力付出和团结让人感动。

最后需要说明的是，由于我们水平有限，加之时间紧、任务重，书中难免有不尽完善之处，敬请读者批评指正。

《中国教育改革 40 年·义务教育》编写组

2018 年 9 月 1 日